"神话学文库"编委会

主 编

叶舒宪

编 委

（以姓氏笔画为序）

马昌仪	王孝廉	王明珂	王宪昭
户晓辉	邓 微	田兆元	冯晓立
吕 微	刘东风	齐 红	纪 盛
苏永前	李永平	李继凯	杨庆存
杨利慧	陈岗龙	陈建宪	顾 锋
徐新建	高有鹏	高莉芬	唐启翠
萧 兵	彭兆荣	朝戈金	谭 佳

"神话学文库"学术支持

上海交通大学文学人类学研究中心
上海交通大学神话学研究院
中国社会科学院比较文学研究中心
陕西师范大学人文社会科学高等研究院
上海市社会科学创新研究基地——中华创世神话研究

"十二五""十三五"国家重点图书出版规划项目
第五届、第八届中华优秀出版物奖获奖作品

神话学文库
叶舒宪主编

萨满之声
梦幻故事概览

SHAMANIC VOICES
A SURVEY OF VISIONARY NARRATIVES

[美] 简·哈利法克斯（Joan Halifax）◎著

叶舒宪◎主译

陕西师范大学出版总社

图书代号 SK23N1698

Joan Halifax, Shamanic Voices: A Survey of Visionary Narratives, E. P. Dutton, New York, 1979.
Copyright © 1979 by Joan Halifax, Ph. D. All rights reserved.

陕版出图字:25-2019-225

图书在版编目(CIP)数据

萨满之声:梦幻故事概览／(美)简·哈利法克斯著;叶舒宪主译. — 西安:陕西师范大学出版总社有限公司,2023.11
(神话学文库／叶舒宪主编)
ISBN 978-7-5695-3756-7

Ⅰ.①萨⋯ Ⅱ.①简⋯ ②叶⋯ Ⅲ.①神话—研究 Ⅳ.B932

中国国家版本馆 CIP 数据核字(2023)第 208999 号

萨满之声:梦幻故事概览
SAMAN ZHI SHENG : MENGHUAN GUSHI GAILAN
[美]简·哈利法克斯 著　叶舒宪 主译

出 版 人	刘东风
责任编辑	谢勇蝶
责任校对	杜莎莎　熊梓宇
出版发行	陕西师范大学出版总社
	(西安市长安南路 199 号　邮编 710062)
网　　址	http://www.snupg.com
印　　刷	中煤地西安地图制印有限公司
开　　本	720 mm×1020 mm　1/16
印　　张	16.75
插　　页	2
字　　数	243 千
版　　次	2023 年 11 月第 1 版
印　　次	2023 年 11 月第 1 次印刷
书　　号	ISBN 978-7-5695-3756-7
定　　价	98.00 元

读者购书、书店添货或发现印刷装订问题,请与本公司营销部联系、调换。
电话:(029) 85307864　85303635　传真:(029) 85303879

"神话学文库"总序

叶舒宪

神话是文学和文化的源头，也是人类群体的梦。

神话学是研究神话的新兴边缘学科，近一个世纪以来，获得了长足发展，并与哲学、文学、美学、民俗学、文化人类学、宗教学、心理学、精神分析、文化创意产业等领域形成了密切的互动关系。当代思想家中精研神话学知识的学者，如詹姆斯·乔治·弗雷泽、爱德华·泰勒、西格蒙德·弗洛伊德、卡尔·古斯塔夫·荣格、恩斯特·卡西尔、克劳德·列维－斯特劳斯、罗兰·巴特、约瑟夫·坎贝尔等，都对20世纪以来的世界人文学术产生了巨大影响，其研究著述给现代读者带来了深刻的启迪。

进入21世纪，自然资源逐渐枯竭，环境危机日益加剧，人类生活和思想正面临前所未有的大转型。在全球知识精英寻求转变发展方式的探索中，对文化资本的认识和开发正在形成一种国际新潮流。作为文化资本的神话思维和神话题材，成为当今的学术研究和文化产业共同关注的热点。经过《指环王》《哈利·波特》《达·芬奇密码》《纳尼亚传奇》《阿凡达》等一系列新神话作品的"洗礼"，越来越多的当代作家、编剧和导演意识到神话原型的巨大文化号召力和影响力。我们从学术上给这一方兴未艾的创作潮流起名叫"新神话主义"，将其思想背景概括为全球"文化寻根运动"。目前，"新神话主义"和"文化寻根运动"已经成为当代生活中不可缺少的内容，影响到文学艺术、影视、动漫、网络游戏、主题公园、品牌策划、物语营销等各个方面。现代人终于重新发现：在前现代乃至原始时代所产生的神话，原来就是人类生存不可或缺的文化之根和精神本源，是人之所以为人的独特遗产。

可以预期的是，神话在未来社会中还将发挥日益明显的积极作用。大体上讲，在学术价值之外，神话有两大方面的社会作用：

一是让精神紧张、心灵困顿的现代人重新体验灵性的召唤和幻想飞扬的奇妙乐趣；二是为符号经济时代的到来提供深层的文化资本矿藏。

前一方面的作用，可由约瑟夫·坎贝尔一部书的名字精辟概括——"我们赖以生存的神话"（Myths to live by）；后一方面的作用，可以套用布迪厄的一个书名，称为"文化炼金术"。

在 21 世纪迎接神话复兴大潮，首先需要了解世界范围神话学的发展及优秀成果，参悟神话资源在新的知识经济浪潮中所起到的重要符号催化剂作用。在这方面，现行的教育体制和教学内容并没有提供及时的系统知识。本着建设和发展中国神话学的初衷，以及引进神话学著述，拓展中国神话研究视野和领域，传承学术精品，积累丰富的文化成果之目标，上海交通大学文学人类学研究中心、中国社会科学院比较文学研究中心、中国民间文艺家协会神话学专业委员会（简称"中国神话学会"）、中国比较文学学会，与陕西师范大学出版总社达成合作意向，共同编辑出版"神话学文库"。

本文库内容包括：译介国际著名神话学研究成果（包括修订再版者）；推出中国神话学研究的新成果。尤其注重具有跨学科视角的前沿性神话学探索，希望给过去一个世纪中大体局限在民间文学范畴的中国神话研究带来变革和拓展，鼓励将神话作为思想资源和文化的原型编码，促进研究格局的转变，即从寻找和界定"中国神话"，到重新认识和解读"神话中国"的学术范式转变。同时让文献记载之外的材料，如考古文物的图像叙事和民间活态神话传承等，发挥重要作用。

本文库的编辑出版得到编委会同人的鼎力协助，也得到上述机构的大力支持，谨在此鸣谢。

是为序。

中译本导读

萨满创世鸟神话：能否"激活"良渚神徽

本书英文版，是译者在1996年访问加拿大麦吉尔大学时，由好友段炼博士带去当地书店购得的。只见封面的画面：暗淡的乡野小路上方，悬挂着一个淡淡橘红色的太阳，也不知道是夕阳还是朝阳。在道路中间，即太阳的下方，一条蛇盘曲成一团，像是冬眠状，但是这条蛇血脉偾张，其整个外表呈现的颜色也是淡淡的橘红色，似乎在散发着神秘的能量，并且和一轮红日形成鲜明的对应。这个画面的二元对立意象，让人想起尼采概括古希腊文化精神的一对术语：酒神精神 vs 日神精神。

当时初读哈利法克斯博士的这部《萨满之声——梦幻故事概览》，感觉这部书对学习神话学与文学理论、艺术理论的学人，乃至对整个文科专业的人士和文艺创作界的人士，都有很实际的启悟作用。于是就有心将其翻译为中文。但没有料到，这个愿望一拖就是二十多年。那时我个人的主要研究兴趣还在加拿大理论家弗莱的神话原型批评理论以及外来理论如何进行本土化应用方面。随后于2001年在英国访学途中买到神话考古学家金芭塔丝的几部大作，就接连组织翻译她的《活着的女神》和《女神的语言》两部代表作。其间还译出美国人类学家马文·哈里斯的饮食人类学名著《好吃：食物与文化之谜》等，《萨满之声》的译事就只好留到后面。

在拖延二十三年之后，如今这部中文译稿终于要面世了，恰逢社会科学文献出版社刚刚推出米尔恰·伊利亚德教授的名著《萨满教——古老的入迷术》中译本（本来"神话学文库"从一开始就将此书列入译著计划中，但苦于多年来始终未能解决翻译版权，只好作罢），作为"内蒙古民族文化通鉴"的翻译系列之一。这两部书恰好构成一对，二者具有一种相辅相成和相得益彰的关系。与伊利亚德的学术巨著不同，哈利法克斯博士的这部书虽然也算是在西方知识界流行一时的名著，但却不是从纯学术研究的意义上撰写的，也不是从宗教史视角去展开理论性探讨的，而带有一种广泛取材的萨满经验自述读本的性质。

从大众接受的角度来看，这部《萨满之声》的富有创意之处是，试图让来自世界各地的萨满和巫医们以"夫子自道"的方式娓娓道来，一个接一个地讲述自己成为萨满的成年仪式的痛苦经历，以及如何利用自我修炼成的法力去普度众生，实施救死扶伤的治疗实践。由此看，这部书显然普及性更强，类似众萨满自传的编撰方式，也使其可读性十分突出。

《萨满之声》中这一批来自世界各地的梦幻叙事的想象性作品，对于当今文明发达的社会的一般读者和从事学术研究的人，会有怎样的启悟呢？笔者翻译本书的一个切身体会是：哈利法克斯博士编著的这部书在帮助现代人重新学习和体验"时空穿越"方面，堪称一部入门的经典教材，也可以为方兴未艾的我国本土萨满学①建设添砖加瓦，提供基础的参照资料。

我们生活在现代社会的现实世界中，在理性与科技的宰制之下，与那种习惯于让头脑达到时空穿越境界的萨满文化氛围，相去已经十分遥远。当今的生活世界是纯粹的世俗世界，而萨满的穿越本领就在于神圣想象中的上天入地，融入神祇与精灵的奇异世界。看过电影《阿凡达》的人，一定对卡梅隆导演创造的潘多拉星球上纳威人的奇幻世界印象深刻。那恰恰是一种按照萨满式思维描绘出的人与万物通灵的精神境界。其原型就是在远古欧亚大陆上曾经广泛流行的萨满法术世界。萨满所特有的那种超乎常人的禀赋，正是一种超脱凡俗世界而迈进神圣世界的主观感知调节本领。在漫长的前现代社会，整个地球上的先民都曾经长久地生活在类似萨满的精神氛围之中，萨满文化也因此被当今国际学界公认为我们文明和文化的最深厚的精神根脉。其年代深远和积淀厚重的程度，往往超出今人的想象。

本书的第二幅插图，就是旧石器时代后期的萨满化身动物的仪式舞蹈图景，距今三万多年。那是最具有说服力的神话式穿越的直观呈现：这位萨满身体呈现为前倾的舞蹈状，头顶所戴高冠是一对大鹿角，向上高高耸起，其耳朵是狼耳，其面部胡须像狮子的胡须，其前掌为熊掌，其尾巴则为马尾。人与多种兽类的梦幻组合形象，就这样被数万年前的艺术家生动绘制出来。当代人要追溯

---

① 国内萨满学的崛起，可以21世纪以来的两个事项为标志：其一，中央民族大学文日焕教授主编的"中国少数民族非物质文化遗产研究系列·萨满文化丛书"十部调查报告陆续出版（民族出版社，2007—2017年）；其二，2006年，长春师范学院萨满文化与东北民族研究中心被评为吉林省普通高等学校人文社会科学重点研究基地，陆续推出的研究成果包括郭淑云教授、沈占春教授主编的《域外萨满学文集》（学苑出版社，2010年）等。

和理解人类神话想象力之源头，或许没有比研究这类数万年前的艺术形象更为便捷的门径了。当今的专家们公认，萨满学为人类精神文化源头、宗教起源和艺术起源等方面的研究都已经带来革命性的突破。

当代国际萨满学专家们认定，在欧亚大陆北缘的狩猎民族和美洲、澳洲原住民中普遍看到的萨满出神一类超常的心理现象，是直接从旧石器时代延续下来的十分悠久的人类文化遗产。人类学家们在各地田野调研工作中搜集到的形形色色的萨满幻象叙事和梦幻故事，都是能够代表人类史前期的精神和信仰状态的活化石。这对于认识史前文化和早期文明过程中的许多符号现象，解读古老的神话叙事疑难，具有极佳的参照作用。对于国内的文学人类学一派而言，萨满文化的丰富材料，恰好发挥着人文研究新方法论建构的"四重证据法"之第三重证据的作用，是能够给新发掘出土的上古和史前文物，即第四重证据，提供一种"再语境化"解读的珍贵参照资料。

我国传统国学的研究范式以文献研究为主。我们将传世文献作为研究者所能掌握的第一重证据。国学基本上忽略无文字的文化传统（甚至蔑称无文字者为文盲），这就难免会切断历史传承脉络，淹没大量没有得到文献记载的古老文化真相，也使得文字书写传统成为无源之水、无本之木，并严格限制读书人的知识观念。四重证据法，基于当代跨学科研究潮流，旨在融合国学考据学方法与西方社会科学方法，强调从二重证据（出土文字）、三重证据（非文字的口传文化与仪式民俗等）和四重证据（出土的遗址、文物及图像）整合而成的"证据链"和"证据间性"视角，重新进入历史、文学和文化的研究，从而有效地融合人文研究的阐释学方法与社会科学的实证方法，同时强调运用人类学研究的口传与非物质文化遗产（即民间的活态文化传承）、考古学新发现的物质资料和图像资料。萨满文化无疑属于口传与非遗的范畴。哈利法克斯博士采集的这些各地萨满叙事的资料，本身就具有人类学的民族志性质。萨满幻象所代表的神话式的感知方式与思维方式，具有一种超越时空地域限制的统一性和规律性。对于研究者而言，这样的材料能够起到举一反三的推论引导作用。

那么，具体而言，怎样才能让萨满文化材料发挥出求解古老文化现象的三重证据之作用呢？

2018年12月21日，在华东师范大学召开的第二届中华创世神话上海论坛暨中华创世神话现代传承与联盟构建学术研讨会上，笔者做了题为《玉文化先统一长三角，后统一中国——神话学的大传统视角》的报告，所论说的是在五千年前给长三角地区带来一体化发展的良渚文化及其特色。当时长三角区域一体化的文化关键要素，在于遍布沪宁杭地区和安徽南部地区的玉礼器王权象征体系（玉钺、玉璧、玉琮、玉璜组合），尤其是统一标准的鸟神崇拜和神徽意象——头戴巨大鸟羽冠、中间为神人兽面造型、足为鸟爪的鸟人形象（图1）的普及流行。这一距今约五千年的南方神话形象，被我国考古工作者认为类似后世文明中一神教的信仰对象，也是后来商周两代青铜礼器上神秘的饕餮纹之原型。那么，这种半人半鸟的神秘神像，究竟代表着怎样的崇拜观念和具体神话意蕴呢？四五千年过去了，今人的解说怎样才能更加接近或契合良渚时代的巫师萨满们用艰苦的切磋琢磨方式创制这类神徽形象的初衷呢？

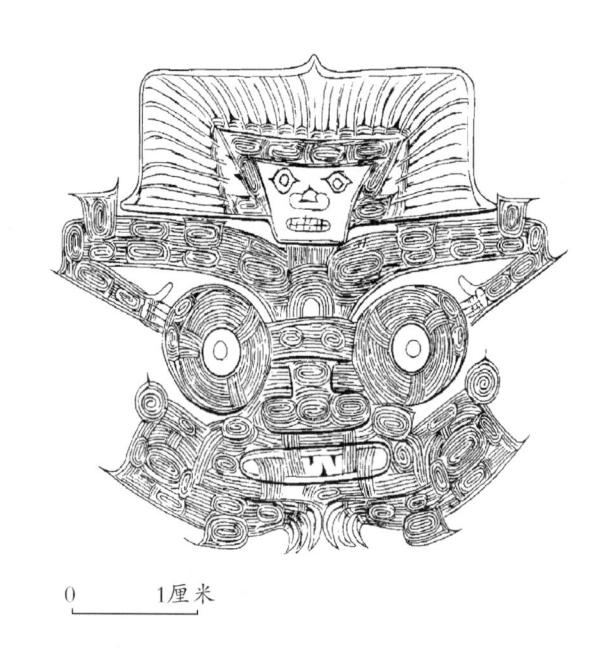

图1　余杭反山M12出土良渚文化玉琮上的阴刻鸟人合体神徽

《萨满之声》第八章的一个梦幻叙事案例——南美洲瓦劳族印第安萨满的"黎明创世鸟"（Creator-Bird of the Dawn）故事（见本书第八章"梦之屋"的"瓦劳的萨满　南美洲/瓦劳族"一节），为笔者重新面对良渚神徽的解读任务，提供了直接帮助。

首先，今天的东亚洲人群中已经看不到头戴巨大羽冠的族群形象了，但是太平洋彼岸的美洲印第安人恰恰是以头戴巨大羽冠而著称的民族，鸟和鸟羽之于印第安萨满的意义，或许更接近良渚巫师头戴巨型羽冠的原初意义吧。前辈专家学者张光直和萧兵等，都曾论述过史前期"环太平洋文化圈"的存在，良渚神徽的巨型羽冠图像的重现天日，必将给这个广阔范围的文化圈研究带来新的学术憧憬。将欧亚大陆东部沿海地区的史前文化放在整个环太平洋文化圈大视野中，最好的启迪就是改变以往那种作茧自缚的地域性视野限制，克服见木不见林的短视和盲视的局限，在宏阔而切实的文化关联体系中重新审视对象。

其次，美洲印第安人的祖源是亚洲，他们在距今一万五千年之前即白令海峡形成之前就已经迁徙到美洲。瓦劳族印第安人讲述的鸟神话，不是文学或审美的文本创作，而是萨满出神幻象中呈现出来的超自然意象。这样具有十足穿越性质的神话意象，给良渚时代以神徽为代表的史前图像认知带来重要的方法论启迪，那就是：不能一味地用非此即彼的逻辑思维（逻辑排中律）去认识数千年前的神幻形象，而要尽可能依照当时人仅有的神话感知和神话思维方式，去接近和看待这些神秘造型的底蕴。而大洋彼岸的现代萨满的幻象体验，恰好鲜明地表现出这种神话感知方式的穿越性和非逻辑性：A可以是B，也可以是C，……准此，人可以是鸟，也可以是鸟兽合体，或人、鸟、兽的合体。良渚神徽恰恰是这样一种全然违反逻辑思维规则的多元合体的形象。尽管如此复杂微妙，神徽中的人面和鸟羽冠、鸟爪，都是一目了然的。其所对应的当然不是现代科学思维的"可能"与"不可能"截然对立的判断，而反倒是吻合较多地保留着神话式感知方式的《山海经》叙事特色：其神人面鸟身，其神人面兽身，以及"鱼身而鸟翼，音如鸳鸯""有鸟焉，其状如鸮而人面，蜼身犬尾"[1]等等。人、禽、兽三位一体的想象，不是出于创作需要，而是萨满特殊意识状态下的幻象产物。

良渚先民创造出这样一种幻象中的鸟人形象，究竟代表着什么？当时人习惯的玉鸟和陶礼器上的飞鸟、鸟头蛇一类造型（图2），还有玉器上模式化出现的"鸟立神坛"图像（图3）等，不仅在浙江的杭州湾地区和江苏的环太湖地区多有发现，在上海青浦的福泉山遗址良渚文化文物中也是批量出现。这不是五千年前"上海人"的神幻想象穿越三界的明证吗？由于后人对长三角地区史前文化的无知，才会有大上海起源于二百年前之小渔村之类的当今流行说法。

---

[1] 袁珂校译：《山海经校译》，上海古籍出版社，1985年，第38页。

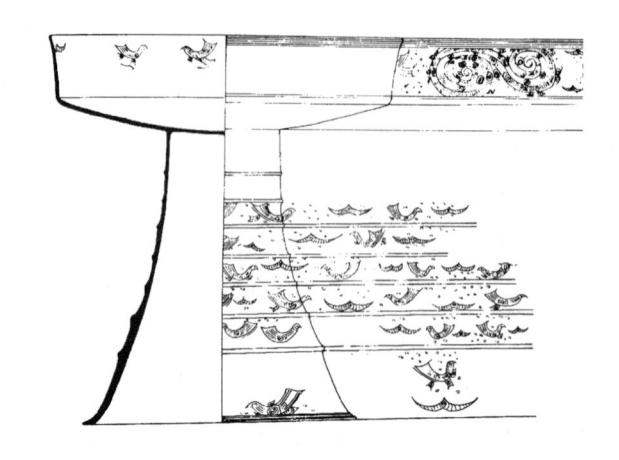

图 2　上海青浦福泉山出土良渚文化陶豆及其上的飞鸟和鸟首盘蛇图像
(引自黄宣佩主编:《福泉山——新石器时代遗址发掘报告》图七二,文物出版社,2000 年,第 104 页)

图 3　良渚文化玉璧、玉琮上反复出现的"鸟立神坛"图像

如此看来,萨满的出神体验及其神幻想象,对于今天重新认识古老文化传统之根,是大有帮助的。认识到五千年前的长三角地区如何围绕着一种显圣物"玉礼器"而发展为一体化的地方王国,对于重新塑造具有深度历史感的上海形象和长三角文化一体的形象,将有积极的启示意义。文化原型一旦得到揭示,创意想象就能找到依据和出发点。以下再细分三个层次展开鸟神话的分析。瓦劳族印第安人萨满神话将神鸟意象与《创世记》的宇宙起源想象联系在一起,称之为"黎明创世鸟",这个称谓分明指向三种想象中的关联。

第一,鸟和创世的关系。以往人们也知道以鸟为神的信仰在各地十分普及,许多史前社会或原住民社会都流行鸟神崇拜、鸟形灵的信仰、鸟占的占卜实践等等。但是,鸟崇拜如何与创世神话想象的创造主神相关,这个印第安神话则提供了不可多得的参照意义。神鸟之所以获得此一殊荣，和它的两个习性特征有关：其一是它为羽翼动物，能够飞升于广阔的天宇之中，这自然容易引发鸟为天上神灵与地上人类之间的信息中介者的联想。飞鸟，这种介乎天与地之间的生物，就承担起以天地开辟或分离为表象的创世神话想象之主体功能，"创世"母题与"鸟"母题就此结缘，成为所谓"创世鸟"。长三角地区有大量的史前图像证据（第四重证据）表明，这里的史前文化同样有可能催生出类似的鸟神创世观念。其二是鸟生卵与卵生鸟的经验现象最适合做初民想象宇宙万物起源的隐喻。世界各民族的创世神话中有一种类型被神话学命名为"宇宙卵型"。

第二，鸟和黎明的关系。印第安萨满神话叙述中，"创世鸟"这个专有名词的定语修饰词是"黎明"，等于将光明战胜黑暗或黑夜的伟业完成者聚焦到创世鸟这个形象上。这显然是以日出东方的日常经验为想象原型的一种再创造。这让人很容易联想到创世神话所共有的时空发生程序：作为创世之前提条件，要先有黑暗不明的混沌状态，随后发生的创造过程，就通常可以表现为黑暗中出现光明。这样表现的世界及万物诞生过程，原来就是以黎明取代黑夜的日常感知经验为基本原型的。鸟类不仅可以给人类报春，还具有给人类报晓的符号功能。人类的作息，通常会遵循"日出而作，日入而息"的自然"法定程序"。先于人类从夜梦中醒来的，恰恰就是破晓时分啼鸣的鸟类。"黎明鸟"的神话式联想观念，就这样应运而生。在一些古老文明的万神殿中，除了必不可少的日神、月神和星神之外，还会有专门掌管曙光的黎明之神，良有以也。西周金文中王者入宗庙的叙事时间，经常为"昧爽"，即天蒙蒙亮之际，也是有其效法天道运行之依据的。黎明创世的神话表象，隐喻着光明凿破鸿蒙，也意味着新时空的开辟、生命的更新或再生。金文叙事的第一句讲到王者都习惯用套语"唯王"，一般理解"唯"字是无意义的发语词，笔者认为这是传统的误读。"唯"字从"口"从"隹"，"隹"是短尾鸟类的总名，"唯唯"代表神鸟的叫声。神鸟在上"唯唯"，人王在下"诺诺"，是领会神意的虔诚表现。[1] 恢复神鸟与创世的联想，将给甲骨文、金文叙事套语研究带来新突破。这些当属第二重证据。

在创世鸟这个神幻想象的观念中，其实还潜含着诸多哲学意味的信仰和观念内涵。只因为有鸟人一体的想象存在，创世神话没有发展为哲学抽象化的宇

---

[1] 参看拙著《文学人类学教程》第六章"神圣言说"第五节"'隹'（唯）与'若'（诺）"，中国社会科学出版社，2010年，第204—213页。

宙发生论，反而留下生动具体的创世主神形象，并定型在太平洋两岸的萨满巫师们虚实相间的幻觉具象之中。虽然时隔千载，却依然可以遥相呼应，相得益彰：印第安神话用语言讲述创世鸟；良渚先民则用各种鸟形图像来表述。

第三，鸟和光明的关系——"太阳鸟"观念的再认识。在神话学研究中，一般理解的太阳和鸟的关系是，由能够飞翔于天空的大鸟每日自东向西运载太阳。瓦劳族萨满神话提示我们：除此之外，太阳也是黎明之光的光源，鸟的报晓功能同样能将鸟与太阳直接联系在一起，正如作为家禽的公鸡在后代人观念中牢牢占据着报晓之鸟的位置，甚至被比附为金鸡报晓的太阳鸟。瓦劳族萨满神话的主人公，既是人，又是神，还表现为动物。其主人公身份是"光萨满"，可见将三种成分统一在一体的直观意象就是"光"。

以上三种关系相互错综，对神鸟作为创世主的想象原型溯源，能够给出很好的打通式解释。从影响力的程度看，《圣经·旧约》中的《创世记》，应该是世界上知名度最高的一种创世神话，通过两千年来的无数信徒每个礼拜日的读经纪念活动，上帝从黑暗的混沌水面上创造出光明，随后创造出宇宙万物的故事，如今几乎已在全球范围内家喻户晓。但是希伯来人的创世主上帝，虽然也有一个名字留下来——耶和华，但他却没有留下具体可感的形象。作为文明史上后起的人为宗教，犹太教和基督教都是以禁绝偶像崇拜为突出特征的。所以耶和华作为创世主的神话形象的内容，在《旧约》成书的那个时代（约公元前5世纪）开始，就全然被祭司们抽象掉了。这必然导致此一重要创世故事的叙述残缺。人类学家在南美洲原住民萨满幻象中采集来的"黎明创世鸟"这个神话意象，恰好可以弥补这个形象的空缺，让我们充分体会到如下系列问题的答案：具象的创世观和抽象的创世观，是如何依次发生的？孰为先，孰为后？孰为源，孰为流？其人类经验的基础又是什么？

抽象的创世观，在《旧约·创世记》叙述中是以上帝说出"要有光"这一句话开始的。上帝说到什么，就有了什么。这是一种言词的创世。其古老的信仰根源在于"言灵信仰"[①]。萨满巫师们呼风唤雨的本领，也基于此种信仰。

具象的创世观，以瓦劳族印第安萨满神话的黎明创世鸟为创造主。这个意

[①] 关于"言灵信仰"与创世观念，请参看拙文《言意之间——从语言观看中西文化》，载《陕西师大学报》（哲学社会科学版）1992年第3期，拙著《老子与神话》第五章第三节"语言、创世、存在"，陕西人民出版社，2005年，第209—217页。

象也具有半人半鸟的合体想象特色，创世鸟不用语言，只靠思想，就完成了"心想事成"方式的创世工作：

  一天，一个青年从东方站起，伸展开他的双臂，宣布他的名字：*Domu Hokonamamana Ariawara*，意为"黎明创世鸟"。他的左翼握着一张弓和两支颤动着的箭，右翼则拍打着自己的尾羽，发出"嘎嘎"的响声。他身上的羽毛不停地唱着只有在东方能听到的新歌。

  他具有一种心想事成的特殊本领。当这只黎明之鸟想到一个房子——这个房子立即出现：一个圆形的、白色的、由烟草构成的房子。它看起来像是一朵云。这只唱着歌的鸟摇着他的响尾走了进去。

  接着他想要四个同伴，四个男人和他们的配偶。于是，沿着烟草之房东面的墙，为每对夫妻而建的屋子就准备好了。[①]

要追溯这种创世鸟的经验基础也很容易，只要找出代表人类视觉之光明经验的日出东方的现象，就可大致清楚了。人类对曙光取代黑夜的现象，可谓日复一日，司空见惯。黎明取代黑夜的自然变化，年复一年，给人类经验首先带来的不是自然规律的认知，而是神话化的开天辟地的想象——要有光！

总结以上分析可知：太阳崇拜，光明崇拜，黎明崇拜，鸟崇拜，创世主崇拜，这样五合一的神话观念结合体，完全隐含在萨满思维的黎明创世鸟神话意象之中，真是生动、具体而丰富，意味深长，用所谓"不着一字，尽得风流"来形容，实不为过。良渚神徽的鸟人神形象，是否可以做出同样的神话原理的解读呢？

答案已经是不言自明的。我国学界对此神秘形象的现有解读中，已获得较普遍公认的有鸟神崇拜说[②]、太阳崇拜说[③]等多种相关论点，所缺乏的恰恰是萨满幻象式的变形与整合观点，一般难以跳出逻辑理性的非此即彼的认知误区，也无法意识到神徽鸟人形象与创世主崇拜之间的内在关联。

[①] 见本书第198页。
[②] 有关良渚鸟神形象的辨识与研究，以良渚博物院和浙江省文物考古研究所两位专家的观点为代表。参看蒋卫东：《良渚文化鸟灵文物述略》，见杨晶、蒋卫东主编：《玉魂国魄——中国古代玉器与传统文化学术讨论会文集》（四），浙江古籍出版社，2010年，第215—224页；刘斌：《神巫的世界——良渚文化综论》第二章第三节"良渚文化的鸟与神"，浙江摄影出版社，2007年，第80—91页。
[③] 牟永抗：《良渚玉器上神崇拜的探索》，见《庆祝苏秉琦考古五十五年论文集》编辑组编：《庆祝苏秉琦考古五十五年论文集》，文物出版社，1989年，第184—197页；牟永抗：《东方史前时期太阳崇拜的考古学观察》，载《故宫学术季刊》1995年第4期。

如果说上述萨满幻象中的五个神话要素也能够在七千年前的中国南方长三角地区史前文化中汇聚齐备,那将是更加令人匪夷所思的事情。但偏偏无巧不成书,浙江余姚河姆渡遗址出土的双鸟朝阳象牙雕刻蝶形器(又称"鸟形器")图像(图4),就给这种可能性增添了厚重的压秤砝码!就连良渚文化中最流行的通神者之标志物——人像头顶的羽冠或介字冠的表现模式之原型,也是出于河姆渡文化陶器图像。① 据此或者可以做出明确推断,中国本土也存在此种催生史前版的黎明鸟、光明之鸟或创世鸟神话观念的物质条件与信仰基础。头戴巨大羽冠的巫师形象,是作为模拟的幻象中的神灵形象而塑造出来的。这种神徽形象特别突出地集中表现在良渚文化最高等级墓葬的玉礼器纹饰上,其墓主人既是当时社会的最高统治者,也是人类学家所称的集神权与政权于一身的"巫师王""祭司王"或"萨满王"。这座墓就是反山M12。其中出土的M12:98玉琮,器形硕大且制作精美细致,重达6.5公斤,被誉为良渚"玉琮王";同墓出土的一件玉钺也是良渚玉钺中唯一雕刻神徽形象的,被誉为"玉钺王"。这座墓和给墓主随葬的玉器文物,吸引了世界上无数人的目光。

图4 浙江余姚河姆渡文化象牙雕"双鸟朝阳"图像
(叶舒宪2010年摄于河姆渡博物馆)

"反山是出土神人兽面像最多的墓葬,计有M12:98玉琮8幅,M12:100玉钺2幅,M12:103瑁2幅,M12:87柱形器6幅,18幅完整神人兽面像的层次和构成完全一致,仅在细部的填刻上有所不同。完整神人兽面像分为上部的神人和下部的兽面(实际上还包括下肢),并以减地浅浮雕突出戴介字冠帽的脸

---

① 吴汝祚、徐吉军:《良渚文化兴衰史》,社会科学文献出版社,2009年,第114页。

面和兽面纹的眼鼻嘴。"① 仅此一座墓葬的玉礼器上就出现同类型的神徽刻画 18 处，每一个神徽的精雕细刻都至少需要数以百计的阴刻线条，为该墓生产玉器所需耗费的治玉工匠的劳动力，显然非常可观。是什么样的动力因素，驱使着良渚社会的领袖层人物不惜工本地追求这种神幻想象呢？目前看来，将这批玉礼器解读为良渚巫师祭神仪式法器的观点，已经得到较普遍的认可。

从图 1 中不难看出，所谓介字冠，即神人头顶的巨型羽冠，其宽度足足是人头宽度的两倍之多。史前先民如果没有见过这样巨大的鸟羽制成的冠饰，会刻画出这样的神像吗？从现存的美洲印第安社会反馈而来的类似形象表明，凡是头戴巨大而精美羽冠的人，绝非等闲之人，他不是部落的萨满巫师长，就是酋长本人。萨满能够在幻象中看到的创世主神形象，以黎明创世鸟的命名保留在印第安人的口传神话叙事中，却也居然能在四五千年前良渚文化时代被当时良渚国家的顶级工匠及时刻画下来，并通过王权的作用，定型为该古国的标志性神像，获得批量生产的殊荣。这一批神像玉礼器无声无息地沉睡在长三角一带大地之下数千载，终于在 1986 年的考古发掘中得以重现天日。其给今日文明人带来的无穷震撼，可想而知。三十多年来的神徽解读热潮可谓此起彼伏，一浪高过一浪。出现的观点多如雨后春笋：龙形说、饕餮说、虎说、牛说、猪说、神人骑兽说等等，几乎要将十二生肖中的动物一网打尽。

此外，学界也有一批学者经过多年思考，辨识出神徽具有人、鸟、兽三位一体的性质，并认定这是类似文明国家产生的一神教性质的神像。如王书敏指出：琮王神徽图像表明当时社会的宗教信仰已经发展到最高阶段，"出现了凌驾于众神之上的最高神，玉琮也成为这种最高神物的物质载体，成为良渚文化中的至尊礼器。……它的出现，预示着原始宗教的终结以及文明社会系统性人为宗教的到来"②。再如，刘斌提出准一神教说："从整个良渚文化所包含的偌大的太湖流域及至于更广大的地区看，对这一神灵形象的刻琢，除表现风格上的差异之外，在对这一神灵的眼睛、鼻子和神冠以及相关的器形等方面，则表现出极其统一规范的模式，这种统一规范的模式，使我们相信，良渚人在关于这一神灵的崇拜方面，已几乎达到了一种类似一神教的程度，这种崇拜完全超出了

---

① 方向明：《良渚玉器刻纹研究之二——再论龙首纹和兽面纹》，见杨晶、蒋卫东执行主编：《玉魂国魄——中国古代玉器与传统文化学术讨论会文集（四）》，浙江古籍出版社，2010 年，第 230 页。

② 王书敏：《鸟、兽、人的亲和与融合——良渚文化原始宗教的发展与演变》，见良渚文化博物馆编：《良渚文化论坛——良渚文化学术讨论会专辑》，中国文化艺术出版社，2003 年，第 203—204 页。

部族早期关于图腾的一般概念，也绝不是可以用单一的具体的某种动物来作为解释的形象。而是经过了上千年甚至更早的提炼综合，已根深蒂固地融入在这一地区人们脑海中的一种神灵的形象。"①

如果对照具有世界性的萨满口传神话，可知这类观点多少有些偏颇。从萨满信仰的普遍特质看，神灵绝不像在后世的人为宗教中那样重要，萨满作为人神中介，本身就有半神的性质。与萨满法事密切关联的，是先于神祇而存在的精灵，或称"萨满助手"，通常以动物形象出现。本书的大多数萨满叙事都要凸显精灵的超自然意义和非凡能量。如果把半人半鸟的萨满幻象（图5）也看成是发达的一神教，那就容易混淆作为原始宗教现象的萨满教与人为宗教之间的巨大差异。从良渚文化所处的史前期及其发展阶段和层次看，神徽依然是原始性的萨满出神幻象的特殊产物，似不宜过分地向文明社会的人为宗教或一神教方面引申。不然的话，如图5所展示的云南出土的战国铜鼓上的鸟形灵萨满巫师形象，是否也要看成良渚文化一神教的隔代遗传呢？

图5 云南晋宁石寨山出土战国铜鼓图像——鸟形灵萨满巫师
（引自拙著《文学人类学教程》，中国社会科学出版社，2010年，第207页）

如今，我们借鉴太平洋彼岸提供的第三重证据，可以认可将此类半人半鸟形象视为良渚人心目中的至高神或至上神，并再深入一步，解读为良渚人心目中

---

① 刘斌：《神巫的世界——良渚文化综论》，浙江摄影出版社，2007年，第66—69页。

的创世主神，也并不为过。其实，以上讨论完全侧重在萨满文化资源作为第三重证据，如何激活第四重证据（神徽）方面，对文献即第一重证据尚未提及。这方面须要补充说明的是，先秦文献中有关鸟神、鸟占、鸟形灵和鸟官方面的记录，已经有许多专门研究，① 这里无须费词重述。须要特别提示的是《山海经·西次三经》的天山之帝江（鸿），他本来就是处于隐蔽状态的华夏版黎明创世鸟形象，有必要通过比较神话学的大视野，还其本来面目：

> 又西三百五十里，曰天山，多金玉，有青、雄黄。英水出焉，而西南流注于汤谷。有神焉，其状如黄囊，赤如丹火，六足四翼，浑敦无面目，是识歌舞，实惟帝江也。②

为《山海经》做笺疏的清代学者郝懿行指出：上文中的"有神焉"三字，在《初学记》和《文选注》等早期文献所引用的《山海经》里，都写作"有神鸟"，直到明清两代的版本中才改为"有神焉"。大概因为"鸟""焉"二字字形相近，而导致传抄之讹误。③这样看，《山海经》讲述的天山英水（汤谷）神鸟帝鸿，已经充分具备同开天辟地联系起来的基本条件。其实帝鸿"六足四翼"的生理特性，已经说明其具有飞禽的真实属性。帝江在《春秋传》中又名帝鸿。鸿指鸿鹄，或泛指大鸟。帝鸿既然为神，其神格又如何呢？"浑敦无面目"这个特征，引导学者们将帝鸿的神格认同为《庄子·应帝王》篇中被凿开七窍的"中央之帝浑沌"。他也同样以"浑敦无面目"为特征。唯其如此，才有倏与忽二帝为他凿开七窍的开辟神话情节。这位被庄子寓言化的中央之帝浑沌，若去掉人格化，就立即还原出创世神话想象的第一意象，即天地开辟之前的黑暗不明状态——混沌。由黑暗的混沌，到黄色的黄囊，再到"赤如丹火"④，神鸟帝鸿的三变色，难道不是对"日出东方红似火"的自然现象的颜色隐喻吗？由此不难看出，帝鸿鸟神，应当与华夏创世神话的主角密切相关。至于说帝鸿所在的天山之英水，其流向直指汤谷，那正是众所周知的东方日出之处，非常吻合

---

① 陈勤建：《中国鸟文化——关于鸟化宇宙观的思考》，学林出版社，1996年；石兴邦：《我国东方沿海和东南地区古代文化中鸟类图像与鸟祖崇拜的有关问题》，见石兴邦：《石兴邦考古论文集》，陕西师范大学出版总社，2015年；黄厚明：《中国东南沿海地区史前文化中的鸟形象研究》，南京艺术学院博士论文，2004年。
② 袁珂校译：《山海经校译》，上海古籍出版社，1985年，第32页。
③ 郝懿行：《山海经笺疏》，中国致公出版社，2016年，第94页。
④ 世界起源于火，从神话传说到哲学宇宙论，众所周知。作为三重证据的典型的火烟创世神话，是对黎明日出现象的戏剧化表现，以拉祜族《造天造地》为代表：混沌中出现一团仙火，火烟上升变成天，烟灰落下变成地。见孙敏、郑显文主编：《拉祜族苦聪人民间文学集成》，云南人民出版社，1990年。

让黎明日出时的曙光开天辟地之联想。

综合以上多种神话关联来看，帝鸿非华夏版的鸟神创世主莫属。至于神话学家袁珂和陈钧等人根据《左传·文公十八年》杜预注"帝鸿，黄帝"，判断帝鸿即黄帝，[①] 也是值得探究的重要观点。笔者二十多年前的旧著《中国神话哲学》以专章（第六章"黄帝四面"）篇幅，侧重从创世神话方面解读黄帝的神格，依据《世本》《淮南子》的叙事，提出"在中华民族的始祖黄帝的神话中找到了太阳神创世原型的又一种更古老的表现"："从黄帝上自天体日月星辰，下至百姓和五谷，能力无所不及的情形来判断，他所扮演的正是创世神话中造物主的角色，应与古犹太人的创世主耶和华，古印度人的创造祖大梵天等量齐观。"[②] 同书中还引用了北美洲墨西哥原住民创世神话：诸神之中仅有一位神（名叫特库茨斯切卡特里）愿意充当太阳光进行创世的工作，他的唯一精灵助手就是一只鸟（名叫纳纳乌阿吐因）。是这只鸟先用火点燃一线曙光，映红了黎明的天空——太阳诞生了。随后有风（"风"字在我国商代甲骨文中与"凤"字通假）推动太阳开始运行。

二十多年后，笔者再度以译者身份引用美洲印第安人瓦劳族的光萨满神话，针对新出土的良渚文化神徽，试图重审和重构华夏版的创世鸟神话原型。在理论上，仍可将其归类为太阳神创世主的神话类型之变体，这是基于鸟神与太阳神相互类比认同的神话原理。考虑到中华文化多元一体的内部丰富性，华夏创世鸟的观念，还可以拓展为中华创世鸟的观念，并落实到新出土的三星堆人面鸟身青铜塑像等一批文物。这是否意味着一个相当广阔的探索空间已经打开？这，或许就是《萨满之声》这部书给学界带来"再启蒙"的效果吧。从中华多民族神话视野看，太阳神创世与鸟神创世的相关母题也是较为丰富多样的。尤其是在"卵生天地"和"宇宙卵"母题方面，有海量的叙事素材。直接表现创世鸟的母题，如汤普森的神话母题分类，在 A13"动物是创世者"类别中有子类"鸟类是创世者"，如藏族"大鹏鸟创世"，蒙古族"神鸟嘎下凡创世"，藏族"鸟举上天的被子变成天"，拉祜族"燕子鸟雀补天地"，傈僳族"鸟造天"和"天鹅造天"，满族"天鸟啄开天"和"巨鸭啄开天"，藏族"鸟煽翅形成天"和"天是鸟顶出来的"，等等。此外，还有藏族"鸟分开天地""大鹏负天

[①] 陈钧编著：《创世神话》，东方出版社，1997年，第118页。
[②] 叶舒宪：《中国神话哲学》，中国社会科学出版社，1992年，第217、218页。

升高"，高山族"鸟振翼使天升高"，达斡尔族"鹤把天顶高"，汉族"火鸟阻止天地相合""天地混沌如鸡子"，等等。① 换言之，有关黎明创世鸟或鸟神创世主的想象，并非美洲瓦劳族萨满的专利。

最后，回到四重证据法的人文研究新方法范式，须要总结的是不同证据之间的互动效应，可以在理论层面上做出直接链接的新学科资源，有近年来勃兴的认知考古学和民族考古学两科。具有原始宗教性的萨满信仰与实践，既然是世界性的文化现象，其基本原理应该具有较为充分的普遍解释力，尤其是在面对不同地区、不同民族的神话解读方面。有学者认为萨满文化的中心地带应该在中国②，并且自古及今未曾中断。中国的二十五史中也有较多的相关记载。这样，尽管从起步过程看，作为国际性显学的萨满学，在我国学术界出现得相对较晚，但是并非没有后来居上的巨大潜力。关键在于如何发挥萨满文化作为人文研究新方法范式的第三重证据的作用，给原有的文献文本研究范式（即第一、二重证据）和新兴的艺术史与考古学的文物及图像研究范式（第四重证据）带来根本性的突破，即充分调动萨满活态文化的"再语境化"作用，给早已逝去的远古文化和史前文化认知带来某种"激活"效应。本文花费大量篇幅来重新讨论良渚文化鸟人形神徽的释读问题，初衷即在于强调研究方法论的提升与创新，为过去被科学主义范式宰制的研究者们根本不知道的萨满式神话幻象研究，带来认识上的创新。

就第三重证据而言，我国有大量的萨满文化素材，过去没有得到应有的重视，也不为秉承传统国学范式的研究者所关注。对很多人而言，文献的重要性永远是第一位的。下面仅举陈鹤龄编著的《扎兰屯民族宗教志》为例，其所采录的是内蒙古呼伦贝尔南端一个屯的萨满习俗，有助于理解中国萨满通神法事与鸟类幻象的亲密依存关系：

> 崇拜鸟类动物：达斡尔族认为萨满是神鹰的后裔，在萨满神帽顶端有一只铜鹰为其最高神灵。达斡尔、鄂温克、鄂伦春等族萨满神服的双肩上都钉有两只小鸟，视为萨满的使者，这两只小鸟要在萨满耳边悄悄传达神的旨意，并受萨满委派执行其意图。使鹿鄂温克人萨满

---

① 王宪昭：《中国创世神话母题（W1）数据目录》，中国社会科学出版社，2017年，第12—76、182—219页。

② 赵志忠：《鄂伦春族萨满文化遗存调查》序言，见关小云、王宏刚编著：《鄂伦春族萨满文化遗存调查》，民族出版社，2010年，第1页。

崇拜鸟类特多，有两只"嘎黑"（仙鹤）鸟是萨满灵魂的乘骑之工具，有36只野鸟神为萨满跳神助威，还有天鹅、布谷鸟等鸟类神灵。[①]

良渚文化神徽图像的一个未解之谜是：为什么在人面羽冠鸟爪的合体主神像两侧，经常会伴随着一左一右两只鸟的写实形象？良渚文化陶礼器上为什么会出现多种不同种类的飞鸟形象？我想上面引述的北方民族萨满服饰双鸟组合图像与群鸟毕现图像的活态文化参照，已经为五千年前良渚先民想象中的"一神二鸟"图式及"鸟首盘蛇"图式、群鸟飞翔图式（图2）等的信仰观念意蕴，提供了极佳的"再语境化"的理解契机。

同样值得欣喜的是，在有关萨满幻象的出现条件方面，南美瓦劳族萨满神话讲述得十分明确，即主要借助于印第安文化中烟草特有的致幻作用。烟气上升与鸟类升天的两种表象在萨满出神幻象中通常是互为表里的。其人鸟合体的神幻想象和创世想象本身，均可视为烟草致幻作用下的萨满意识之产物。而在中国，古代并无烟草和吸烟的传统，倒是有异常悠久的饮酒致幻传统。饮酒致幻之后的萨满精神状态，恰恰是像鸟类一样飞升的神话幻象得以高发的温床。近年来，随着民族考古学研究在我国的发展，已有少数学者开始关注商周青铜礼器背后的饮酒致幻问题，如有何驽《郁邑琐考》[②]等新成果。还须提示的是，一些通神礼仪上专用的青铜酒礼器的前身，就是青铜时代到来之前的史前文化中普遍使用的陶礼器。这些陶礼器本身就是丰富的图像叙事资源：不光是陶器表面绘制有神鸟飞翔或鸟首盘蛇一类图像，而且某些陶礼器本身的造型就是模拟鸟类的。例如陶盉、陶鬶、陶斝、陶爵（爵，雀也）等等，其造型祖源已经被锁定在距今七千多年的长三角地区，尤其是马家浜文化和河姆渡文化的陶鬶[③]。借助于这一批图像叙事的新资料，从马家浜文化、河姆渡文化到良渚文化，一个相对完整传承达三千年之久的崇拜鸟神的史前长三角文化连续体，已经呼之欲出。更加丰富的后续探索空间，也已经打开。

目前，国际领先的专家学者已经充分意识到萨满学研究对于史前学和艺术起源研究的特殊贡献。如英语世界的经典教科书《世界史前史》，出自美国加州

[①] 陈鹤龄编著：《扎兰屯民族宗教志》，文化艺术出版社，1996年，第276页。
[②] 见北京大学考古文博学院、北京大学中国考古学研究中心编：《考古学研究》（十），科学出版社，2013年，第244—254页。
[③] 黄宣佩：《陶鬶起源探讨》，载《东南文化》1997年第2期。

大学圣巴巴拉分校的人类学教授布赖恩·费根之手，自1979年出版问世以来，至2010年已经出版到修订后的第七版。其中对距今三万年的西欧克鲁马努人的洞穴壁画艺术的解说，就充分吸收了最新的萨满学研究成果：

> 今天，我们对象征性行为及其所伴随的艺术形式的了解更加丰富，对觅食者社会的运作方式也不再陌生。这些社会以视觉的形式来展示各种建筑，并赋予生命以意义。在克鲁马努艺术家们看来，动物和人的生命之间，人与其社会之间存在着明晰的连续性。因此，他们的艺术就是对这些连续性的一种象征主义的表述。萨满（……），即祭司或灵媒，对全世界的觅食者社会和农业社会来说都是至关重要的成员。这些人被认为具有不同寻常的精神力量，能沟通诸神和祖先的世界。通过出神（trance）和吟诵，他们可以向祖先求情，并规定世界与宇宙万物的秩序——生灵与自然环境之间的关系。有些专家论证说，或许许多洞穴艺术都与萨满仪式有关，而动物的形象即代表了神兽形象或萨满的生命力。①

既然萨满学的特殊视角，能够启发对旧石器时代洞穴艺术形象的总体认知，那么也将会理所当然地有助于对新石器时代以来的考古图像的辨识与理解，当然也会有助于对古代文献记载中的一些历史哑谜的解读。其原理就在于：不同证据之间的间性互阐效果，要远比单纯一重证据视角的"死无对证"有利得多。第三重证据由于是活态传承的文化，可以给出土的第四重证据带来"再语境化"的契机，使得默默无言的史前文物或图像，重新回到其所产生的那种原初的神话幻象状态之中，获得一种感同身受的体验式的"激活"。《萨满教考古学》②这样的交叉学科研究新领域的成果，便是这样应运而生的。在瑞典乌普萨拉大学考古学者普赖斯（Neil S. Price）所编的这部专题论文集中，也有用萨满信仰的精灵观点解说西伯利亚的人首顶鸟形象（图6）和鸟形巨冠下的人面与鸟爪组合型图像（图7）的案例，值得借鉴。

沉睡的文物一旦被萨满文化语境"激活"，其所带来的认知效果就犹如"众里寻他千百度，蓦然回首，那人却在灯火阑珊处"一般。

---

① 布赖恩·费根：《世界史前史》（插图第7版），杨宁、周幸、冯国雄译，世界图书出版公司，2011年，第115页。

② Neil S. Price, ed. *The Archaeology of Shamanism*, London & New York: Routledge, 2001.

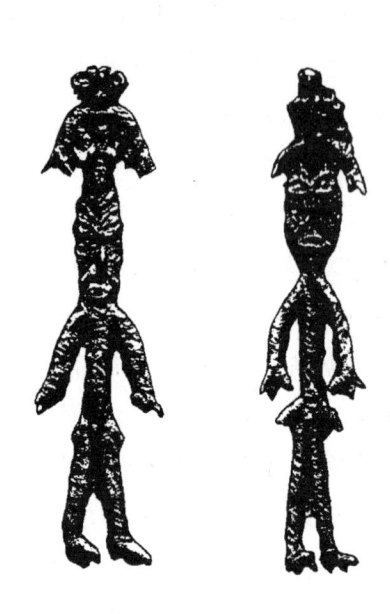

图6　西伯利亚出土青铜时代人首顶鸟萨满像（距今约两千年）　　图7　西伯利亚西北部出土青铜时代鸟人形萨满-武士像（距今约两千年）

希望伴随着国际性的新显学——萨满学的崛起和拓展，第三重证据对其他学科和知识领域的"激活"作用，同样能够与时俱进，让我们的探索能够更加有助于重建或逼近那些久已失落的历史脉络和文化真相。

这是一幅 19 世纪后期发现的澳大利亚西北海岸原住民刻画的岩画：一位图腾祖先在梦幻时代（即神话的初始时代）从大地深处冒出来，在其旅途结束时则回到阴间地府之中。

（引自《英国皇家人类学研究所杂志》，1890 年）

本 书 献 给

约瑟夫·坎贝尔（Joseph Campbell，美国神话学大师）

马苏瓦（Matsúwa，惠乔尔族萨满），即唐·乔思（Don José Ríos）

普雷姆·达斯（Prem Das，惠乔尔族萨满）

致　　谢

以下诸位朋友和学者对此书的出版给予了大力帮助，在此我谨向他们表示感谢！

他们是：Marguerite Anne Biesele，John Brockman，William Burns，Joseph Campbell，Edmund Carpenter，Diana Clark，Leonard Crow Dog，Marlene Dobkin de Rios，Mircea Eliade，Richard Erdoes，Alvaro Estrada 和他的家人，Verona Fonte，Peter Furst，Stanislav Grof，John 和 Eunice Halifax，Michael Harner，Wernher Krutein，Bruce Lamb，Stephen Larsen，John 和 Toni Lilly，Matsúwa（Don José Ríos），Brooke Medicine Eagle，Henry 和 Nati Munn，Barbara Myerhoff，John Perry，Prem Das，Gerardo Reichel-Dolmatoff，Ilana Rubenfeld，Carol Rubenstein，Ruturi（Elijio Carillos），María Sabina，Alan Strachan，R. Gordon Wasson，John Watts，Bill Whitehead，Johannes Wilbert，Peter Young，deLynn Zorilla。

这是一幅反映旧石器时代人的幻象之图,描绘的是一位旧石器时代后期的萨满巫师化身为动物的仪式舞蹈图景,出自法国南部的三兄弟洞穴(the cavern of Les Trois Frères),距今三万多年。这是最具有说服力的神话式穿越的直观展现:这位萨满身体呈现为前倾的舞蹈状,头顶所戴高冠是一对大鹿角,向上高高耸起,其耳朵是狼耳,其面部胡须像狮子的胡须,其前掌为熊掌,其尾巴则为马尾。圆睁着的和让人吃惊的双眼,不仅注视着在他身下嬉戏的生灵,而且穿越时空限制,将我们引向那旧石器时代的幻象之中。

[作画者为布瑞尔(Breuil)]

作者的话

本书并不打算对数千年来一直延续并遍布全球的萨满文化现象做全局性的整体描述，而是通过再现萨满文化叙述者的多种不同声音，来表明他们各自的观点。然而由于篇幅有限和资料收集不全等原因，书中仅收录了三十六位叙述者的陈述，对大批没能收录的默默奉献的民间预言师和治疗者，我深感抱歉，因为我的愿望是想包含大家的全部内容。尽管如此，通过书中收录的这些叙述者，我们依然能够展开一个完整故事。在此，我建议读者从头至尾按照顺序来阅读本书，因为前一个声音便能引出下一个声音。

目　　录

第一章　入幻／001

　　萨满／002

　　危机之旅／003

　　荒凉的旷野／004

　　寻求幻觉／005

　　临界考验／006

　　疾病的地狱／008

　　骨头种子／010

　　神圣之树／012

　　灵魂飞行／012

　　萨满的平衡／014

　　神圣的政治家／016

　　兼具两性的萨满／017

　　萨满圣歌／022

　　萨满之声／027

第二章　异界之旅 / 029

　　塞利普泰　西伯利亚/塔夫吉族 / 030

　　克兹拉索夫　西伯利亚/萨该村 / 040

　　蜥蜴之子　澳大利亚/委拉珠利族 / 042

　　克考斯奥老人　非洲/昆族 / 044

第三章　寻求幻象 / 053

　　依格加卡加克　爱斯基摩/卡里布族 / 054

　　雷姆·迪尔　北美洲/苏族 / 058

　　雷奥纳德·乌鸦狗　北美洲/苏族 / 063

　　布鲁克·医药鹰　北美洲/内兹佩斯族和苏族 / 072

第四章　天眼圣视 / 077

　　黑麋鹿　北美洲/奥格拉拉·苏族 / 078

　　乔·格林　北美洲/帕维奥佐族 / 084

　　露丝·普拉莫尔　北美洲/帕维奥佐族 / 086

　　奥特达鲁塔　格陵兰/爱斯基摩族 / 088

　　萨尼姆纳克　爱斯基摩/安格玛撒利克族 / 090

　　奥阿　爱斯基摩/伊格鲁利克族 / 093

　　戈尔德萨满　西伯利亚/戈尔德族 / 098

　　坦科里　澳大利亚/库耐族 / 102

第五章　神奇草药 / 105

玛丽亚·萨比娜　中美洲/马萨特克族 / 106

雷蒙·梅迪纳·席尔瓦　中美洲/惠乔尔族 / 111

德萨纳萨满　南美洲/德萨纳族 / 113

曼努尔·科尔多瓦－里奥斯　南美洲/阿玛华卡族 / 115

乔尔　北美洲/多格里布族 / 122

第六章　转变的力量 / 131

威利德姜果　澳大利亚/默宁族 / 132

穆恩－依赫－依赫　澳大利亚/默宁族 / 135

奥阿　爱斯基摩/伊格鲁利克族 / 137

雷蒙·梅迪纳·席尔瓦　中美洲/惠乔尔族 / 140

皮塔咖·宇哈·玛尼　北美洲/苏族 / 144

雷云　北美洲/温纳贝戈族 / 145

迪克·马赫威　北美洲/帕维奥佐族 / 149

艾萨克·特斯　北美洲/基特卡汕族 / 152

第七章　歌唱生命 / 159

玛丽亚·萨比娜　中美洲/马萨特克族 / 160

白露·颂恩·高　美拉尼西亚/肯雅亚克族 / 183

第八章　梦之屋 / 193

德萨纳萨满　南美洲/德萨纳族 / 194

瓦劳萨满　南美洲/瓦劳族 / 197

　　雷蒙·梅迪纳·席尔瓦　中美洲/惠乔尔族 / 202

　　普雷姆·达斯　北美洲/惠乔尔族 / 206

第九章　提升幻象 / 215

　　马苏瓦　中美洲/惠乔尔族 / 216

故事出处 / 221

参考文献 / 225

相关读物 / 231

译后记 / 233

第一章　入幻

"在我们的心中有一个出入口,它在通常情况下是隐蔽的、秘密的,直到死亡降临。惠乔尔族用 nieríka① 表达此意,即'幻门'。幻门,指的是介于正常的与非常的现实之间的宇宙通道或接口。在这两个世界之间既有相沟通的通道,也有相阻隔的障碍。"② 幻门,其标志物是一个装饰性的仪式用盘子,据说其双重意味是指镜子和神灵面孔。

---

① 墨西哥惠乔尔族印第安语,意指"一种形而上的幻象"。这个词语成为本书的关键词,反复出现。一般场合译为"幻门"或"幻象"。——译注

② 普雷姆·达斯(保罗·C. 亚当斯):《惠乔尔人的入幻:前往众神国度的旅途》。——原注

萨　　满

　　我就是那个汇集思想、发表演说、探索真相的人；我就是那个追寻白昼的精灵的人，我寻觅那种充满惊吓和恐怖的地方；我就是那个治愈病人创伤的人，草药，是为精灵疗伤，治愈那时的氛围的最佳疗法。我就是那个解决一切问题的人。确实，你拥有足够的力量去实践真理。你就是那个汇集思想并解决问题的人；你就是那个以白昼之光发出话语的人；你就是那个语含恐惧的人。①

　　萨满教是一种原始宗教，常有在特殊的意识状态下由某种特定的不变的因素组成的出神的宗教现象。这种意识状态可追溯至数千年以前②，并存在于很多不同的文化背景中。shaman 一词来源于吠陀梵语的 śram，意思是"让自己发热或实践苦行"③，它显示出了古代东方文明的影响。但萨满教的历史可以追溯到更早期，是史前西伯利亚狩猎文化的一部分，并遍布于世界其他民族的原始社会。尽管萨满主要分布在亚洲北部和中部，但在非洲、大洋洲、美洲、北欧和东欧等地也可以发现萨满的踪迹，这些地方仍然存在狩猎采集的民族，并且这一古老神圣的传统历经文化的变迁仍然留存至今。

　　萨满，一个神秘的、如祭司般的政治性形象出现于旧石器时代，甚至可以将其追溯至尼安德特人时期。萨满不仅被描述为人类灵魂的专家，并且被认为是其神圣的社会功能遍布各种活动领域的全才。萨满是掌握死亡奥秘的治疗师、预言家和梦想者。他们与神祇和精灵的世界进行沟通。当飞向超自然王国的时候，他们可以把自己的身体留下。他们是诗人和歌唱家。他们可以起舞，可以创作艺术作品。他们不仅是灵魂的领袖，而且是法官和政治家，堪称历史文化知识的信息库，不论这些知识是宗教的还是世俗的。他们熟知宇宙和自然地理、动植物的生活方式以及自然环境。他们是心理学家、表演家和食物的发现者。总之，萨满是神圣事物的技师④和出神状态的掌控者。

---

　　① 亨利·芒恩：《语言的蘑菇》，第 113 页。——原注
　　② 当今的萨满文化研究已经将萨满现象的起源上溯到数万年前的旧石器时代。参见 Neil S. Price, ed. *The Archaeology of Shamanism*, London & New York: Routledge, 2001. 中文资料可参见 [英] 彼得·沃森：《思想史：从火到弗洛伊德》，胡翠娥译，译林出版社，2018 年，第 51—52 页。——译注
　　③ 卡门·布莱克：《梓弓》，第 317—318 页。——原注
　　④ 杰罗米·罗森博格：《神圣事物的技师》。——原注

危机之旅

> 我不是萨满,因为我还从没有经历过梦境或疾病。
>
> ——依基尼里克(Ikinilik)[①]

萨满的启蒙仪式,无论在洞中、山上、树顶还是某一个灵魂圣地,都要经历死亡、复活,最后领悟或从中得到启示。关于死亡和再生的基本主题的变化在所有的神话传统里都有所体现,死而再生也是绝大多数个人宗教体验永恒不变的主题。因此,萨满所需经历的启蒙仪式的危机可以被视为一种宗教体验,这至少始于旧石器时代,很可能与人类的意识一样古老,即当远古人类第一次产生惊奇等感觉的时候,这种体验就已经存在了。

从这一角度来看,萨满的启蒙仪式是与历史无关的事件。它超出了文化的界限,并把注意力集中到对已长久存在于人类大脑的本体论的关切。更为重要的是,在许多社会里,萨满集中体现了人类的基本价值观,他们界定了人与人之间、文化与整个宇宙之间以及社会与环境之间的关系。正是萨满研究并发现了人类与自然和超自然领域的相互作用关系。对社会的这种全景观照是萨满所经历的深刻的生命危机之结果。

当一个婴儿出生时,如果有一定的迹象暗示他的神圣和特别之处,这个文化圈里的人们便会视其为刚降生的萨满。萨满这个职位也可以代代相传,从而形成萨满血统。在其他情况下,一个人会开始表现出对神圣的倾向。例如,一些小孩子被深深地吸引去模仿医师、祭司和玄学家。其他一些人在梦中或是食用引起幻觉的物质进入虚幻境界中会表现出萨满的倾向。或者,在传统的与过渡仪式有关的寻求幻觉的过程中,就好比我们在众多美国本土原住民中发现的那样,新入教者意识到他或她所遵循的生活是神圣的。

那些在幻觉和梦境中看到通往被因纽特萨满称为"伟大的事业"之路的人,通常都会有进入死亡境界的痛苦经历。那些在事故或重病中几乎丧命的人,或是在心理上、精神上遭受了重大创伤而被抛弃到死亡边缘的人,将会明白危机的内在运作。萨满学会将疾病、痛苦、濒死和死亡这一系列经历结合起来,并将这些影响巨大的事件的特殊知识与那些第一次面对疾病或死亡的人分享。

[①] 克努德·拉斯姆森:《爱斯基摩人:社会生活与精神文化》,第500页。——原注

萨满的意义远不止规定的神圣的行为，它还是一种与生命和死亡的领域亲密且神秘的接触，是能够将这些境界融合的力量。

对于萨满来说，经历垂死、死亡和随后的重生与得到启示是真正的启蒙仪式。虽然这一过程通常以内心体验的形式进行，但其象征意义和感觉在现实生物的出生经历中有许多不同寻常的类似情况。[①] 更重要的是，它为所谓的"精神病理状态"提供了一个非常不同的视角。在西方，他们或被称为"文化局限反应综合征"，如"北极癔症"或是"急性精神分裂症"。

以下是对各种萨满启蒙仪式的危机之旅的描述，以及对这些经历在他们生活中的价值的探讨。

荒凉的旷野

萨满教经常要求把新加入的门徒送到一片只有野兽和精灵栖息的旷野。正是在这些孤寂的地方，那些看不见的神秘物质才能进入人们的思想。对萨满以及藏族隐士和绝大多数预言家与冥想者来说，大自然的旷野正是让个人内心的旷野得以开启的地方，是"伟大的精神平原"。并且只有在这个地方，内心的声音才能被唤醒而成为歌声。原始沙漠、山峰、高原和森林等没有生命的讲道可以给予思想、观念和构思之外的指引。

许多年以前，卡里布萨满依格加卡加克（Igjugarjuk）告诉北极探险家克努德·拉斯姆森（Knud Rasmussen）："所有真正的智慧只能在远离人类居所的广阔荒凉的野外，并经历过苦难以后才能学到。隐居和苦难是唯一能使人的思想接触到那些不为人所知的事物的途径。"[②]（见依格加卡加克的叙述，第54—58页）另一个因纽特萨满纳加格耐格（Najagneg）说："我曾在黑暗中寻找，在孤寂宁静的黑暗中保持沉默。然后，在幻觉和梦境中我成了巫医（angakoq），并遇到了飞翔的精灵。"[③] 墨西哥惠乔尔人萨满马苏瓦（Matsúwa）告诉我："我已经做了六十四年的修行者。在这些年当中，我多次独自走进大山。是的，我一生中经历了许多苦难，但是为了学习如何去观察，如何去倾听，你必须这么做——必须独自走进荒野。因为神的方式并不是我能够教给你的。这类东西只

---

① 对于这一主题深层次的研究请见：斯坦尼斯拉夫·格罗夫和简·哈利法克斯的《遇死之人》。——原注

② 克努德·拉斯姆森：《跨越极地美洲》，第81页。——原注

③ 克努德·拉斯姆森：《跨越极地美洲》，第385页。——原注

能在荒凉的旷野中习得。"（见马苏瓦的叙述，第216—219页）

寻求幻觉

一些有潜力的萨满被给予明晰的指示，这些指示如果得以适当实施，就能使他或她的意识发生重大的转变。而死亡与复活是不可避免的经历。古斯塔夫·霍尔姆（Gustav Holm）描述了安格玛撒利克族（Angmagsalik）因纽特人神圣的复活体验："信徒所要做的第一件事就是去一个偏僻的地方，深谷或山洞。在那儿拿一块小石头，在大石头尖上摩擦，朝着太阳运行的方向。在他们持续做了三天后，他们说，最后石头里出现了一个精灵。它面向冉冉升起的太阳，并问信徒有什么愿望。由于恐惧和高度紧张，这个信徒在最恐怖的痛苦中死去，但在这天的晚些时候又活了过来。"[1]（见萨尼姆纳克的叙述，第88—91页）

自发的死亡与再生体验在北美洲的平原印第安人中可以找到。这种体验可以发生在太阳舞仪式中，肉体会被奉上献祭或者被刺穿，或发生在与青春期或人生其他重要阶段相关联的寻求幻觉的场合中。所有这些事件都包括净化、隔离，通常还有禁欲等阶段。

乌鸦族酋长普伦蒂-库普斯（Plenty-coups）对弗兰克·林德曼（Frank Linderman）讲述了他的一个叫边缘（The-Fringe）的朋友成为巫医的启蒙仪式。在求知过程中，边缘依靠一根位于危险位置的杆子，跨越到一个小岛上。然而，他所跨越的不是普通的泉水，而是具有治疗功效而且异常烫的水。边缘爬到山顶并独自在那里待了三天。第三天早上，他的朋友们找不到他，他们知道，他已经被这药之河带走了。正如普伦蒂-库普斯所说："药之河中任何东西都不能存活，所以边缘不可能有办法活着爬上来。"

最后，在第四天，边缘的朋友们到达那个滚烫泉水的岸边并找到了他。边缘命令他们回村子里去为他做圣事的准备。一切就绪后，边缘向十一位智者讲述了他的梦：在岛上的前两个晚上，滚烫的药之河水冲刷了他的身体并烧伤了他的皮肤，但他动都没动一下，也没有喊叫。然后一个脾气暴躁、长相丑陋的"人"把他带到河边。这一次，他一点都不觉得疼。在这个水流缓缓的深渊中，他们来到了一座粉刷成红黑条纹相间的大房子里。后来他才知道自己将要成为一名伤病的治疗者，并且将成为一位智者。水獭和白熊立在房屋两侧，尽管它

---

[1] 古斯塔夫·霍尔姆：《安格玛撒利克爱斯基摩人的民族学梗概》，第88—89页。——原注

们都用恼怒的语气跟他讲话，但它们将是边缘永远的同盟者。在边缘将要离开时，屋子里那个漂亮但又奇怪而安静的女人问那个"人"为何不送给他一些东西，让他能够去帮助他的族人。于是那个"人"把一张水獭皮和一个拴马桩送给了边缘。水獭皮是他的药物、他的力量；拴马桩是他的财富。边缘在总结他的经历时说："当我醒来时，我并不在之前睡的那个地方，而是在药之河岸边。"①

苏族奥格拉拉部落的首领马扎·布拉斯卡（Maza Blaska）告诉民族音乐家纳塔利·柯蒂斯（Natalie Curtis）："圣者在年少时就知道他将会成为一个圣人。伟大的奥秘让他得知了这些，有时是精灵告诉他。当某个精灵来到时，他看起来就像一个人，站在那里。但当这个人说话或向前走时，谁都看不到他去了哪儿，这就是精灵。圣者可以经常与精灵交谈，而精灵便教给他神圣的事物。"②这些通过与精灵交流而获得的知识，把萨满与普通人区分开来。但是，与世界上其他地方的萨满不同，苏族及其邻近地区的萨满经常是在寻找环境的过程中发现这一神圣的角色的。像边缘那样，有迹象表明这个年轻人就是被精灵选中去治疗的人，他被任命为一个圣人。"圣者去到一个偏远的帐篷里，禁食并祈祷。或者去荒凉的山中。当他重返时，他教给人们，并告诉他们伟大的奥秘吩咐他讲的事情。他向他们提供咨询和治疗，他用神圣的符咒保护人们不受到任何邪恶的伤害。他的力量如此伟大，他是如此受人们尊敬，他在帐篷中待过的地方也成为一个圣地。"③

临 界 考 验

新入教的萨满所经历的具体考验有各种所能想象到的形式。例如依格加卡加克（见第54—58页）被神秘力量西拉（Sila）强迫而成为巫医。他告诉拉斯姆森说，他小时候常被自己无法理解的梦萦绕：一些奇怪的"生灵"一边走一边和他讲话。他对自己的梦记得如此清楚，以至于他能全部复述给他的朋友。不久便得到证实他生来就注定会成为一个萨满。那个叫柏坎克（Perqánâq）的老人被选作他的指导者。在严冬时节，依格加卡加克被放在一架大小刚够他坐上去的雪橇上并被带到很远的地方。当到达指定地点后，他仍坐在雪橇上。而柏

---

① 弗兰克·林德曼：《普伦蒂-库普斯》，第302页。——原注
② 纳塔利·柯蒂斯：《关于印第安人的书》，第38—39页。——原注
③ 纳塔利·柯蒂斯：《关于印第安人的书》，第38—39页。——原注

坎克则用雪盖了一个小屋子,屋子小到一个人盘腿也无法坐进去。因为不允许脚踩到雪上,他被从雪橇上抱了下来,抱到屋子里放在一块毛皮上。他不能进食或饮水,并被告诫只能想伟大的精灵和很快会出现的来帮助他的精灵。

五天后,柏坎克带给依格加卡加克一些温水喝,然后又像以前一样离去。禁食十五天后,柏坎克又给了他一些水喝,还给了他一小块肉吃,他要靠这些食物再维持十天。最后,柏坎克把他带回家。依格加卡加克说,三十天的经历非常艰苦,他"有时候会有一种仿佛死去的感觉"[1]。(见依格加卡加克的叙述,第55—58页)

在《跨越极地美洲》中,拉斯姆森又讲述了两个萨满启蒙仪式,这足以说明萨满在其实现过程中所能忍受的严酷考验的实质:

> 那时,金娜丽克(Kinalik)还只是一个小女孩,非常聪明,心地善良,长得清秀,说话坦诚。依格加卡加克是她的姐夫,并亲自做她的法术指导者。她的启蒙仪式非常严酷:她被挂在雪地里用帐篷遮盖的杆子上,在那儿待了五天。当时正是严冬,寒风凛冽,还经常有暴风雪,但她并不觉得冷,因为有精灵保佑着她。满五天期限后,她被放下来,抬进屋子。依格加卡加克接到命令用枪射击她,以便使她在死亡的幻觉中与超自然的力量亲密接触。枪里面装着真的火药,但是用一块石头代替铅弹,这样是为了使她仍与尘世相连。依格加卡加克在众多村民面前开枪,金娜丽克便倒在地上不省人事了。第二天早上,正当依格加卡加克要救醒她时,她自己从晕厥中苏醒过来。依格加卡加克断言他射中了她的心脏,那块石头后来被取出来,并交给她的老母亲保管。
>
> 另一个村民,一个叫阿格加托克(Aggjartoq)的年轻男子也经历了这种神秘的仪式。依格加卡加克是他的老师。在他身上使用了另一种考验形式,即溺水。他被绑在一根长杆子上,带到湖边。他们在冰面上凿了一个洞,然后那根杆子连同被绑在上面的他一起被推下去,穿过那个洞。这样,阿格加托克事实上站在了湖底,头也被水淹没了。他就这样在湖底待了五天。最后他们把他拉了上来,但他的衣服上没有一点沾过水的痕迹。在征服了死亡以后,他就成了一个伟大的

---

[1] 克努德·拉斯姆森:《跨越极地美洲》,第82—84页。——原注

巫师。①

一个卡里布萨满总结说,那些从不作恶的人从一个生命转移到另一个生命,以人的形式一次又一次获得重生。因此,人们不必惧怕死亡。那些作恶的人则会转世为野兽。至于所有的生命与意识则是永远保留的,并以各种方式更新。"因为任何生命一旦被赋予就不能被丢失或者消灭。"②

疾病的地狱

强大的疾病危机也可以是萨满启蒙仪式的重要经历。这其中包含着一种与衰亡和破坏力量的对抗。萨满不仅战胜了使人衰弱的疾病和事故的考验,而且在此过程中已经被治愈。因此,疾病成为通向更高层次的意识的途径。从灵魂与身体脱离到被萨满化,这一演化是在自我治疗的体验中实现的。作为一个已被治愈的治疗者,只有他或她能够真正懂得疾病与死亡这些领域。

通古斯萨满谢苗诺夫·谢苗(Semyonov Semyon)简单地描述了疾病如何使他成为一个萨满:"在成为萨满之前,我病了整整一年。我在十五岁时成了萨满。导致我成为萨满的疾病表现为身体浮肿,频繁昏厥。然而,当我开始唱歌时,通常病痛就消失了。"③

尽管萨满的疾病通常是由恶魔的侵入而引起的,但这样的侵入通常也能带来有利的结果。在与恶灵进行的一系列艰苦卓绝的斗争中,准萨满致力于努力抗击那些曾经折磨过他们的身体和心灵的力量。这种抗争也锻炼了他们,以便将来遇到类似的情况时,他们将要代表其他人去斗争。事实上,正是萨满的这种征服、控制、平息和引导精灵的能力,将他或她与普通人区分开来。普通人则是这些巨大力量的受害者。

惠乔尔的巫医马苏瓦经历了许多艰难的朝圣旅程,徒步去委瑞库塔(Wirikúta)[佩奥特仙人掌(peyote)的圣地],尽管他独自在荒野上度过了很长时间,但是直到失去右手,并且左手残废之前,他都并没有成为萨满。这两个事故都发生在他三十多岁的时候。从那以后,他才开始意识到自己的力量,成为萨满的进程也变得清晰和强烈。(见第216—219页)

雷蒙(Ramón),马苏瓦的徒弟,似乎也是通过疾病而获得了萨满的能量。

---

① 克努德·拉斯姆森:《跨越极地美洲》,第85—86页。——原注
② 克努德·拉斯姆森:《跨越极地美洲》,第86页。——原注
③ 约瑟夫·坎贝尔:《神的面具:原始神话学》,第252页。——原注

雷蒙回忆说，他在很小的时候就开始做奇怪的梦："有一天晚上，我们的太阳神（Tayaupá）跟我讲话了。他说：'看，孩子，别害怕。你必须再长大一些，这样你就能走出去，变得更智慧，这样就能独立了。'他说：'别担心，孩子，终有一天你会好的。'我都听到了，我看到了我的生活。那时候我特别高兴。"①

雷蒙八岁的时候被一条毒蛇咬了，他爷爷也是一位巫医，他透露说如果他能够熬过这场劫难，终有一天他会成为一个伟大的萨满。雷蒙在剧痛中瘫痪了六个月。在这期间，这个小男孩大部分时间都独自待着，他体会到了爷爷之前跟他说过的事。康复以后，按照神的意愿，他开始接受这个呈现在他面前的命运。②（见第111—113、140—143、202—206页）

波波夫（A. A. Popov）讲述了早在1900年代一个阿瓦姆-萨摩耶德萨满的启蒙仪式，解释了一些有关萨满疾病的心理象征背景：准萨满染上天花，昏迷了三天，几乎濒临死亡的边缘。到第三天他差点就被埋葬了。他看到自己下了地狱，经历了许多艰险以后，被带到一个岛上。岛中间有一棵桦树直通天堂。那是土地公之树。土地公送给他一根树枝让他给自己做一面鼓。然后他到了一座山上，走进入口后，他看到一个赤裸的人在一个巨大的火堆前面拉风箱，火上放着一个壶。那个人用钩子捉住他，把他的头砍下来，并把他的身体剁成小块然后放到壶里。他的肉体在壶里煮了三天，然后那人在铁砧上给他锻造了一个头颅。最后那人把漂在河里的骨头捞上来，堆在一起，把肉盖在骨头上面。在这次异境探险之旅中，准萨满遇到几个半神似的人，每一个都教给他一些教义，或告诉他治疗的秘诀。当他在小屋里醒来时，他就成了一个真正的萨满，并且可以开始施法术。③

萨满启蒙仪式上的下阴间，通常会十分可怕。因为阴间是痛苦和死亡之处。下阴间可以表现为象征性的肢解，并清除身体内的体液，把肉从骨头上剥下来并挖掉眼睛。这个信徒变得只剩下骨架，而且骨头也被清洗、净化，肉则被分给各种折磨人类的疾病之神。萨满留下的只有骨头，但它们就像种子，有再生的潜能。这些骨头种子随后被覆盖上新的肉体，萨满被注入新的血液。在这个转变过程中，复活者接收到一种本质上特别神圣的知识，并获得治病的力量，而这些大都是从他的精灵助手那里学到的。在这个恐怖的旅程中，新入教者所

---

① 巴巴拉·梅尔奥夫：《追寻仙人掌》，第33页。——原注
② 巴巴拉·梅尔奥夫：《追寻仙人掌》，第34页。——原注
③ 安德烈·波波夫：《塔吉夫人：阿瓦姆与维迪耶的塔尔吉斯民族志材料》。——原注

经历的极度痛苦，相继的超脱经历，以及从危机中恢复过来等，表明萨满是一个经历了死亡又获得再生的人。

马苏瓦在事故中严重致残，雷蒙在被毒蛇咬了以后几乎丧命，通古斯萨满也差点死于天花和高烧。尤娃纳克（Uvavnuk），耐特斯里克部落的因纽特女人，在一个极为戏剧性的瞬间得到了那种伟大的能量。据拉斯姆森讲述，从天上飞下的一个火球砸到了尤娃纳克，她昏迷了过去。当她苏醒时，光之精灵已经进入她体内。她用巨大的能量去帮助她的族人，当她歌唱的时候，"所有在场的人都从罪孽和过错的重负中得到解脱；邪恶与欺诈像手中的一粒灰尘一样消失了"。

这就是她的歌：
  大海，让我随之前行
  随之飘扬，
  让我如同河中水草一般浮动。
  苍穹浩大，风暴猛烈
  将精灵带到我身边，
  直到我，在欢乐中，
  颤抖着被带走。[1]

骨 头 种 子

萨满的启蒙仪式要求个体与他或她的过去彻底决裂。在西伯利亚的雅库特人中，萨满就是其自身解体的旁观者。在那种意识状态下，他或她便了解了死亡的领域。这里还有一例讲述萨满把自己作为圣餐献给那些在享用他的时候能够指引他的神圣力量："他们把头砍下来，放在帐篷里最上层的木板上，从那里可以看到他自己的身体被肢解的过程。他们用一个钩子穿进肉体，并将它扯裂，每个关节都撕开。把骨头清洗干净，扒掉上面的肉，去除所有的液体。他们把两只眼睛从眼窝里挖出来放在一边。把肉从骨头上取下来，撒在地狱的所有通道上；他们还说这些肉被分发给九代或二十七代能引发疾病的精灵。关于这些精灵的始发途径，萨满以后便会得知。他将能够治愈由那些精灵引起的疾病，

---

[1] 克努德·拉斯姆森：《跨越极地美洲》，第34页。——原注

但对于没吃过他的肉的精灵所引起的疾病,他便无能为力了。"①

萨满把自己作为精灵的圣餐而献身于这一"伟大的事业",他们从这些享用过自己肉体的精灵那里学到了治愈某些疾病的方法。通过了解这些曾经折磨他们的疾病,萨满就可以去治愈患有类似疾病的人们。疾病的奥秘已经展示在他们面前,这样,他们便能指引着那些承受苦痛的人们走出疾病甚至死亡。

对于捕猎和采集的人们来说,骨头就像种子一样是生命之源。把一个人剥光衣服,褪去皮肉,直到只剩下一堆骨架,这是一个重新进入生命孕育的过程。米尔恰·伊利亚德(Mircea Eliade)将这个过程称作回归"原始生命的子宫"。这样便可以重获一种神圣的新生。② 更为重要的是,骨头,就像一块水晶或一粒种子,是永恒的光和生命重新萌发之源。如同其他宗教苦行者一样,萨满剥掉自己的皮肉,只留下那些神秘而又永恒的物质,就像精液的结晶一般,成为繁殖之源。他们能够一直获得新生,正如神圣的水晶那样,是纯净之体、高贵之躯,是发光的骨头。③ 骨头,就像一块水晶或一粒种子那样,具有双重性质,它既是储藏着生命力之源的容器,又不易被毁坏或消灭,让人联想到生命力的长存。④ 拉斯姆森认为,骨头是在人死之后能最长时间抵抗住太阳、风和天气腐蚀的东西。因此,萨满摆脱了易腐烂和很快消失的肉体,就能够长久地存在,不断从自己的骨头中获得重生。⑤

萨满的肢解和重组,在本质上是早在原始时期就存在的创造行为。在《神的双手》一书中,艾伦·瓦兹(Alan Watts)简要地总结了这个过程:"开始有肢解,最后就有重组——这个宇宙游戏的完美收场就是未知事物的发现和分散的元素的聚集。"⑥

---

① 安德烈亚斯·隆梅尔:《萨满教》,第57页(隆梅尔的译本:A.弗里德里希和G.布德尼斯的《来自西伯利亚的萨满故事》)。——原注

② 米尔恰·伊利亚德:《萨满教》,第63页。——原注

③ 世界各地的萨满有一个共同特点,那就是他们与火、热和光的特殊关系。梵文 *sram* 的意思就是"让自己发热"。萨满不仅是火的最高主宰者,还是一种巨大热量的化身。这种热量所蕴含的精神启蒙功能,同时关系到净化与知识两个方面。一位因纽特的萨满对克努德·拉斯姆森解释说:"每一个真正的萨满都必须感觉到有一种光在他体内、在他大脑里,就像火光一样给予他力量,让他能够闭上眼睛看清楚黑暗、隐藏的东西或预见到未来,甚至发现他人的秘密。我感觉到我就有这种神奇的力量。"安德烈亚斯·隆梅尔:《萨满教》,第60页。——原注

④ 详见米尔恰·伊利亚德的讨论,见《神灵、光和种子》一文。——原注

⑤ 克努德·拉斯姆森:《伊格鲁利克爱斯基摩人的知识文化》,第114页。——原注

⑥ 艾伦·瓦兹:《神的双手》,第172页。——原注

神圣之树

　　萨满从骨头中获得了重生,这便超越了生命存在的有限性。而通向这一充满阳光与光明的天界的交通工具便是鼓。雅库特人说:"鼓就是我们的马。"① 鼓的震动经常把萨满带出地狱,通过宇宙树的根,上升至中间世界或是尘世的树身之上,最后到达这神圣之树的顶端,树梢直通明亮的天堂。

　　神圣之树是重生之路,也是人类集体的会合之处。它通过中心向四周发散能量,从而把整个社会聚集在一起。它把灵魂带入天堂,使萨满达到一种文化的超越境界。由于萨满与"世界之轴"有一种动力的关系,因此他也是平衡和控制社会的人,创造出一种和谐,并由此萌发生命。当这种宝贵的平衡被破坏或失去时,该文化的深层结构的表征也就丢失了,就如同骨架变成尘埃,原始的形状不复存在。

　　伟大的北美印第安预言家黑麋鹿(Black Elk),一个苏族奥格拉拉部落人,在一次幻觉中被赐予一根红色的棍子。这根棍子是活的,当他看着它时,它"发芽并长出了枝条,枝干上又长出许多叶子,并且这些叶子在细语,树叶上的小鸟开始歌唱。有那么一小会儿,他认为他能看见树荫下村落里的人们,和各种长着根、腿或翅膀的生物,他们都很快乐。"② 后来,黑麋鹿遗憾地说:"再也没有什么中心可言了,神圣之树死了。"③

灵魂飞行

　　萨满的灵魂冲破死亡的层面继续上升,翱翔至一个永恒的界域。鼓声和舞蹈中的振翅般的旋律,以及圣歌的优美音调,将处在出神状态中的人的灵魂传送到超越现实的疆域,使一位使者飞过通往两光世界(the two-light world)的危险入口。在那里,夜晚梦幻世界的光芒与白天太阳的光芒在黎明时刻相互交融,在那里,超越时空的幻想会被唤醒。巫师的灵魂会变成一只鸟,灵魂之鸟的翅膀和身体与萨满的灵魂融入同一个身体,这样萨满和他的动物助手之间就没有任何区别了。自然、文化、超自然就会融入超验的意识当中。

---

① 温策拉斯·西罗斯泽夫斯基:《信仰萨满的雅库特人》,第331页,米尔恰·伊利亚德《萨满教》引用,第223页;相关讨论又见第173页以下。——原注
② 约翰·内哈特:《黑麋鹿如是说》,第28页。——原注
③ 约翰·内哈特:《黑麋鹿如是说》,第276页。——原注

祷告箭、治疗杖、神鸟棍、羽翼披肩、头饰等，所有这些和萨满表演行为相关的羽饰物品（the feathers）都是一种象征。它们不仅象征着萨满的灵魂升入天堂，还象征着灵性的太阳的金色光芒，象征着由重力解放而唤醒的意识之光，象征着空间、物质与时间结构之间的界限。

萨满也会借助于动物助手的歌声来飞行。当萨满沉浸在歌声中时，透过歌声传出的呼吸，就可以把萨满转变成一种天空生物或灵魂之鸟。在西伯利亚的雅库特人中，"神秘的声音是可以听见的，它有时是从萨满的上面传出的，有时从下面，有时从前面，有时从后面。……你也许会听到凤头麦鸡的悲鸣中混杂着猎鹰的惊叫，间或被山鹬的鸣叫打断。所有这些都是萨满通过改变声调而发出的声音——尖叫时就会发出猎鹰的叫声，掺杂着凤头麦鸡的感叹声，语调尖锐时会发出山鹬的声音，语调低沉时会发出布谷鸟的声音"①。理查德·俄德斯（Richard Erdoes）也曾叙述过他的苏人朋友模仿群鸟鸣叫的情景，那歌声可以让听者飞翔。

在启蒙仪式的出神状态中，很多西伯利亚新萨满都会发现自己处在宇宙树高处的鸟巢里，被抚养长大。巢在树上的位置越高，这位萨满就会越强大。关于这种情况，有这样一则叙述："在天堂里有一棵树，萨满的灵魂在获得力量之前，必须要在树上成长。树枝上有很多巢，萨满的灵魂就躺在里面，被照料着。这棵树就叫'Tuuru'。巢越高，躺在巢里的那个萨满就会越强壮，他会比别人知道得更多，看得更远。"②

关于"神鸟萨满"（the bird-shaman）的出现，至少可以追溯到旧石器时代。至今，从北极向南延伸至美洲大陆，都能发现其踪迹。在法国中部的许多马格德林时期③的洞穴里，都有对鸟形萨满的形象描绘。在地穴深处是宏伟而又如迷宫一般的拉斯科洞穴，在它后面有一幅神秘而又不可思议的画，画于旧石器时代。画面的右侧画着一头野牛，它的内脏从肚子上的伤口处垂下来，一支矛从它的肛门横穿至性器官。这只失去内脏的巨兽歪着头，仿佛是在看自己垂下来的内脏。画面的左侧有一头犀牛，它的尾巴下面有一堆粪便，看起来像是排泄完要离开的样子。在这两个精心绘制的形象中，躺着一个轮廓粗糙的男人：他戴着鸟面具，手像鸟爪一样，他的阴茎竖起，指向受伤的野牛。男人的右侧

---

① 温策拉斯·西罗斯泽夫斯基：《信仰萨满的雅库特人》，第218—219页，米尔恰·伊利亚德《原始传统中的天堂渴望》引用，第255—267页。——原注
② 约瑟夫·坎贝尔：《神的面具：原始神话学》，第256—257页。——原注
③ 马格德林时期，指欧洲旧石器时代末一个文化期，距今约一万六千至一万年。——译注

有一根手杖，上面停着一只鸟。毫无疑问，这个男人就是一位萨满，一位进入出神状态的巫师。他的灵魂正在进行一场神秘的飞行。我们不仅可以通过他竖起的阴茎推测出这是在梦中或出神状态下频繁出现的情景，还可以从他头上的鸟面具和他的鸟爪、鸟手杖（与世界各地的萨满手杖相似）推断出，这是对灵魂飞翔的表现。[①] 就像一万五千年前这启蒙仪式的洞穴里描绘的，关于灵魂像鸟儿一样飞翔的绘画，已经存在了很多年，也经历了许许多多的文化，如印度的雄鹅，美洲印第安的鹦鹉、鹰，西伯利亚的雌鹅，还有鸽子。事实上，当出神者的灵魂离开自己的身体，飞入精灵与神祇的领域时，由出神冥想所产生的狂喜就是一种超越。

当萨满经历启蒙仪式的体验时，那些编织在社会结构中的神话意象就会立刻变得显而易见，并和所有事物相关。这样，即使他或她经历了启蒙仪式的危机以及死亡和复苏的过程，也不能代表将他们与其社会背景分离。相反，他们是模式上的深化，这种模式组合了神圣与非历史的领域，支配着人类文化更表层、更短暂的方面。作为精神危机之结果的心灵取向，是不会被社会限制或剥夺的。相反，人类灵魂是朝向宇宙的，生命生存的领地就是宇宙，因此，生命领域就会被扩大，用以囊括"非隐形存在"的所有方面。

在各个世界之间获得平衡之后，强大的力量就会告知萨满，疾病可以是通向更加伟大的生命的通道。在那里，他会经历更大的危机，从而获得更加强大的能量。由萨满所投射出来的治疗意象，也就是作为人类机体中转换能量之显现的疾病意象。

萨满的平衡

萨满是痊愈之后的治疗者，他们已经将自己破碎的灵魂及肉体修补完好。通过个人的转换仪式，他们能够将生活经验的方方面面进行整合：肉体的和灵魂的、普通的和不寻常的、个体的和集体的、自然的和超自然的、神话的和历史的、过去的和现在的以及将来的。当然，启蒙仪式的临界点体验依然是两光世界。

作为天上、地下和人间这三个领域的主宰者，只有萨满被赋予了进入出神状态的能力。米尔恰·伊利亚德巧妙地将这一类宗教职业人士定义为"出神的

[①] 约瑟夫·坎贝尔：《神的面具：原始神话学》，第257—258页。——原注

技师"。①在出神冥想状态下，萨满能和动物盟友及灵魂助手进行沟通。否则，当他们的灵魂步入上方的神圣乐园或下方充满死亡与疾病的地狱时，萨满便会离开他们的身体，如同丢下外皮一样。也正是因为对这些领域的了解，萨满能够为伤者修复灵魂，为逝者指引灵魂，并且能够和天界的至高神圣进行直接联系。在另外一些场合，萨满的身体会幻化成事物的脉管，通过人类的肉体形式进行支配和交流，使灵魂世界得以呈现、得以生存并最终得到理解。

作为天上、地下和人间这三界的中介者，萨满成为守护临界点的大师。他们会去亲历每个萨满都必须经历的过程：萨满的平衡。正如黎明是时间的开端，平衡是他们成为萨满的开端。在这个过程中，萨满巫师们会成为向导，成为途径，成为幻象，成为变化者及幻化领域的人格化形象。

人类学家巴巴拉·梅尔奥夫（Barbara Myerhoff）是一位敏锐的人类行为观察者。她描述了她的一位惠乔尔族萨满好友雷蒙·梅迪纳·席尔瓦（Ramón Medina Silva）的故事。这段故事很好地诠释了萨满平衡的重要性：

> 很多年前，当我第一次和墨西哥中北部的惠乔尔族印第安人接触时，我才意识到灵敏的平衡度对萨满来说是多么重要。因为有一段时间，我同一位名为雷蒙·梅迪纳·席尔瓦的萨满一起工作。一天下午，我们正在开会讨论录制神话集的事情，他却不由分说地打断我们，邀我们去参加惠乔尔族友人的聚会，地点在他家外面。那里峡谷陡峭，有约一千英尺②的瀑布沿着参差光滑的岩石倾泻而下。站在瀑布的边缘，雷蒙脱掉鞋子，说道："这里对萨满来说是个特殊的地方。"然后，他跃上那些石头，准备穿过瀑布。他时而往前跳，时而停下来，身体前倾，双臂伸展，头向后仰，像鸟儿一样泰然自若地用一只脚立着。他一会儿消失了，一会儿又出现了，纵身跳跃着并最终抵达了彼岸。对于他的行为，我既害怕又困惑，但其他的惠乔尔族友人看起来却一点儿也不担心。一位年长的惠乔尔人的妻子告诉我，她的丈夫本打算加入萨满，但因为缺乏平衡性而没能成功。我原本以为她指的是社会及个人的不稳定性，因为他是个酒鬼而且有些反常。我虽然目睹了他们对平衡性的展示，但直到第二天，当我和雷蒙谈到这件事时，我才对所发生的一切有了更多的了解。他边说边用手划着小提琴的弓："要

---

① 米尔恰·伊利亚德：《萨满教》，第4页。——原注
② 1英尺=0.3048米。——编者注

做萨满，就必须有极佳的平衡性，否则他就会掉落到这边或那边，无法抵达目的地。"接着，他的手就仿佛陷入了无尽的深渊："一个人想要通过这条狭窄的小路，如果没有平衡性的话，就会被等候在下面的动物吃掉。"①

正如梅尔奥夫所描述的，萨满的旅程象征着一种联系。这种联系仍然存在于我们所熟知的人类世界与没有灾难的极乐世界之间。那是一个充满神话色彩的世界，它先于原初的分化而存在，这种分化破坏着过去的和谐与神圣。分化之后，以分离与丧失为特点的死亡便成为先决条件。而当萨满开始法术的飞行时，分化的状况才能得到改善。②

当萨满人登上世界之轴（Axis Mundi）即宇宙树之后，他们便能知晓生与死、天与地及所有对立面的轴心，那是一个不变的极点。同时也经历着分离的消解和无限领域中的平衡。巫师舞蹈中的旋转将法术转化为永恒中心的绝对宁静。正如印第安夸扣特尔部族的圣歌所吟唱的："我就是世界的中心。"

当神圣的预言家黑麋鹿站在哈尼峰（Harney Peak）之巅时，他对宇宙产生了一种神秘的感觉，这是一个超越所有极性（polarities）的和谐体和平衡体。"我站在众山中最高的一座山峰之上，周围是世界的整个光环，当我站在那里时，我所看到的远远超过我所能分辨的，我所知晓的远远超过我所看到的。因为我是用神圣的姿态来看待灵魂中的事物轮廓，以及所有轮廓的轮廓。因为它们必须像同一个生命体一般共同生存。我看到我的人民的神圣光环是众多光环中的一个，众多光环共同组成一个大圈，如日光和星光般广阔。中间生长着一棵非比寻常的参天大树，用来保护孩子们。他们只有一位母亲和一位父亲。我想这里也许就是圣所。"③

神圣的政治家

萨满的职能不但要维持人类群体之间的平衡，还要维持人类与诸神或非凡力量之间的关系。这种力量指引着文化中生命的前进方向。一旦这些存在的不同领域失去平衡，萨满就必须肩负责任，修复失去的和谐。

在墨西哥的惠乔尔村落居住时，我发现马苏瓦不仅是一位萨满祭司，还是

---

① 巴巴拉·梅尔奥夫：《萨满教的平衡：已知和未知世界的平衡和调解》，第100—101页。——原注
② 巴巴拉·梅尔奥夫：《萨满教的平衡：已知和未知世界的平衡和调解》，第102页。——原注
③ 约翰·内哈特：《黑麋鹿如是说》，第42—43页。——原注

一位政治家——一位神圣的政治家。他的政治活动不但会受到仪礼的影响，也会被个人影响，因为有时集体会聚在一起庆祝诸神为他们指引方向，有时人们需要他的帮助。然而，只有存留了千年的古老仪式才是社群的真正核心，将其与永不枯竭的神圣过去相联结。当社会出现纠纷与不和谐情况时，常常可以通过这些超时空的事件来解决。

我还记得在击鼓仪式（Wima'kwari）的第二个晚上结束之时，马苏瓦强烈要求氏族的人聚集在他面前的圣地上。他用他的祷告羽（muviéri）轻触那些已经注入生命力量（kupúri）的物质，并将珍贵的物质传递给那些需要的人。这种传递类似于印度教的祭司与其门徒之间对沙克蒂（shakti）的交流。马苏瓦这样做是为了使明显遇到麻烦的社会得到平衡。此外，他还会把这些人带入真正的能量领域。那是一种能使他们看到并理解生命真正意义的能量。

兼具两性的萨满

就像萨满所经历的那样，生存与死亡，阳光与黑暗，男人与女人，这些对立体的分离及破裂形式的重组，都是启蒙与转换过程中最可靠的推进力。将那种最初处于原始时代，现在却被破坏的初始状态找回，不仅仅是为了统一，同时也是对那个时代的神圣纪念，因为那个时代存在完美的现实。在很多场合，在萨满的启蒙仪式中，都会将新手或学徒与神话的起源相关联，将个人与超越人类环境疆界的统一体相关联。新手最终能够理解这种存在于"神圣时空"（illo tempore）中的完整状态的奥秘，并成为这种完整形态——深层回忆的过程。萨满偶然的雌雄同体现象，就是对天堂的一种变相表现，因为在天堂里两性会合为一体。由死亡造成的分离能消解所有世俗的差别，这样就能达到平衡状态。

消解两性矛盾的雌雄同体，也有其古老的历史。此外，它在神圣行为领域的展示也是多样的。在诸如筛选萨满这样的启蒙仪式的神秘表现中，雌雄同体会出现在两个重要时刻：开始时与结束时。启蒙仪式可以将对立物与冲突的两极从它们痛苦的疏离状态中解救出来。它为创造的再现、分离的消逝、合体的再生，都提供了平台。它能调节所有的对立面，并将神圣现实中的悖论告知被启蒙者。

萨满必须接近完整形态并最终融入其中。就像那些疾病的精灵，在危机的开端它们会消耗我们的身体。然后，它们会赋予新萨满关于这一疾病的常识，借给他们治愈疾病的能量。假定两性的角色，对于两性完整形态的直接经验，使得他们有了这样的机会：去认识并理解女性或男性的状况，并最终成为一种完整形态。

温柔的男人

在西伯利亚人中，萨满兼具两性是非常普遍的现象。沃德玛·伯格拉斯（Waldemar Bogoras）详细叙说了楚克奇人（Chuckchee）年轻的新萨满的性别转换过程。萨满的精灵盟友或称为科勒特，它提出要求，让年轻人成为"温柔的男人"。很多青年男萨满因为拒绝这一要求而选择自杀。然而，大多数新手还是顺从了，尽管他们仍然怀着来自社会压力与个人心理的矛盾情绪。转换过程是由精灵来宣布的，这些精灵会引导年轻人像女人那样辫起自己的头发。然后，通过梦境，精灵会为这些年轻人设计女人的装束。（萨满医生偶尔也会为病人辫起头发或穿上女人服装，用以避开疾病精灵，同样，也是为了病人能痊愈。）①

启蒙仪式的第三个阶段就是男性萨满的彻底女性化。在这一过程中，年轻人要放弃自己之前的男性行为活动，并且要进入女性角色。就像伯格拉斯所说的："他扔掉了驯鹿牧人的套索和海豹猎手的鱼叉，拾起了针线和小刀。"他的精灵用女人的方式指引和教导着他。在某些特定的场合，他说话的方式、他的行为以及他的身体都发生着变化："他失去了男人的力量，失去了比赛中脚上的速度，失去了摔跤时的耐力，却得到了女人般的柔弱。甚至，他的生理特征也发生了变化。他失去了野性和战斗时的勇气，见到陌生人时会害羞。他还喜欢窃窃私语，喜欢照顾小孩。总的来说，他变成一个拥有男人面孔的女人……"②

转换过程还包括性别角色的真正变化。"柔男"会像女人那样在性行为上进行亲身体验。在精灵盟友的帮助下，他可以吸引很多合适的男性，并从他们中挑选一位做自己的丈夫。结婚后，他们扮演着适当的社会角色和性别角色，过着正常的夫妻生活直到死去。据一些西伯利亚的萨满说，转换之后的萨满会生下动物，同样也会生下人。③

像这样对立面相结合的兼具两性的现象在纳加·达雅人（Ngadja Dyak）中也同样存在。这些人把这一阶段的萨满叫作巴瑟（basir），即不能生育的人。他们穿着女人的服装，扮演着女人的社会角色。米尔恰·伊利亚德认为，他们之

---

① 沃德玛·伯格拉斯：《楚克奇人》，第450—451页。——原注
② 沃德玛·伯格拉斯：《楚克奇人》，第450—451页。——原注
③ 扎普利卡：《西伯利亚原住民》，第253页。——原注

所以会成为不能生育的双性人，是因为他们是天和地这两个宇宙层面的中介者，因为他们要将女性因素（地）和男性因素（天）都组合到自己的身上。①

早期，启蒙仪式结束之后，沿海达雅人（the Sea Dyak）的萨满就要穿上女性的服装，直到生命的尽头。今天，这种习惯会在特殊的情况下发生。如果一个萨满三次在梦中被要求着女性服装，那他就必须这样做，尽管别人会嘲笑他的做法。如果不穿，他将面临死亡。很多经历了转换过程的人都会遭遇巨大的恐惧。②伯格拉斯详细地描述了那些萨满在从男性转换到女性过程中的恐惧。③然而，在科里亚克人（Koryak）中，兼具两性的萨满却被认为是巫师中最有影响力的。④伯格拉斯发现，楚克奇人只能小声地开玩笑，因为人们都惧怕转换之后的萨满。⑤

尚武的女人

女萨满同样也可以经历这一转换过程，尽管这方面的例子少之又少。在一次森林中的宗教隐居之后，一位名为莱姆齐（Liomkee）的托拉查人（Toradja）⑥妇女将自己打扮成勇士的样子，成为祖先灵魂的媒介。她告诉人们他们没有必要再继续耕地和畜牧了，猎头也被禁止。于是族人们开始害怕，害怕精灵会食尽他们，因为他们再也不能用敌人的头来祭祀那些饥饿的精灵了。于是，宗教崇拜者就在支架上修建了一艘大型独木舟，称之为萨满之舟。他们希望它能带他们去天堂，然后他们便能和祖先的灵魂一起永生不死。⑦

还有一个不同寻常的例子，一位库特奈人（Kutenai）⑧女先知将自己打扮成男人去参加战争聚会。这位像男人一样的女人和她丈夫一起居住在哥伦比亚大河西北公园的哨所里，她的丈夫是那里的仆人。转换性别之后，她就离开了丈夫，按照梦境的指示，她娶了另外一位妇女。之后，大约在1812年，她预言了印第安人生活方式的结束，并言世界将会被两个巨大的超自然生物所蹂躏。

---

① 米尔恰·伊利亚德：《萨满教》，第352页。——原注
② 沃德玛·伯格拉斯：《楚克奇人》，第450—452页。——原注
③ 沃德玛·伯格拉斯：《楚克奇人》，第451页。——原注
④ 沃德玛·乔基尔森：《科里亚克人的宗教和神话》，第52页。——原注
⑤ 沃德玛·伯格拉斯：《楚克奇人》，第450—452页。——原注
⑥ 托拉查人，又译"托拉贾人"，是印度尼西亚的少数民族，主要居住在苏拉威西岛。属于蒙古人种马来类型。——译注
⑦ 韦斯顿·拉·巴尔：《鬼魂之舞》，第306—307页。——原注
⑧ 库特奈人，北美印第安人的一支，分布在加拿大和美国。——译注

灾难之后，一种新的印第安生活方式将出现。① 这些女性都拥有救世主般的性格，她们不仅要进行身体转换和性别转换，同时，还要进行文化转换和社会转换。

因纽特人玛奈莱克（Manelaq）讲述了一个故事，说的是一位老女巫将自己转换成男人的过程。故事为我们提供了这样一个观念：当兼具双性的萨满处在平衡状态时，他们就拥有了操控一切因素的能量，而这种平衡是他们在启蒙仪式的临界点就已经获得的。

曾经有一位老妈妈和她的养女一起生活，没有人关心她们。人们迁移到新的地方打猎时，就把她们留在那雪地里的棚屋中。

猎物太少，人们饥饿难耐，生活窘迫，没人愿意和她俩一起居住。即使她们饿死在家里也没什么大不了的。

但这位老妈妈是一位一流的萨满，当她和养女被留下来，她的邻居都离开她之后，她将自己转换成男人，然后娶了自己的养女。为了让自己看起来像男人，她用柳枝做成男性生殖器，然后她施法把自己的生殖器变成木头。她还让木头变大，用来做成一架雪橇。她们还需要一条狗，于是她用擦屁股的雪球做了一条狗。那是一条黑色脑袋白色身体的狗，白色身体是因为雪是白色的，黑色脑袋是因为雪球的一端沾上了粪便。就是这样一个女人，一位一流的萨满，将自己转换成了男人。为了能在猎物的呼吸孔处捕猎，她做了一架雪橇和一条狗。

起初，她们生活困苦。老妈妈还没有掌握捕猎的技巧，但随后她便学会了一种强大的咒语："纳瑟米克"（nacermik）。于是她开始在自己家里引诱海豹前来。一天早晨，她们听到海豹在抓棚屋地板的下面。很快，它就把地板抓出一个洞来。老妈妈立刻扑上去把它抓住，但她自己也被海豹抓伤，还被咬了手。

从那以后，她们就以海豹为食物。直到把海豹吃完了，老妈妈便开始施咒引诱狐狸来家里。一天清晨，她们听到了狐狸抓门的声音。没过一会儿，门倒了，一只小狐狸走进屋里。紧接着又有一只走了进来。就这样，狐狸一只接一只往屋里走。老妈妈和她的养女有两间屋子，直到一间屋子里装满狐狸时老妈妈才堵上门。但事实上，屋里从地板到屋顶已经塞满了狐狸。从那以后，她们就靠吃这些狐狸为生。

① 韦斯顿·拉·巴尔：《鬼魂之舞》，第221页。——原注

她们把皮剥掉，吃狐狸肉。她们用许多小狐狸的脚掌做成平台垫子，用狐狸的皮做成衣服和被子。

不久之后，一个男人来拜访她们。回到家后他告诉别人，他一进屋，就看到老妈妈和养女的衣服和头发上全是狐狸油，她们一直都沉醉于享用又肥又大的狐狸。

当狐狸肉快吃完的时候，老妈妈又开始施咒引诱北美驯鹿。

北美驯鹿成群结队地来了，两间屋子都装不下。她们把驯鹿宰了，但太多了，她们根本吃不完。于是，她们给那些曾经帮助过自己的邻居捎了口信，请他们一起分享驯鹿肉。而那些曾经希望她们饿死的邻居什么也没得到。夏天到了，她们的驯鹿肉还没有吃完。

有客人时，老妈妈还是习惯于做女人，只有在没人的时候她才会变成男人。一天，一位年轻男人来拜访她们，恰巧老妈妈外出打猎了。因为她是一位一流的萨满，所以当她做男人时，通常是一位年轻又英俊的男人。

年轻客人进来后发现姑娘正坐在那里，用一根纤细而精致的针缝男人的内衣。不一会儿，老妈妈就回来了。因为不知道屋里有客人，老妈妈直接走了进去，同时，访客也透过窗户看到一个男人的身影。但是当这个男人穿过走廊，走进屋里，看见这位年轻访客时，就立刻双膝跪地，变成一位老妇人，因为她太害羞了。养女看到这一切，立刻放声大哭。她如此悲伤因为她失去了自己的丈夫，失去了一位为自己捕猎的猎手。但是，据说访客离开之后，老妈妈又变回年轻男人，身手矫健，擅长捕猎，直到生命的尽头。[1]

超越矛盾

雌雄同体可以看作是超越对立面的结果，是在充满张力的两极关系中获得的一种平衡，也是对各领域之存在的统一：大地和天空，女人和男人，直觉和理性，幻想和现实，酒神精神和日神精神，月亮和太阳。尽管萨满在不同程度上转换成雌雄同体的例子数不胜数，但是把对立面进行整合或超越对立面的过程，有时只在象征的层面发生。例如，约翰尼斯·威尔伯特（Johannes Wilbert）曾报道过，在委内瑞拉的瓦劳人中，有一种火葫芦（*hebumataro*），是继圣石之

---

[1] 拉斯姆森：《奈特西里克的爱斯基摩人》，第303—304页。——原注

后,具有能量的初始圣物。第一个火葫芦,是一位萨满祖先登上位于南方的精灵圣地时获得的。在那次旅行中,他不但得到了神圣的火葫芦,还得到了与超自然的东西进行交流的方法。这样,他和他的族人就永远不会失去与诸神联系的主要方式和神圣的中心。

火葫芦鼓的制作是一个非常神圣的过程。在精心的选择和准备之后,萨满会在葫芦上切出四个裂口,并且时常用雕刻好的牙齿进行装饰。然后,将神圣化了的象征祖先灵魂的水晶块一个挨一个放进葫芦里。萨满将这些水晶视为自己的家庭成员,因为它们可以协助他救助病人。当他的精灵的家庭成员都集中在葫芦里时,萨满会把杆从葫芦的任意一个口插进去,那开口就像女阴,把手就被当成葫芦的腿。但这一举动事实上也是让男人和女人进行象征性结合的仪式,与整个器物让人感觉到的生育能力相关。瓦劳人的萨满也把火葫芦当成世界的轴线。在他死后的旅程中,他会将火葫芦垂直摆放在自己面前,沿着其如火苗一般的小路向上攀登,直到到达天顶端的守护神之屋。火葫芦本身就是对立面的结合体,成为平衡、转换、飞翔的用具。①

双性存在

萨满所追求的是形而上的知识。萨满努力使自己融入这种矛盾之中,这也使得他们能够进行不断的转换,就好像转换观点能够为我们提供理解智慧及真相的经验基础一样。而这些观点通常都是在形而上的幻象中得到的。可以把这样的过程叫作启蒙仪式,因为启蒙仪式的关键就在于,通过成为秘密本身来揭开秘密,通过生命之消亡来超越生命,通过包容对立面来洞察二元性,从而重新整合被分散的各种元素,使之恢复原初的整体性。萨满的双性结合象征着天与地的结合,而他们就是天、地、人间这三界之间沟通的桥梁。因此,萨满像哲学家的点金石(the Rebis)② 一样,成为一种双重存在,拥有变化的潜能。这就是其内在的条件。

萨满圣歌

达科他族印第安的圣人善鹰(Good-Eagle)讲述了另一位古代圣人的故事。

---

① 约翰尼斯·威尔伯特:《褶边羽毛的葫芦》,第90—91页。——原注
② 点金石,又称哲人石、魔法石。是西方古代炼金术士们孜孜以求的仙石。其双重作用是,既可以炼金,又可以令人起死回生。现代创造心理学以其譬喻永不枯竭的创造之源。——译注

这位圣人通过圣歌的能量，使宇宙树产生珍贵的圣水，人们饮用了这些用之不竭的水后就能痊愈。故事是这样的：

  人们为这位古老的圣人献上祭品后，还为他准备了一间汗蒸屋，这样他就可以在这个幽静的地方净化自己，从而独自获得更新。然后，他在地上立起一根杆子，并用红色牛犊的皮盖上。病人和那些受苦的人们围坐在杆子旁，从自己的胳膊上切下肉片放在杆子下面。圣人在切下的肉片旁放一个木杯，然后开始吟唱圣歌：

  愿你们能够痊愈

  愿我能带给你们重生。

  愿你们能够痊愈

  愿我能带给你们重生。

  通过凌驾一切的圣父

  能让我

  带给你们重生。

  在他吟唱的过程中，圣水慢慢流向那圣杆，直到把木杯注满。这些人喝了圣水之后，疾病就会远离他们。

  圣人把这些被治愈的人送回帐篷休息。到了夜里，这些人又回到圣杆旁，在圣杆所在的中心，圣人在地上画出一个标识。没有人明白标识的含义。圣人两手相握，解释道："圣父的灵告诉我，明天你们会看到很多野牛，而你们每个人都必须杀掉三头。你们要把牛腿切下来，把舌头和心挖出来祭拜伟大的主宰，还要给我四十张皮。"

  第二天，人们发现果真如圣人所说，于是他们把牛皮送给他，他就用这些牛皮做成特殊的衣服送给他们。他还用黏土、稻草和木炭做成火药、帽子、填塞物送给他们。然后，他让族人们排成一队，自己排在队尾。他用太阳的光线点燃烟斗，并让每个人吹几口气，用以象征生命的气息。

  圣人说："我的人民，这就好了。我已经治好了他们的病，给了他们重生。现在，我要回去了。"说完，他就从此消失不见了。[①]

  就像宇宙树是广袤宇宙的中心一样，圣歌即是个体这个小宇宙的中心。在萨满的圣歌响起的那一刻，当神圣气息从心底深处升起的时候，就能发现这个

[①] 纳塔利·柯蒂斯：《关于印第安人的书》，第52—53页。——原注

中心。所有神圣事物的源头都能找到。

在阿拉斯加岛上有个叫小戴奥米底的地方，拉斯姆森在那里遇见一位老妇人，她穿得破破烂烂，住在漆黑阴冷的山洞里。作为一名圣者，她已经经历了许多春秋，也看到很多生命如季节一般来来去去。她和格陵兰岛上的岛民讲述自己的人生和即将到来的死亡。最后，她对他讲述了圣歌的起源。她用雄辩的辞藻和深邃的洞察力讲述了圣歌的渊源。圣歌是萨满之声中最重要的一部分，而萨满之声则是在临界的体验中被唤醒的："我们的祖先认为，当所有的人都心无杂念，并在憧憬着美好时，圣歌就在这宁静中产生了。圣歌先在人们脑海中形成人的形象，然后缓缓升起，就像深海中升起的水泡。水泡在寻找空气，那样就能破裂。圣歌就是这样产生的。"[①]

就像种子埋在土壤里、水泡藏在深海里一样，圣歌只有在一个特殊的季节里才会为萨满显现。身体上的痛楚和灵魂的孤独都会腐蚀躯壳，躯壳的作用是保护歌手体内的圣歌。当萨满沉陷在痛苦或狂喜的体验中时，当他们在出神状态下转移到一个没有死亡的地方时，圣歌就会从躯壳中爆发出来，那是一种强有力的、审美的结果。

这是一个充满激情的过程，会让散文作家难以描述，因为它产生于灵魂领域。然而，却有一些萨满诗人在圣歌种子破裂的那一刻描述出了这一过程，例如艾萨克·特斯（Isaac Tens）、奥阿（Aua）和奥品加利克（Orpingalik）。奥品加利克对拉斯姆森解释道："当人被触动，就像冰块那样到处浮动。当他感觉欣喜或悲伤时，他的思想会被一股力量所驱动。思想会像洪水一样冲刷他的身体，使他的血液流动起来，心脏跳动起来。当气温降低时，就会有东西保持他的温度，这样，当一切要发生之际，我们就越发觉得自己渺小，或变得更小。于是，我们会害怕使用语言。但是，那些我们所需要的语言会自己产生。当这些语言自己喷发出来时，我们就有了新的圣歌。"[②]

萨满圣歌和咒语其实是能量的表征，是在苦难的考验经历中获得的。而这些苦难又迫使人们寻求与超自然联系的方法。居住在美国西南沙漠地带的帕帕果人（Papago）说，幻象不会在那些不值得的人面前出现。只有在虔诚人的梦中才会出现，梦里就会有圣歌。[③]

[①] 克努德·拉斯姆森：《克努德·拉斯姆森博士遗稿中描述的阿拉斯加的爱斯基摩人》，H. 奥斯特曼编，第102页。——原注
[②] 克努德·拉斯姆森：《奈特西里克的爱斯基摩人》，第321页。——原注
[③] 鲁斯·穆瑞·安得希：《为权力而歌唱》，第7页。——原注

那些出现在人类灵魂无限深处的伟大诗歌标志着创造性启示的产生，而那些灵魂是通过遭遇危机和痛苦而为神圣领域敞开的。相伴产生的每一首歌都成为那个重要转换时刻的再现和回忆。歌手演唱他们过去的痛苦经历，也歌唱现在正在遭受痛苦的人如何实现超越。从最初所感受到的灵感来讲，他们唱出了病魔缠身的患者和面对死亡之人的"生命之声"①。

奥品加利克曾说过，圣歌是"孤独时的伴侣"。② 被拟人化成伴侣后，圣歌就能像人那样富有生命，也能像精灵的世界那样有生命。事实上，萨满圣歌是注入人体里的神的歌声，就像牛吼器高亢而哀怨的声音是灵魂的声音一样。作为阿帕切的族长和圣人，吉若尼莫（Geronimo）告诉民族音乐学家纳塔利·柯蒂斯，他将要唱的歌是神圣而富有能量的："在我唱歌的过程中，我穿过空气来到一个神圣的地方，在那里至高无上的神（Yusun）将赋予我做伟大事迹的能量。我的周围是淡淡的云层，当我穿过云层时，我就变成精灵了。"③ 这时，圣歌就不只是飞行的工具，还是一种转换的方式。

因此，萨满圣歌就成了灵魂和实体之间关系的象征。气息的精灵是以圣歌的形式出现在人体之内的，可以把它比作通过人眼发光的光明之灵。奥品加利克告诉拉斯姆森："歌曲就是思想，当人们被一种强大的力量感动时就会放声歌唱，这是一般的言语所无法满足的。"④他还说："我也不知道自己会唱多少首歌，我没数过。生活中，我们都会遇到开心或悲伤的事，然后就想唱歌，所以我只知道我会唱很多歌曲。我的生命中充满歌曲，只要我还有一口气，我就要一直唱下去。"⑤

圣歌也是萨满和灵魂实体交流的信号。英语单词 spirit（精灵、灵魂）就是从拉丁单词 spirare（呼吸）衍生而来的。事实上，这个单词就是歌唱的灵感来源和歌曲的展现。在克拉玛斯印第安语中，精灵和圣歌就是一回事；同一个单词代表两种事物，圣歌就是精灵的化身，而精灵又能唤醒圣歌。⑥ 奥品加利克在自己的一首歌中解释道："我的呼吸，也就是歌曲，因为对我而言，唱歌就像呼吸一样，同样必不可少。"⑦

---

① 纳塔利·柯蒂斯：《关于印第安人的书》，第 xxiv 页。——原注
② 克努德·拉斯姆森：《跨越极地美洲》，第 163 页。——原注
③ 纳塔利·柯蒂斯：《关于印第安人的书》，第 324 页。——原注
④ 克努德·拉斯姆森：《奈特西里克的爱斯基摩人》，第 321 页。——原注
⑤ 克努德·拉斯姆森：《奈特西里克的爱斯基摩人》，第 16 页。——原注
⑥ 莱斯利·斯皮尔：《克拉玛斯民族学》，第 239 页。——原注
⑦ 克努德·拉斯姆森：《奈特西里克的爱斯基摩人》，第 321 页。——原注

真正想唱歌的萨满不会把自己的思想固定在某个特定的词上，也不会唱出已知的旋律。在梦境中或类似于梦境的状态里，圣歌是从将人类世界与精灵世界分离的界限中产生的。对帕帕果人来说，萨满都会听到这样一首歌："他知道猎鹰在向他歌唱，或是一只从海洋飞来的巨大白鸟。也许是云在歌唱，也许是风，是长满毛毛的红色蜘蛛，在一根看不见的蜘蛛丝上摇摆。"① 也许是惠乔尔印第安人把火的歌声、风穿过干树丛的歌声、雨点砸在屋顶的歌声都翻译成人的语言。也许是萨满的思想已经做好准备，去接受那些来自内部或外部的神圣的声音，并把它们变成如诗一般的圣歌。

这些诗歌是在灵魂的熔炉中受到神圣启发的时刻出现的，通常被认为是医学。基特卡汕印第安人艾萨克·特斯回忆说，他第一次遇见精灵时，就处在一种失去意识的状态中。他的身体在颤抖："我一直处在这种状态中，然后开始唱歌。歌声就这样自然而然地流露出来，我无法阻止。不久就出现了很多东西：大鸟、动物……这些生物只有我才能看见，屋里的其他人是看不见的。这种幻象只有在一个人即将成为萨满时才会出现，并且因人而异。歌曲自己就会完全呈现出来，无须人为地去创作。"②

歌词富有能量，它也为事物命名。它就处在神圣的中心，将所有东西拉向这个中心。歌词既是存在的，又是不存在的。它既可以唤醒一些意象，又是一种被唤醒的意象。歌词消失时，诗歌也相继消失，但那些幻象却依然存在于脑海中，为灵魂工作。然后，诗歌的创作就成为原始意义上的一种过程，它既是一种行动，也是一种互动。

歌声的力量可以治愈歌手和听众，这是萨满圣歌永恒而显著的特征。通古斯萨满谢苗诺夫·谢苗说，当他唱歌的时候，疾病就能痊愈。③ 因纽特人奥阿在成为萨满的过程中经历了很多痛苦和坚持不懈的努力。他发现在圣歌自发出现的过程中，痛苦也能相应地减少一些。"当我找到孤独后，就开始变得十分忧郁。有时我会轻声抽泣，会不明原因地感觉不开心。然后，又没有任何理由突然转变，我感受到一种强大的、莫名其妙的喜悦，我无法阻止它，只能用歌声来表达，一首非比寻常的歌，只为表达一个词：喜悦，喜悦！我要用尽全身力量去唱。就在这种神秘而无法抵抗的欢喜中，我成为一名萨满，连我自己都说

---

① 鲁斯·穆瑞·安得希：《为权力而歌唱》，第 6 页。——原注
② 马里乌斯·巴比亚乌：《太平洋海岸的医药师》。——原注
③ 转引自约瑟夫·坎贝尔：《神的面具：原始神话学》，第 265 页。——原注

不清楚这神奇的变化。但我确实是萨满了,因为我能用一种完全不同的方式去看、去听。"①

圣歌成为萨满转换之后自我和灵魂的展现。灵魂在一时间觉察到自己曾是易受伤的,而且伤痕累累,现在却获得痊愈,并且充满了力量。人类灵魂整体性的标志就是它的歌曲。

萨 满 之 声

萨满之声,无论是在歌曲还是在吟诵中呈现,无论是讲述过去的神话故事,还是叙述个人的出神、启蒙仪式或治疗的过程,萨满的声音都满载着这种永恒符号的频率,彰显着最古老的神圣的特征。在写这本书的过程中,我意识到萨满是用一种优雅的隐喻式风格来交流他们的世界的信息,这种风格能唤醒读者某种特殊的体验。在特定的萨满叙述者的声音中,也能频繁听到其他人的声音,神灵和祖先的声音,或是死者之阴魂的声音,菌类植物的声音,一些生物和元素的歌声,远处群星的神秘之音,或是地狱的回声。也只有这些幻想者才能将他们恍惚的生活方式完全传递给我们。对于西方学者来说,在解释萨满讲给他们的故事或他们自己观察到的故事时,不可避免会带着偏见。我自己的特殊偏见是显而易见的,上述的讨论都映射出我对歌曲、神话和心理转换方面的研究兴趣,包括那些死亡、再生和双性同体的现象。

最后,即使是想用最基本的方法了解萨满主义,也要近距离地走近他们,去倾听他们在生活中是如何交流的。是萨满共同编织出了这个我们所生活的普通世界,以及我们所能想到的宇宙的哲学意象。人类的存在、遭遇以及死亡都被萨满诠释成哲学的、心理的、精神的以及社会的信号系统,它可以通过解决本体性的矛盾、化解生存的障碍,设立道德秩序,从而消减人生中最痛苦、最不合意的方面。往昔的那种超越时间的、尽善尽美的、神话般的极乐天堂,都潜存于当下现实之中。萨满就是通过神圣的行动,将这种潜力传达给所有人。

---

① 克努德·拉斯姆森:《伊格鲁利克爱斯基摩人的知识文化》,第 118—119 页。——原注

第二章 异界之旅

　　这些从南非得得玛峡谷的游行避难所的壁画上临摹下来的图像，描绘的是一组羚羊人的形象。羚羊人是化装的萨满形象，在他们头上盘旋着一个精灵 ales，是与神秘的变形有关的神话化生物。

　　（引自 Harald Pagar, Ndedema Akademische Druck-u. Verlagsanstaat. Graz, Austria, 1971, p.340）

塞利普泰
西伯利亚/塔夫吉族

成为萨满二十年后,塞利普泰,一位西伯利亚的恩加纳桑族(Nganasani)或塔夫吉族(Tavgi Samoyed)[①]萨满,讲述了他出道成为萨满的启蒙仪式故事。在塔夫吉人和其他的西伯利亚人中,在挑选未来的萨满时,不仅要考虑参选者的萨满祖先,而且要考虑许多与自然元素相联系的神灵和精灵、恶行和善行,还有强大的病魔等因素。未来的萨满由一些团体选出来,去从事他们的萨满生涯。但是指引新手成为萨满的中心事件,不可避免的是一场开启通向超常体验世界之门的身体重病或者心理危机。

西伯利亚萨满们通常由一个或多个精灵领袖指引和教导,他们向萨满们指出前行的道路和心灵旅程中所遇到事物的意义。但是,与其他的萨满不同,塞利普泰必须自己去寻找道路,并解读那些神秘符号的含义。

用幻想诗人的想象力,他把他在另一世界的神奇而充满冒险色彩的遭遇,与诸神、精灵和自然联系起来。最后,在塞利普泰发现了所有致病原因和方式后,甚至对他最有帮助的精灵领袖也遗弃了他。他被遗弃在最可怕的境遇之中,面对着最令他恐惧的事情。然而,通过做萨满法事,他找到了返回中间世界的道路,在那儿他从冥想中苏醒过来。[②]

当我是一个年轻人的时候,我像其他人一样,做着各种微不足道的梦。但是有一次,我梦到自己沿着一条路一直走,来到一棵树跟前,手里拿着一把斧头,绕着树走了一圈,想要把它砍倒。这时我听到一个声音说:"等一下再砍!"然后我就醒来了。

[①] 塔夫吉族,或称萨摩耶德-塔夫吉人,是恩加纳桑人的旧称,是俄罗斯的少数民族,分布在俄罗斯联邦克拉斯诺亚尔斯克边疆区泰梅尔民族区,现存约九百人(截至1979年),属蒙古人种西伯利亚类型。由当地土著居民与外来的操萨摩耶德语的部落长期融合而成。以渔猎和养鹿为生。——译注

[②] 波波夫:《恩加纳桑人(塔夫吉人)的塞利普泰如何成为萨满》,第137页。——原注

第二天邻居对我说:"去把树砍倒,做一架库瓦卡(the *kuojka*)①雪橇!"我出发了,找到一棵合适的树,开始砍起来。当树被砍倒的时候,有一个人从树根处大叫一声跳了出来,我被这意想不到的事件吓呆了。那个人问道:"你要去哪里?""我能做些什么?——我要回我的帐篷。""哦,当然,既然你有帐篷,你就必须去那里。好吧,我的朋友,我是一个男人,从树根底下出来。树根很粗壮,尽管在你的眼里它看起来很细。所以我得告诉你,如果你想见我就必须穿过树根下来。"——"那是一种什么样的树?"我问道。"我从来没有弄明白。"那个人回答道,"从远古时候起,库瓦卡雪橇就是由这棵树来制造的。萨满也就一直是从这里面生长出来的。在摇篮里,他们就成了萨满——好了,这就是这棵树的用途。"——"好吧,我将与你同行。"

当准备下去的时候,那个人回过头来跟我说:"请看我一眼,我是谁?"他身侧的衣服让我想起了野生驯鹿换毛时的样子。我没有问他为什么会穿这样的衣服。然后他又说:"不要怕我,但是想一想我冬日衣服上为什么会有黑白条纹的图案。"我回答道:"在你衣服的左边有白斑,是因为那是你为第一场雪的精灵所穿的盛装,右边的黑斑就像春天从雪下面露出来的点点土地——那是你为冬雪融化时所穿的盛装。"我的同伴转过身来拉着我的手说:"现在让我们去拜访我们的主人!"我很担心地想,我一定是迷路了。

我向四处望了一下,发现地上有一个小洞。我的同伴问道:"这是什么洞?如果你的目的是用这棵树造一面鼓,那就找到问题的答案!"我回答道:"就是通过这个洞,萨满领会到了他声音的精灵力量。"这个洞变得越来越大。我们沿着洞下去,来到一条河前面,这条河有两条流向不同方向的支流。"好吧,也说出这条河的由来。"我的同伴说道,"一条支流从中间向北流去,另一条流向南方——充满阳光的地方。如果你注定要陷入出神的恍惚状态中,那就找找原因!"我答道:"北边的支流起源于为死后之人沐浴的水,而南边的水流源自为婴儿洗礼之水。"——"的确是的,你猜对了。"他说道。

然后我们就沿着北边支流的沙滩出发了。我的同伴总是拉着我的手领着我。在我们的面前能看到九个帐篷,最近的一个由一根绳子拴着。入口的两边各有一棵树——一棵在北边,一棵在南边。"你认为为什么会种这两棵树?"那个人问道。我又答道:"其中一棵是光明之树,就好像有阳光照射于其上。因为父母

---

① 库瓦卡,指神圣的家族遗物,包括石头,用木头或金属做成的人形和动物造型的物件。装载它们的是一种特别的雪橇。——原注

用爱和鼓励把孩子们抚养长大，这一定是孩子们的保护精灵。"说到这儿，我的同伴开始鼓掌，并用一只手掌击打他的膝盖，好像对我的话表示肯定。"黑暗之树是月亮之树，是诞生之树，是妇女们用来根据月亮计算出生日期的树。"那个人又一次击掌并拍打膝盖。然后他问道："那个水平地悬于帐篷中火塘上方的木棒（the bars）① 是什么意思？"突然我发现我手中拿着其中一根木棒，就用它去触碰我的同伴。"这些横木是两个破晓之间的分界线，是苍穹的脊梁骨。北边的木棒代表极光的开始，南边的木棒代表黎明轮回的开始。"当我这样说的时候，我的同伴表扬了我。我受宠若惊。"为什么帐篷用一根绳子拴住？"我的同伴问道。我说道："当人发狂并变成萨满的时候，就用这根绳子拴住。"（我神志开始变得非常不清，也被用绳子拴起来。）

然后我们就好像来到了街上。我们进了第一个帐篷，在那儿我们发现七个裸体的男人和女人，他们一直在唱歌，并用牙齿撕咬着自己的身体。我变得非常恐惧。"现在我可以亲自向你解释了，因为你无论如何也不会猜到。"我的同伴说，"起初，七块陆地被创造出来，由这七块陆地的精灵发挥作用，人类由此陷入恍惚状态。一些人只是开始唱歌；另一些人变得神志不清，远走他乡和死去；还有一些人又变成了萨满。我们的陆地有七个海角，每个海角上都住着其中一个狂人。当你成为一名萨满时，你自己就会找到他们。"——"我去哪儿能找到他们？——你把我领到了错误的地方。"——我想道。我的同伴说："如果我没有领你去看这些精灵，你怎么能够为那些迷狂者实施法术？如果你找到疯癫之精灵，你将开始做萨满法事，并能启蒙新的萨满。我必须向你展示所有疾病发生的原因。"

我们从第一个帐篷出来，进入第二个帐篷。这个帐篷位于北边的海角，整个帐篷被灰白的雾包围着，中间有一根黑色的绳子拴着。烟囱附近的帐篷用某种红色的东西盖着。"从这里向南，是埃索都（Asondu）——他们是通古斯人。"我的同伴说，"这是他们的帐篷。黑色的绳子会帮助你治疗各种胃病，而红色的东西会帮你治疗由头痛引起的疯癫。中间的绳子会帮你治疗传染病。随后你会发现这根绳子的用意。当你施法的时候，通古斯的精灵就会到来。这个我自己也不懂。当你对一个道尔干人（Dolgan）或通古斯人施法的时候，来到这儿你就学会了。"这个被雾气覆盖着的帐篷有两个烟囱，其中一个是铜制的，另一个是铁制的。我们进了第二个帐篷，却发现那儿没有人。"我们回去吧。"我的同伴说。

---

① 用来把茶壶或水壶悬挂在火上的木棒。——原注

我们从另一扇门出了帐篷，进入另一个帐篷。这个帐篷看起来好像用渔网覆盖着。里面火光几乎不再闪动。我们发现一个丑陋的老妇人穿着破烂的靴子，除了穿着上衣外，她全身几乎赤裸。她正靠在火边取暖。帐篷里光线暗淡，影子四处跳动。老妇人问道："你认识我吗？"——"自己找答案！"我的同伴对我说。我答道："当一个孩子出生的时候，还会有他的胞衣和胎盘等，你是它们的精灵，不是吗？"我的同伴和老妇人吃惊地拍打他们的膝盖："你真会猜！"然后他们又问道："为什么火光暗淡？"我答道："当孩子出生时，新的火种将会被点燃。你也是，你坐在这里就像家庭主妇一样点燃新的火种。"又一次，他们吃惊地拍打膝盖。"在帐篷的南边，火光非常微弱。人类出生后通过火熏来得到净化。这是净化之火的由来。""说对了！"他们说。这个帐篷有两种帐子①——一些是被霜覆盖着的，一些是白色的。我也猜到了这些帐子的含义。"我们把死者的尸体用野生驯鹿的皮毛包裹在这些帐子当中。在这里，这些被霜覆盖的帐子，就是所说的帐子的魂②。白色的帐子是我们皮衣的魂。"两人都肯定了我的话是正确的。

我们来到了位于水中间的第四个帐篷，它位于三片冻结水域的后面。它的一部分用七张驯鹿皮覆盖，而不是一个帐子，其他的部分则是一片荡漾的水波。我说："萨满不是用七张驯鹿皮做衣服吗？既然帐篷的另一部分被水波所覆盖，那它一定属于水的精灵——这就是它位于水域中心的原因。""你会成为萨满的，走下去吧。"他们说。我们进入了帐篷，一个老妇人坐在一堆孩子的衣服和被杀死的狗中间。在帐篷的两边各有两条白色的鲑鱼。"你认出我了吗？"老妇人问道。"想想是谁。"我的同伴说。我回答道："这是我们应该在歉收的年景中来的地方。这时候，老妇人要向我们展示在哪里能找到猎物和鱼。""想象那是什么地方！"——他们重复说道。"七张兽皮——当我成为萨满的时候我会找到这些的，找到它们并认出它们。每个人在成为一位萨满时，都会找到自己的座位。我将坐在七张兽皮上，做七天的萨满法事。两条鱼：其中一条意味着，当我们向火吹气的时候，我们就会上气不接下气。呼吸有灵魂。当鱼张嘴喘气的时候，它是什么？当我们点火的时候，火从鱼背上突然爆发出来。看到一条鱼背上的火，另一条鱼就会把它吹灭。因此，模仿这条鱼，一条木鱼就做成了。当一个孩子出生的时候，人们也会采取相似的做法。其中一条鱼充满鱼子——鱼子浮

---

① 帐子，指圆锥形小屋上的覆盖物。——原注
② 塔夫吉人的土语词 *nil'ti*，指一种有生命的物质（魂魄？）。——原注

在上面，它们将用来擦拭孩子的身体。当孩子出生时，我们把动物油脂涂抹在孩子身上。这就是那两条鱼的寓意。之后把动物油脂扔进火里以供养房屋之库瓦卡——木石之精灵，让他也用这动物油脂涂抹在他脸上。当人们变得饥饿时，这就是他们充足的食物，你不得不向这条鱼索要食物。"南边用兽皮封着口。仔细看，我发现它们就像七个孔而不是兽皮。从外面看，它们像兽皮，从里面看，就像孔——透过它们就可以看到外面。"为什么我要弄明白这个？""我们做萨满的有七个栖息之地，因此你必须弄明白它们。这七个孔意味着，如果某人落水而一息尚存，而你也碰巧遇到，你就能赶来营救他。"

我们走出帐篷——它的北面被冰覆盖着。"你要自己弄明白这个，"我的同伴说，"不要来这边，这是另一个萨满的路。"当我潜水的时候，我来到了这些地方，就好像我在水里游泳。我们来到另一个帐篷，帐篷的两边各竖着一根铁桩。右边拴着一只单角雌驯鹿，左边是一只角被撞伤的雄性驯鹿——一只角破碎了，另一只角扭曲着。我试着去猜测这两只动物是用什么拴着的，却发现它们是用太阳的光线拴着的。"喔，这太奇怪了！"——我想——"为什么这些光线绳子不会散开？"尽管它们被扭曲着，有一些还断了，像枯枝一样直直地悬挂着。"你知道这绳子的末端是什么吗？"他们问我。我回答道："不，我不知道。""当你要成为萨满时（当然你认为这是真正的树干——这是人类所做的一切事情的精灵），在仪式上，人们会用鼓槌敲打你的鼓，[①] 这个树干就会裂开。绳子末端就是库瓦卡（用木或石制成）的起源。""绳子是用来干什么的？""它是用来给献祭月亮的驯鹿之幼鹿打烙印的。""为什么那只驯鹿只有一只角？""每个成为萨满的人，都会预测哪只驯鹿会为他提供做衣服之兽皮。当你成为萨满时，不要向野生驯鹿索取你的衣服，也不要简单地用野生驯鹿皮做衣服。你可以给你自己做衣服，但是首先必须得到野生驯鹿之母的允许，她会给你指示：哪只驯鹿的皮可以用来为你做衣服。其中一只野生驯鹿是雄性的，他是野生雄性驯鹿的主管之精灵。你必须向这个精灵询问哪棵树你可以用来做鼓，否则你的寿命将不能长久。"

沿着帐篷走，我看到所有的帐子都用明亮的饰品和流苏装饰着。我们为自己制作的流苏类似于驯鹿角，这是因为我们把从每只动物身上取下的毛都缝在了我们服装的流苏上。我们服装的质地跟帐篷的帐子相类似。我的同伴说："现在，你来到这里了，你可以发问索要；当你收到一只动物身上的毛发时，你就

[①] 塔夫吉人在仪式上被萨满感召，也会用鼓槌击鼓。——原注

可以用它来为自己做流苏了。"然后我抬头，在烟道那儿看到了九个铁人形象。随后我就什么也不记得了，也不知道自己是怎样过去的，但是我开始用棍子击打他们，并说："当在一个洁净的帐篷里做萨满法事的时候①，他们应该举起我。""你的确会成为一位伟大的萨满，你找到了一切答案。"我的同伴拍手说道。"如果真是这样，那我一定会成为一位萨满的。但是我并不想成为萨满。"我自语道。"不，你要成为萨满，因为你看到了所有这一切。"——他们说道。

我们走进帐篷，发现那儿有七个铜制的月形物件，跟萨满衣服上月形的东西相类似。"拿着，这是你的。"我同伴说着要给我那些物件。我没有接。"不行，拿着。"说着他又取出七个太阳让我看。"这是什么？"我想着，"或许我不得不为之咏唱七天吧。"随后他接连三次给我太阳形物件，每次七个，然后说："想想什么道理。"——"我不知道。"我的同伴说道："你，作为一位新萨满，要挽救并为七个患者治疗疾病三次。"当我做萨满法事的时候，我走遍了这所有的帐篷。

我走出这个帐篷来到了另一个。我想这个应该是属于我的。但在我看来却很陌生，并不属于我。人们围火而坐，一边是男人们，另一边是女人们。我像一个骷髅而不像人似的走进去；我不知道是谁啃掉了我的肉身，也不知道这是怎么发生的。当我仔细看他们的时候，发现他们看起来并不像真的人，而是穿了衣服的骷髅。在帐篷的深处有七个铁砧。我看到了一个妇人，她好像是火制的，还看到一个手拿钳子的男人。这个妇人身穿七件围裙。从她的围裙中，那男人取出铁块就好像从火中取出似的。他把它们放在铁砧上用大锤击打。当铁块冷却下来时，男人再次把它们放入妇人的围裙内，好像那妇人的身体就是火。尽管火塘里面有火，男人却不用。我向四周望去。火塘边有一个妇人正用兽皮生火，弄得火星四处飞溅。男人取出一块铁，放在铁砧上用锤子锤。事实上，这个锤子由七个安在一个手柄上的小锤组成。每击打一下铁块，火星四起，顺着烟囱向外飞出。我的同伴问我："你怎么想，我们来到了什么帐篷？""我不知道，"我说道，"然而，萨满服装上的垂饰一定是在这里锻造的，而且或许我也不得不向他们索要我衣服上的垂饰。男萨满来自很多地方，这里一定是其中之一。""无论如何，这不是他们的全部。"他们说道。我转回头开始观察烟囱。"帐篷上面一部分的七个人的形象是什么？"我问道。"他们是你将来的锯齿形垂饰的精灵。"他说道。"你会给我这些铁制品吗？""不，时候还未到。"他们说。

---

① 洁净帐篷的宴会，是与萨满七天或九天的庆典同时举行的一个春季节日活动。——原注

我开始感到不自在。"既然如此，你们为什么还要让我猜呢？""他们是谁，这个男人和这个女人？他们是人吗？""那么这就是萨满的由来了？"我说道。"的确。"这就是我的命运——失去自己的神志。"无论你何时成为萨满，你必须得到他们的允许才能为自己做衣服和鼓。你也必须向他们索要用来做衣服的驯鹿；如果你来到这个帐篷，他们会给你必需品。溅出的火星是鸟，抓住它们，模仿它们，在我们的衣服的后面就有用火星做的鸟和鹅。"我在他们锻造的时候，像个骷髅似的走进去，那就意味着我也被锻造了。大地的主宰，萨满的魂灵，都成为我的起源。当一块胫骨或其他的东西被锤打，并且火星四射的时候，那么在你们这一代人中就会出现一位萨满。

走出帐篷，四处观望。帐篷前面，一条大河流过，两岸都是沙滩；不远处的一座山上有两个帐篷。我开始揣测这是一座什么山。山上的帐篷看起来就像是竖立在冰山之巅，背后融雪之下露出点点黑色的土地。近处的帐篷由白色帐子覆盖着，远一点的帐篷盖着有方格图案的帐子。

走近一点，我们看到帐篷支在河的两岸。有不同颜色方格图案的帐篷支在融雪之后露出的黑色土地上，白色的帐篷在河的对岸。我仿佛又回到了旅程开始时遇到的那条河边。大河的一条支流继续向南流去，另一条流向北方。"想想为什么？"我的同伴说。"你要让我猜多久？不管怎么样，当我成为萨满，我的萨满生涯源于此处。无论什么时候我潜水，我都应该由这条河下去。""你将来会去探索这些河流交汇之地的。当你潜水的时候，你会沿着南边的支流游回来的。你的咽喉，如同这条支流，会开始说话，会像变魔法似的召回这个精灵的。在有不同颜色方格图案的帐篷里，烟囱上部分的帐子是用廉价的少毛的兽皮做的。这意味什么呢？"我说："疾病会吞噬每个人，但它们会放过一半人类来使他们得以繁衍生息。记住，图案中的黑色方块是模仿疾病之黑色，用来遮盖那些幸存之人。""现在既然我们来了，我就让你单独待会儿。"我的同伴说，"如果你还能回来，你就还是个人；如果你回不来，那你就死了。因此，我不能再引导你了。我已经带你领略过所有疾病的病源地和发病方式。做萨满法事吧，你会自己找到自己的路的。"

站在帐篷旁边，我看着河，看见一个妇人走过。她很红，包括她的脸和头发，她的衣服布满了红色和蓝色两种颜色的方格图案。"到了，"我的同伴说，"我把你带到了，这就是我唯一尚未指给你的大病之路。这就是我会带你到这儿的原因。你会生一场大病，然后做萨满法事，注意你在做萨满法事的时候不应该诅咒而是应该去祈求。你能猜出这个妇女是谁吗？"我说："她的身体很红，衣服也很奇怪。男萨满作法的时候会站起来、坐下。为什么？他坐在不同的废弃物上面，显然，女人拿着我制造的废弃物。红疹时有发生，她似乎就是红疹之母。帐篷上有布满不同颜色的方格图案的帐子。这就意味着帐篷上盖着的是这个女人的衣服。她把帐子取下穿在身上。"我看着帐篷——它很红。"如果万一患上红疹，我来这儿向她求救，那我就一定能够把病治好。"我说道。"是的。"我的同伴说，"我已经跟你说了我会离开。好吧，我的朋友，你甚至不能看一下这个帐篷。不论你是谁，你都不能去那儿。我把你带到这个帐篷，就在这里，你的去世的祖先——一位著名的大萨满死于天花。我把你留在这儿结交朋友而不是要你死于瘟疫。"

我变得非常恐惧。那女人说道："你从很远的地方来到这里。但是，我有责任把你送回去。"接着，她向我吹了三口气。在她吹气的时候，我认出了这个地方。然而她并没有立刻让我走，而是说："我的朋友，那儿有一个帐篷，但是你不能过河，而且，从现在起，你只能走向我。如果你想从那个帐篷的女主人那儿得到什么建议的话，那么我会给你建议。到现在为止，她一定知道你来了。我应该通知她。当她张嘴吹气的时候，雾就下来了。就是因为这雾，人们生病了。"

彼时，我的同伴就在一边站着聆听。随后雾降临了。"找找看！"女人说道。我生气了，但还是说道："雾的一半是男人的气息；当我成为萨满时，我要能够从雾中解救死者的魂魄。""是的，的确，"女人说，"这儿的一个暗礁①上面有一个红色帐篷。如果病人的病治好了，那个妇女就会从相反的方向来。如果魂魄落在暗礁之外，落到雾之界之外，那就是生命之界外，他就没救了。"听完之后，我自言道："我确定我是来到了每个人的降临之地。"接着，我转向女人，大声说道："你一定是创造一切生命的大地之母。""是的，的确是的。"她说，"这样，我的朋友，我们有三个孩子，老二住在红色帐篷里，老大住在河的对岸。你要从这些地方回来。如果你想进入他们的帐篷，你就得死。他们是半圣半恶②的。你要注意看你归去的方向。"

然后，我向前走了几步，环顾四周，我看到七座尖尖的石头山峰。其中一座上面长了七棵柳树，另一座上是七棵细细的树，等等——每个山顶上都长有七棵植物。"那是什么？"我寻思道。植物上布满了各种鸟的巢。在最高山顶的

---

① 河水中露出水面的石头。——原注
② 圣（*barusi*），指仁慈的精灵；恶（*nguo*），指邪恶的精灵。——原注

中间，一只大黄蜂在孵育幼儿。她的翅膀是铁铸的。看起来她仿佛是躺在火里孵育。女人指着这些鸟巢说道："你一定累了吧。过来躺下，看看这是什么东西！""这是大黄蜂，他创造了点火用的植物，这样人类才不至于缺少它们。这七座山峰是这七种植物的发源地：未来的萨满都要来拜祭它们。这些巢中都有精灵——主管所有飞禽走兽的精灵。""在岸上你能看到什么？"女人问道。"我能看到两座石头山峰。""说说你的看法！"我回答道："我们到达的第一座山是水之女神，我们可以向她索要鱼类。另一座山是黑色的。当婴儿降生，人们就会把他放在一层腐木之上。而这座山的一半是被腐木覆盖着的，另一半是青苔。萨满来到这儿，婴儿一旦生病，他就能治好他。在这儿住着的就是这样的精灵。"

　　随后我离开了他们。我在前方看到的，除了土地之外，什么都没有。看起来我那时是沿着河流的方向前行的。一边的岸上布满卵石，另一边的岸上是彩石——黄色的赭石和黑色的石墨。一个女人说道："彩色的石头是铁、铜和各种不同的金属。当你成为萨满，你要用它们做垂饰，你就得去找它们。"沿河岸继续行进，我看到两座山峰：一座上面是颜色鲜亮的蔬菜，另一座上面全是黑土。它们之间隐约可见一座小岛，岛上有一种漂亮的红色植物花朵盛开，像极了云莓。"这是什么？"我想。我身边没有别人，我只能自己寻找答案。人死之时，脸色会变蓝，面孔也会发生变化，这时候萨满也无能为力了。这时我注意到红色草本植物向上生长，黑色的向下生长。突然我听到有人喊了一声："从这儿拿一块石头！"石头是红色的。既然我注定要生存下去，我抓起了一块红色石头。当初被我误认为是花的，原来就是石头。有人对我说："你在搭起一座洁净的帐篷之时，要用燧石把火点燃。你进入你自己的帐篷之时，要给人们讲讲这个，不要像这样坐着，而要做萨满法事，因为你是使用九种疾病之咽喉而歌唱的萨满。"

　　忽然间，我恢复了神志：我一定在树根旁边躺了很长一段时间。所以我把树砍倒，并用它做了一架库瓦卡雪橇。这就是我们先祖的灵位。无论我何时去做萨满法事，都能听到山峰上传来的恐怖的歌声。在恢复神志之前，我听到一个声音在说："如果你成为萨满，你将长寿。"这发生在二十多年前，当时我未婚。当我施法时，我看见了一条通向北方的路。当我寻找一位病人的时候，路就变得像一根线一样窄。我不知道谁在指引我，只能看到前面的太阳和月亮。在这条狭路的海拔较低的地方有圆锥形的摇摇欲坠的帐篷；在这条路上，你要去寻找人的气息。狭路的海拔高的地方错综复杂——我不懂这是为什么。一个康复的人有着像白线一样的气息，而一个死去的人的气息却犹如一条黑线。沿着路向前走，并向路旁搜寻，你就能找到这个人的魂魄并把它带回来。

我一半的灵魂来自森林之人（通古斯人）。

在三月初，一个晴朗的新月映照的夜晚，我们三人出发了。我被用驯鹿皮蒙上眼睛，步行着去找一棵树，用来做萨满之鼓。我的伙伴骑着驯鹿在后面跟着我。适合于做鼓的树会发出鼓一样的声音。我蒙着眼向前跑着、听着。精灵们并没有马上让我们找到树，他们误导我们。我们一共找到三棵能发声的树而不只是一棵——当然第三棵是要砍的树。

现在，你走向其中一棵树——这时它也走向你。"我要用这棵树吗？"我寻思着，轻手轻脚地偷偷走向它，仿佛它是一头狂野的驯鹿。但是你试图抓它的话，有人就会推你，使你不得不跳向一边。"不要那样做，否则你会死的。"就是在这棵树里面住着你家人的精灵，是这树保护你的家人，使他们免遭死亡和疾病。认识到你的错误，你就要在被推开之前继续走。

然后你听到另一棵树发出鼓一般的声音并向你走来，而你也准备要抓住它。但是你一定不能这样做。因为就是这棵树使得你的族人的气息和你的家人的气息"相融合"。如果你敢触摸此树，就将毙命。

终于，我看到了第三棵树，它就那样立着不动。我悄悄走过去。树说话了："过来，过来，我是给你的。"然后我就把它砍倒了。是我的同伴用斧头砍倒的，不是我。他们绝不可能是亲戚。但是，尽管如此，你还是会找错，找到的不是你要的树，那么当你掰弯箍的时候就会发现你的探寻竟徒劳无功——因为它会断开，然后萨满本人家族的一名成员就会死去。但是如果你怀疑，那就用这个箍做鼓吧，尽管质量不好。但是在做鼓之前要先举行一场仪式，这样就不会有人死了。

当我为了病人的治疗而面对邪恶之灵，举行仪式时，邪灵就会说："好了，我向你投降，他（病人）会给我什么？"我问道："你要他干什么，我会帮你达成。""病人得杀一头狂野的驯鹿给我。"邪灵说道。这个病人就真的杀了一头狂野的驯鹿，并把兽皮送给了我。我就用它为自己做了一件衣裳。有时候，邪灵并不这样真诚地说话，他会说："他应该杀一匹狼、一只狐狸或者其他一些猎物。"但是事实上，病人只杀了一头驯鹿而已。

克兹拉索夫

西伯利亚/萨该村

著名的萨满克兹拉索夫来自克兹兰的一座名叫萨该的小村庄,当他讲述这段离奇的经历时,已经到了年迈之时。多年前,这位老人曾深受启蒙仪式考验的折磨。通常,西伯利亚的萨满们不愿意向他人透露启蒙仪式上所经历的考验和磨难,但这一次,克兹拉索夫向这位名叫维尔莫什·迪奥兹(Vilmos Diószegi)的匈牙利人类学家敞开了心扉,讲述往事。

克兹拉索夫住在离村庄较远的一座山坡后面,破旧的房屋是用原木建成的,孤零零的独此一屋,周围是一片白桦树林。这位老人很热情地讲述着他作为一名萨满的普通职责。当迪奥兹问及他是如何成为萨满时,克兹拉索夫久久地沉默不语,但是他的妻子在一旁详细讲述道:"他在二十三岁时被病魔缠身,然后到三十岁就成为一名萨满。他一连病了七年,受尽折磨。但是疾病使他成为萨满。在患病时还时常做梦,好几次梦到自己被打得遍体鳞伤,有时梦到自己被带到陌生的地方。在梦中,他去过好多好多地方,也经历了许多事情。"[1]

克兹拉索夫瞥了妻子一眼,暗示她不要再讲下去了。接着,迪奥兹又问了很多关于萨满疾病以及类似启蒙仪式危机中的截肢等具有心理象征意义事件的问题,但是屋中一片寂静,无人应答,压抑得让人喘不过气来。迪奥兹说道:"屋中的安静开始狠狠地捶打我的耳膜了。"[2]最终,一向做事警觉、阅历丰富的克兹拉索夫将他的故事和盘托出。于是乎,这位白发苍苍的萨满老人和这位匈牙利人类学家紧紧地联系在了一起。[3]

我叫叶戈尔·米哈伊洛维·克兹拉索夫(Yegor Mikhaylovich Kyzlasov),住在耶斯河入口处。是的,这条河就从克兹兰镇上的一座村庄里流过。我属于泰格哈格家族,普瑞格什(Püriges)是我的原始祖先,他的儿子叫什塔珂(Shtuk),是

---

[1] 维尔莫什·迪奥兹:《追踪西伯利亚的萨满》,第58页。——原注
[2] 维尔莫什·迪奥兹:《追踪西伯利亚的萨满》,第61页。——原注
[3] 基于维尔莫什·迪奥兹《追踪西伯利亚的萨满》的讨论,第51—63页。——原注

一名萨满。什塔珂的儿子是黑兹纳赫（Hizinah）。黑兹纳赫有两个儿子，大儿子不是萨满，而小儿子黑兹拉斯（Hizilas）成为一名萨满。黑兹拉斯有一个独生子名叫塔拉赫（Torah）。帕亚塔伊（Payatay）是塔拉赫的儿子，他也有一个儿子名叫奥奇（Ochi）。奥奇的儿子是麦玛伊（Mamay）。麦玛伊就是我的父亲，我后来也成了一名萨满。

我之所以能成为萨满，并不是因为我继承了那方面的天赋，而是受我们家族的萨满精神的影响……

* * *

在成为萨满之前，我一直生病，而且时常做梦。我梦到自己被人带到祖先面前，在一张黑色桌子上被切成一块一块的，接着被扔到水壶里煮。四周站着几个人，两个黑人和两个白人。他们的酋长也在那里，发号施令如何处置我。我看到了所有这一切。当我的躯体被分成一块一块地放在壶里煮的时候，他们在我的肋骨中发现了一根骨头，骨头中间有一个小洞。这是多出来的一根骨头，正是它使我成为一名萨满，因为只有在身体中发现这种骨头的人才能成为萨满。当骨头的主人从骨头的洞里望去，能够看到所有这一切，并明白这一切时，他便脱胎成为一名萨满了。……我梦到这里时便醒了。这意味着我的灵魂已经归位。接着，萨满们宣布："你可能成为一名萨满，你应该成为一名萨满，你必须去做一名萨满！"

* * *

当一名萨满去拜见萨满首领即他们的祖先时，必须翻越沿途的哈姆撒拉琪安哈拉兹大山。这座山的山顶上长有一棵松树，其树干像是六边形的原木。萨满们须将自己的象征标志刻到树干上，因为只有在树上留下记号才能成为真正的萨满。当树上的某个记号突然消失时，它的拥有者也会紧接着死去。在大树下面休息片刻后，萨满重新踏上征程。他会来到一个岔路口，那里坐着一位隐形萨满，他控制着路口。这个地方非常重要，所有道路从这里延伸，包括供奉给神灵的动物们都要经过这里。这也是狂犬病精灵要走的道路，是其他一切疾病精灵要走的道路。在经历磨难和考验后，森林里的所有野生动物都会来到这个岔路口。当萨满在疾病之精灵的指引下到达这里时，他必须向这位隐形萨满祷告，并供奉一瓶小麦酿制的白兰地。萨满只有献上一瓶白兰地，隐形萨满才会为他指出正确的道路。沿着这条路，萨满继续他的旅程。途中萨满会遇到一座窄窄的木桥，横跨在奔腾不息的江河之上，他必须从木桥上越过这条河。过了河，离祖先萨满就不远了，但还须攻克最后一道难关。那里有两座悬崖，有时靠在一起，有时彼此分离，日日夜夜移动不止。只有在它们碰到一起又即将分开之际，萨满才能快速地穿越过去。那些懒惰而又不愿意快速奔跑的萨满会在那里送命。有的萨满会生病死去。但是一旦萨满成功翻越悬崖，他便踏上了面见萨满祖先的平坦大道，道路上铺满了黑色石块。不一会儿就到了祖先居住的地方。萨满看不到祖先，只能感受到他的存在。

* * *

当我生病昏睡时，我哥哥曾来看我，他告诉我："你已经翻过大山了。"他还说："你之所以生病是因为那座大山的缘故！……不久你就会恢复健康了。"但我病了很长一段时间都没有好起来。在梦中我不停地在山间游荡，越走越远，越走越远，把哥哥落在了后面。我甚至将大山甩在了身后。最后来到另一块土地上，那里有很多人，每个人都在写着什么，他们的桌子是用黑土做的，两边挂着鼓。在对面也有桌子和鼓，不过桌子是倒放着的，鼓也是底朝上的。这里所有的桌子都倒放着。萨满的衣服也是反着穿的。我以前曾听说，这些鼓是为短命的萨满准备的，谁选择了这些鼓，谁就会很快死去。至少人们是这样说的。……于是我从另一面挑选了一面白色的鼓和一件衣服。这样我便成为一名萨满。

* * *

我病好之后，立即准备萨满所需的所有装备，并去拜见萨满首领。首领由九个黑色头发、七个黄色头发的男人和三个孩童陪伴着。没有萨满陪着我。我舀了点粥放在饮水槽里，并在上面放了一些煮好的土豆。我向萨满首领——我的祖先走去，他测量了我的鼓的周长、直径和高度，又数了数鼓上的坠饰。完毕之后，他给了我的助手（萨满们称他们的精灵为"助手"）。这些助手都是我的好朋友。有时他们会在不经意间来到我身旁，不久又会消失得无影无踪。他们变幻莫测。因为有他们在，我才拥有了健康和欢乐。因为他们的帮助，我才能在给病人诊脉时清楚地知道病因在哪里。此后，我就成为一名真正的萨满。

蜥蜴之子
澳大利亚/委拉珠利族

易柏-德苏琳（Yibai-dthulin）的儿子[①]是穆瑞分部落的一名委拉

[①] 豪伊特没有告诉我们他的名字。德苏琳的意思是"蜥蜴"，所以我把易柏·德苏琳之子称为蜥蜴之子。——原注

珠利族（Wiradjuri）原住民。袋鼠是这个部落的图腾。据 A. W. 豪伊特（A. W. Howitt）说，蜥蜴的儿子在得知豪伊特已经加入萨满行列之后，才向他讲述了这段经历，因为只有会员才有资格获知一位萨满在启蒙仪式上所经历的神圣旅行的非同一般的详情。

在蜥蜴之子很小的时候，父亲就指引他进入萨满学徒期。十岁那年，他了解到更多的启蒙仪式经历，具体细节见下文蜥蜴之子的自述。他在学徒期所学的内容包括穿越于地狱和天堂的旅行，与死人、动物同盟及精灵的奇遇，通过一道被称为"撞门"的关口，以及其他世界各地萨满教所熟知的要素。

澳大利亚的委拉珠利族原住民部落的萨满在通往另一世界的旅途中，从超自然物中汲取力量。他们可以看到活人灵魂或死人魂魄，也可以随心所欲地脱离躯体，去自然或超自然的遥远地方旅行；他们的超能力可以用来行善，也可以用来作恶。无一例外的，萨满在梦中或出神冥想状态中获得知识，但他们的知识和超能力又极易消失，蜥蜴之子就是这样的一个例子。①

我的父亲叫易柏－德苏琳。在我很小的时候，父亲就带我到树林里，训练我成为一名萨满。他在我的胸前放了两大块水晶石，随后水晶石消失在我的身体里。我不知道它们是怎么进去的，只感到身体里有一股暖流在涌动。然后我就变聪明了，还能用手把东西吸上来。父亲又给了我一些放在水中的类似水晶石的东西。这些东西看上去像冰一样，而且这水尝起来是甜的。之后我便能看到母亲所看不到的东西了。和母亲一起出去时，我会问："那是什么？好像有人在走。"她常回答："孩子，那里什么也没有啊。"原来我看到的是鬼魂。

在我十岁那年，父亲带我去卜邦看老人们可以从自己身上取出什么东西来。当我的一颗牙掉了之后，老人们在后面追赶我，口里含着水晶石，大声喊"等等，等等"，并不停地向我挥手。有一次我独自去了树林，父亲突然出现在我面前，说道："跟我来。"然后他给我看了手中的一块水晶石。当我看水晶石时，父亲钻入了土里，然后又钻出来，全身都是红土。看到这一幕，我被吓坏了。父亲又说："跟我来。"我跟在他后面。"试着把这块水晶石吸起来吧。"他说道。我试了试，果真吸起来一块。接着父亲说："跟我到这个地方来。"我跟他来到

---

① 基于 A. W. 豪伊特《澳大利亚东南部的土著部落》的讨论，第 406—408 页。——原注

一个大洞的旁边，这个洞是通向墓穴的。我们跳进洞里，见到一个死人，他用手把我的全身上下搓了又搓，使我变得聪明，又给了我一些水晶石。我们从洞中出来后，父亲指着一条虎蛇对我说："这是你的图腾，也是我的图腾。"蛇的尾巴上系着一根绳子，这根绳子一直延伸到我们跟前。这是巫医从自己身体里取出来的很多绳子中的一根，绳子卷成一团。

父亲抓住绳子的一段，说道："让我们跟在这条蛇后面。"虎蛇穿梭于很多树干中，我们尾随其后。接着，便来到一棵名叫科拉郎的大树前，穿过树干又进入了另一棵树里面。这棵树的根部有一颗大大的肿结。达拉莫伦（萨满）就生活在里面。虎蛇又钻进土里，我们也跟着进去，从土里钻出来后又进了一棵中空的树里。在那里，我看到了很多小达拉莫伦，他们是白阿密（$Baiame$）的儿子。我们从树中出来以后，虎蛇又带我们进入地下的一个大洞里，那里有许多条蛇，他们在我身上蹭来蹭去，但不会伤害到我，因为它们是我的图腾。这些蛇这样做是为了让我变聪明，使我成为一名萨满。父亲对我说："我们去白阿密帐篷吧。"他跨上一根绳子，又将我放到另一根绳子上，我们便相互挽着胳膊向帐篷飞去。绳子的末端是乌姆博，它是白阿密的鸟。我们横穿云层，飞向天空，又越过了巫医们穿梭过的大门，据说这扇门会伤害他们的灵魂，回家后巫医会得病死去。最后我们看到白阿密正端坐在帐篷里。他是一位留着长胡子的老人，双腿盘坐，双肩上有两块水晶石一直延伸到空中。周围有许多鸟兽，他们是白阿密和他的部落的孩子。

自此之后，当我在树林里时，我便开始练习用手把东西吸上来，但后来我病得越来越重，最后什么事都不能做了。

克考斯奥老人

非洲/昆族

这位非洲昆族（!Kung）的布须曼老人讲述的以下奇特的经历，是由梅根·比塞尔（Megan Biesele）录制的，她当时是哈佛大学的人类学在读博士。虽然我已经编辑并修改了该记录，使其读起来更像一篇叙述性的故事，但读者仍能强烈感觉到梅根·比塞尔的在场以及她和这位充满活力的老医者之间的互动。梅根·比塞尔是这样描述这段采访的：这是一次发自内心的交流,满怀的激情在数小时内源源不断地释放。① 克考斯奥(K"xau)是一位双目失明的老人,他是由朋友纳奥(N∥au)带到比塞尔家里的。克考斯奥告诉人类学家比塞尔女士:"打开你的机器,我有话要说。"②

克考斯奥老人用既幽默又扣人心弦的方式,讲述了他在地下世界的深不可测的水中航行,然后攀爬到空中的绳索上,前往上帝之所。还有他接受神药"超能量"(n/um)的启蒙仪式情况。克考斯奥将如下这些叙事交织穿插在一起:他到地下世界的神秘旅程,他利用治疗者的出神冥想状态进入病人身体的经历,还有他自己的启蒙仪式。比塞尔解释说:"在某种程度上,这三个主题——进入他人身体的治疗之旅、升天之旅和初次获得'超能量'的体验,这些都是启蒙仪式的必经程序,也是对信仰的考验,即使冒着丢失灵魂的危险。"③

这里需要对"超能量"即治疗神药稍加解释。比塞尔说这并不是普通药物,而是一种能量,具有超自然的药效,一旦发挥作用就能使人痊愈。除此之外,此药还有其他特殊神力,例如:使人具有"千里眼"、X光透视和预言的能力④,还能使灵魂离开躯体去旅行。将"超能量"放于腹部,借助于强有力的出神冥想舞蹈和熊熊烈火释放出的热量,"超能量"就会被激活,药效慢慢地上升到脊柱,最后到达头部,这时就能将病魔赶走。

在昆族部落里,一半以上的男人都是医生,很多女人也能从事这份工作。但很少有人像克考斯奥老人一样技术娴熟,想象力丰富,并且具有超能量。⑤

朋友,就在昨天,长颈鹿过来找我,再一次把我带走了。考哈神[上帝]⑥来到我面前说道:"为什么人们在唱歌时你不跳舞呢?"他边说边带我离开了这个地方。我们一直走啊走,直到看见一泓清水。那是一条河,上帝带我来到河

---

① 玛格丽特·安妮·比塞尔:《狩猎采集者的民俗与仪式》,第151页。——原注
② 玛格丽特·安妮·比塞尔:《狩猎采集者的民俗与仪式》,第151页。——原注
③ 玛格丽特·安妮·比塞尔:《狩猎采集者的民俗与仪式》,第152页。——原注
④ 玛格丽特·安妮·比塞尔:《狩猎采集者的民俗与仪式》,第153页。——原注
⑤ 基于玛格丽特·安妮·比塞尔《狩猎采集者的民俗与仪式》的讨论。——原注
⑥ 此处表示这位考哈神(Kaoha)的英文均用God,故中文可以译为上帝。这是昆族人信仰的至上神,但不是基督教的上帝。——译注

里，河的两条支流在我们身边流淌，一条支流在左，一条在右。

上帝使河水向上攀升，我身体平躺，脚在后，头在前，顺着河流的方向移动。然后，我又进入了一条溪流中，开始以这样的姿势向前游去［克考斯奥慢慢地舞动着双手演示他在水中游动的姿势］。我像这样游啊游。我的身体两侧被几块金属挤压着，这些东西牢牢系在我的两侧。我的朋友，我就是这样向前方行进的。对了，这是我在水中伸展开身体的姿势。还有一些精灵在歌唱。

看到精灵们载歌载舞，我也开始跳了起来，在周围蹦来蹦去。我加入了精灵们的舞蹈，但上帝对我说："你不应该那样跳舞，你躺在原地，不要过来，看看我是怎么跳的。这才是你应该跳的舞蹈。"他边说边给我示范。后来，我们就像那样一直跳啊跳。我们去见了我的保护神，上帝对他说："这是你的儿子。"上帝又转过来告诉我这个人将把"超能量"注入我的身体。那人抓住我的双脚，命令我坐直。但我是在水里啊！我急促地喘着气。"不要杀我！你为什么要杀我？"我大声喊道。保护神答道："如果你还大声喊叫的话，我会让你在水中喝水。当然，今天你一定会喝一点的。……"我们两人扭打着，直到累了才住手。然后我们又开始跳舞、争吵。我在水中挣扎了很长时间。直到公鸡打鸣时，我们才停了下来。

［克考斯奥轻轻地哼唱着一首医药歌］

这是我的保护神唱的歌曲。他也让我这样唱。于是，我的朋友，我就开始唱那首歌曲，唱啊唱啊一直唱到天亮。后来，保护神告诉我说我能治病了。他让我站起来进入出神冥想状态。朋友，我就按照他所说的做了起来。他又让我喝了一些东西。我的朋友，我所喝的才这么一丁点儿……他让我喝下后，又吩咐我跳那支学过的舞蹈。于是，我就一直不停地跳着，渐渐地长大了。

后来，保护神又让我学习钻土，在土中穿行一大段路程后再从另一个地方钻出来。当我们从土中探出头来，又开始爬绳索——那是通往天堂的绳索啊！是的，朋友。我们看到天堂有活人，有精灵，也有升天的死者。他们为我歌唱，我则翩翩起舞……

当有人感到不舒服时，我就停下舞蹈。但如果有人死了，我就把他背在背上，再将他放下。我们两个一齐躺下来。我把他的脚摆成这样，让他的头枕在我的肩膀上，然后再把他背起来，再将他放下，如此反复。朋友，我就是这样做的。我不停地为他跳舞，跳啊跳啊，这样上帝就会把他的魂魄给我。我从上帝那里回来后，将魂魄放回这个死者的身体里。朋友，我把它放回去，放回去，放回去，……然后，他又活过来了！有时我给病人治病无效的话，那人就会死去。上帝会说："这个人今天将会死去，我要把他带走！"……上帝一旦带走他，他就再也不会回来了。……在上帝要带走这位病人的时候，我钻进了他的身体里。我们不想让他走。然后，上帝拿一块金属向病人的肩膀捅去，又在脖子上刺了一刀。这时，已经钻进病人身体里的我只能乖乖地从这里［他指了指腹部］爬出来。

* * *

我跳舞跳得很好。是的，跳得很好。我还教其他人跳舞。当人们唱歌时，我会进入出神状态。在此期间我会把"超能量"注入人们体内。如果有人想学习如何获得"超能量"，我会把他背在背上，将他交给上帝。

我的朋友，当你拜见上帝时，一定要像这样端坐［他恭敬地把胳膊交叉放在膝盖上］。人们面见上帝——这位伟大的上帝、伟大的造物主时，都是这样坐的。当你坐着时，成群的苍蝇会嗡嗡飞到你身边。"你想要什么？"上帝问道。只见金属块开始前后摆动。我的朋友，它是这样摆动的。上帝的金属块像这样摆动。眼镜蛇、蟒蛇、蜜蜂、蝗虫等所有的动物都会咬你。是的，它们都会咬你［他指着自己的腿］……咬你的腿和身体。当你面见上帝时，你必须这样坐着，同时眼镜蛇会时不时地咬你，它们就在你的周围。有一种叫作诺格的眼镜蛇还会一直盯着你看……朋友，那个东西又脏又臭，它会杀死你的。

上帝的生殖器是这样平放着的［克考斯奥用手比画着上帝的生殖器伸出来的长度］。真是太长了！上帝的面前有一些人，他们站成一排，将上帝的生殖器扛在肩上。他们将它抬起来，又平整地放下。我的朋友啊，他们将它扛在肩膀上。一个人站在这里，另一个站在这里，还有一个在这里。他们一起用力抬起它，把它扛在肩上……真是太奇怪了。还有一个人走上前来。人们走路的时候也扛着它。生殖器上还有角呢。人们将它放到椅子上，这样就不会沾到沙土了。朋友，那个东西就躺在椅子上——那个恶心的东西，那个奇怪、可怕的东西！哎呀，糟糕透了。上帝的妻子［克考斯奥摆弄着手指，做出比画］……它们有这么长，我的朋友，那些可怕的东西，真的这么长［克考斯奥暗示她的阴唇有胳膊那么长］。我的朋友，这个女人是个可怕的家伙，但她又很单纯、简朴。她正在搅粥，有玉米粥和高粱粥。然后她来到你面前，又是抓又是挠的，你只得跟她走。朋友，人们开始吃饭了。他们正吃着时，上帝的妻子走过来，然后坐下来看他们吃饭，还不停地扭动身子……人们吃饭时会一直像这样张望［克考斯奥将头向右、向左，再向后转来转去］。他们之所以前后左右地张望，是怕别人偷走食物。在他们吃饭时，会有一群人来抢他们的食物。那些人是精灵。在你吃饭时,他们总会偷走吃的。

在那里,有女人在唱歌,这些歌是为舞蹈准备的。[克考斯奥哼唱了几句。]他们是这样唱的。当你听到后,就会跟着去想,并不由自主地跳起舞来。"呼,呼,呼!"

他们跳长颈鹿之舞[克考斯奥唱着歌]。当上帝在时,必须像这样跳舞。女人必须这样唱歌[克考斯奥哼唱着],她们唱啊唱啊,后来进来一个精灵。

是的,他是一位精灵,他失去了一条腿,只得像这样坐[克考斯奥给大家演示只有一条右腿的人是怎样坐的]。这是他站着的姿势。因为少一条腿他身体的一侧是空的,另一条腿独立站着。他跳舞时,就单腿蹦来蹦去。他又跳又舞的,"呼——啊呼,呼——啊呼!"

不一会儿又进来一个精灵,只见他双腿是柔软的,他走路和站立时都是这样,他试着把自己的身体支撑起来。他的头看起来是这样的……他头上还长着双角……两只耳朵伸在外面。我的朋友,他的脸有这么宽……脸特别大,一直伸到这里[克考斯奥用手比画着那人的脸直伸到后脑勺],头发一直垂到这儿[该精灵的长发垂到胸前]。他太可怕了,我的朋友,又脏又臭,让人只想立即跑开。人们得想尽办法治愈自己身上的这种精灵,因为他坏透了,人们非常害怕他……

上帝坐在椅子上环顾四周。来自其他地方的人们看到他后,会害怕得发抖。他们怕上帝怕得要死。"上帝太可怕了!"人们总是这样说。当你来到上帝面前时,他会拿出自己的生殖器。而你只有乖乖地向它问候。你问道:"你好吗?""我很好。"它回答说。你会看到上帝取出一支矛,他总是把矛放在那里……就在房子里的那个地方。朋友,那间房子很恐怖。人们说那里有豹子、斑马、蝗虫、狮子、豺狼……这些动物都在那个房间里。大蟒蛇在屋子里随意来去,还有长颈鹿和羚羊,它们不会自相残杀,因为它们都是上帝的所属物。

那里还有一匹马,上帝骑在马上。那匹马是上帝的。对,朋友,上帝骑着那匹马。他坐在马鞍上,手拿一杆枪,那是一杆能够发出巨响的枪。他骑马去很多地方。他的靴子很长,直到膝盖……那真是巨大的靴子,是用金属做的……上帝穿着一双金属的靴子,长长的靴筒直到膝盖。那里还有驴子。朋友,所有的一切都在那里。

当你去那儿时,朋友,你要把自己变成这么小,而且不能挺起腰来走路。你得把自己变成一条眼镜蛇。记住,当你面对上帝时,你是一条毒蛇,只有这样,上帝才会让你活下去。如果你作为一个正常人去见他,你将会死去……永远都不能再回去了。但如果你是一条蛇，朋友，是一条毒蛇，你就会保住性命。

当你来到上帝面前时，你把自己变得特别小，在那里做你应该做的事情。然后，捂着脸返回到其他人所在的地方。为了使自己看不到任何东西，你必须捂住脸。你使劲往自己身体里钻啊钻，最后终于钻进去了。昆族部落里的所有人都站在你身后等你，他们非常害怕你。是的，朋友，很怕你。你在土里钻来钻去，出来以后，接着钻入自己的肌肤里……大喊一声"嘿呦！"［克考斯奥哼哼着，那是在出神状态中"死去"的人返回自己身体时所发出的颤抖的呻吟］这是你返回你的身体时发出的声音。然后，你开始唱歌。［他唱起来了］周围站着一些人。他们手抓面粉，往你脸上狂撒，接着按住你的头，使劲在你的脸上扇来扇去。他们就是这样使你再生的。朋友，如果他们不这样做，你会死掉的……你会可怜巴巴地死去的。朋友，这些都是我的"超能量"神药发挥的神奇功效。我为神药而舞蹈。

朋友，当一个人死去时，我是这样进入他的身体的。我要进入他的臀部。我先是进入他的一只脚，然后爬到腿部，最后到达臀部。这样我就进入他的身体了。这时，我会将他的腿放直，对，放直他的双腿，接着我用胳膊轻轻抱住他的灵魂。朋友，我是这样抱着它的，我喜欢这样［克考斯奥做着示范动作］……我轻轻地左右摇晃着，还发出"哦，哦，哦"的呼唤声，然后分开他的双腿。这时，他便活过来了！这就是我所做的。既然你是我的朋友，我就实话告诉你吧。这其实是"超能量"的功劳。

当又有人死去时，我会进入他的身体。我会进入这里面［他指指头部］……我进入他的脑门儿。在那里面，我便开始我的工作。当我在他体内时，他就活过来了！对，活过来了，朋友，我是这样做的……我在那里寻找他……寻找他的灵魂，这就是我的工作。

朋友，我们谈谈这个所谓的"超能量"吧。在我像这么小时，我正在吃奶，考哈神即上帝悄悄地走过来，他把"超能量"给了我。他在水里蘸了蘸"超能量"，然后让我喝下去……那水是他的尿液啊……那水是从他那长长的下腹部器官里出来的……这就是他给你喝的东西……那玩意儿好苦啊！当你喝它时［他给大家演示颤抖的样子］，你会颤抖！喝完后，你会去小便，然后呕吐。"哇，哇！"［克考斯奥演示干呕的情形］你喝的是尿啊，当然会呕吐。那东西——从长长的生殖器里出来的水，从生殖器官末端喷出来的水……实在太可怕了。如果你喝下它，你会死掉的。朋友，天哪，那就是他让我喝的东西。

朋友，有"超能量"在，任何人都不会超越我。这种"超能量"神药会使我跳舞。当一只长颈鹿被杀死后，我会把它吃掉［这是一种仪式性的饮食，处于出神状态的人必须吃一些食物，这样，人就不会干扰"超能量"在体内发挥作用］。一只雄羚羊死后，我会吃掉它。雄捻角羚和雌捻角羚死后，我也会那么做的。朋友，我就是这么做的。强大的"超能量"。我会吃很多很多东西，例如棣棠莓和各类干果。如果我不吃，我就会死去。

* * *

朋友，"超能量"就是这样发挥药效的。人们唱歌时，我会跳舞。我会钻到土里去，还会去人们喝水的地方。我在其中穿行很长一段路程。当我再次出现时，已经在攀爬绳子了。绳子在南面放着，我抓住它，顺着绳子向上爬。爬完一根，再去爬另一根，然后再换一根。我还要沿着水井的绳子爬进去，那是金属的水井的绳子。当你进入水井时，必须弯下身来［克考斯奥交叉手指，把手放在头后］，从金属下面穿行。这个过程很痛苦。你稍微抬起身子，金属就会抓住你的脖子。为了使自己不被抓住，你必须平躺下来。当金属抓住你时，你已经到达井里了。朋友，你进入水井后，就可以返回了。最后，从井里爬出来。这都是"超能量"在发挥作用。这种"超能量"药还有其他功用……

朋友，"超能量"还拥有很多动物呢！有长角羚、豹子、狮子等等。在人们唱歌时，这些动物就会过来，它们都是上帝最最得意的所属物。朋友，既然你来到我这里了，上帝的动物也会跟来的。你可以过来看人们是怎样唱歌的。女人们唱歌时，你可以在一旁观看。我的朋友，这就是我们将要做的。

如果有人让我把"超能量"放到他的体内，我会拒绝这样做。我的药并不是什么好东西……它会使人们发疯。朋友，人们发疯时会这样发作［克考斯奥开始不停地跑步转圈］。他会一直这样转下去，直到我把他摁住，让他停下来。这时，我会进入他的身体……在他身体里平躺。［克考斯奥向人们演示他是如何进入那人的头部和腹部的。］那人会一直打战，因为我已经进入他身体之内，在那里躺着呢……我的头会放在他的胯部，双脚放在他的头部附近，屁股在他的胸部，我就是这么躺着的。那人坐在那里发出"嘟嘟嘟"的声音［处于出神状态时心跳的声音］。这就是他所做的。

他一直处在出神状态。当他出神结束后，我就从他的胯部跳出来。这之后，他就会坐起来，他活过来了！这就是我所做的，这就是我的"超能量"。

有人会苦苦哀求我将"超能量"赐予他。因为"超能量"药效强烈，在我把"超能量"放入此人体内时，我得把他背在后背上，两人在熊熊烈火旁躺下。那火在这，而我们俩就躺在旁边。朋友，在火旁躺了一段时间后，我们俩就离开了。我还命令那人吃空中飞的蝗虫。之后我们便到了上帝那里,到了至高无上的上帝的住处。我让那人转过头,把他抱起来,将他的胳膊、双腿都攀在我的身体上,进入房间。上帝问我〔气喘吁吁状〕:"这是谁的孩子?"我答道:"我的孩子。"上帝又说道:"不是的,这是别人的孩子。"但我就是不承认:"不,这就是我的孩子。我带他过来面见您。"这便是我所说的。

不一会儿,上帝居然将那个人射死了!射死了……那箭有这么长〔克考斯奥从他背后隐形的箭筒中取出五英寸①长的箭〕。箭射进他的膈,接着进入他的脊柱。上帝将箭射出后,箭进入那人的脊柱,然后继续往体内侵入。我的朋友,这就是那一段经历……

朋友,我告诉你,"超能量"就是这样一种药!那就是它的作为。"超能量"实在是不祥之物!

---

① 1 英寸 = 2.54 厘米。——编者注

第三章　寻求幻象

这位苏族印第安酋长，其羽冠头饰呈现为头顶散发光芒状，类似于太阳发出的光线。这个形象来自原住民艺术的一张牛皮画的局部细节。

［该牛皮画收藏于霍米博物馆（de l'Homme）］

依格加卡加克

因纽特/卡里布族

卡里布族（Caribou）①因纽特人生活在北极荒原西临哈德逊河北段的一片贫瘠的土地上。据拉斯姆森讲，这些游牧族群的文化发源于内陆，这也是他在整个探险生涯中所遇到的最原始的文化。尽管这些卡里布人是海边居民，但器具的缺少以及他们的仪式活动的简朴，都表明他们并没有同化到海岸居民的古老的生活方式中去。②

依格加卡加克，一位有着高超技能的卡里布萨满，向拉斯姆森讲述了他成为巫医的经过。这位巫医讲得又慢又仔细，拉斯姆森可以将他的讲述一字不漏地记录下来。尽管北极探险者对任何人——即使是萨满，能在零下三十到四十摄氏度的低温中坐在一个小雪屋中，不吃食物只喝两小口水就能存活三十天，感到难以置信，但他从来没有怀疑过依格加卡加克追求幻象的经历。拉斯姆森这样说道："我怕提出问题会使他变得谨慎起来，毕竟，在这里和在别处一样，我想知道的都是这些人们自己的信仰。而他们对于自己所信仰的神圣事物本身没有一丝一毫的怀疑。这包括那种能够看透生命之谜的本领，赋予新手和初学者们某种特殊的能量，使他们能够经得起一般大众无法生存的考验。"③

依格加卡加克选择了对于人类来说最危险的两件事来折磨自己甚至到死：饥饿和寒冷。在经历危机期间，他被饥饿拖垮了身体的时候，一个辅助精灵来到了他的面前。她是个漂亮的女人，就像西伯利亚的戈尔德萨满（见第98—102页）的辅助精灵一样，她给予他特殊的能量。这个女性精灵叫作嫔加（Pinga）。人们相信她是住在宇宙的某个地方，只有需要她的时候她才会现身。

当这位实习的巫医从艰苦的寒冬独处隐居状态，被带回到他的族人面前时，他是那么消瘦，就像一副骨架。经过一年时间的禁欲、限制饮食和其他一些禁令之后，他终于成为一位萨满。

---

① "卡里布"这个词，意译为"驯鹿"。卡里布族，亦可称驯鹿族，如同我国东北鄂伦春族中也有以驯鹿为生的狩猎族群。——译注
② 克努德·拉斯姆森：《跨越极地美洲》，第87页。——原注
③ 克努德·拉斯姆森：《哈德逊湾爱斯基摩人的知识文化》，第155页。——原注

除了是医师和预言师，依格加卡加克还是一位启蒙大师。他以射穿其心脏的方式启蒙了柯娜丽克（Kinalik）；他还把阿格加托克（Aggjartoq）淹没在冰水中长达五天，从而完成对他的启蒙仪式考验。① 然而，据依格加卡加克讲，一个男人或女人不会因为其希望成为巫医就能成为巫医，而是宇宙中的一种"确定的神秘力量"将这种潜能通过启示性的梦传达给他。卡里布人将这种神奇的力量叫作"西拉"（Sila）。它是一种力量，同时又是宇宙，也是天气。换言之，它就是常识、知识和智慧的混合体。更进一步讲，它是一种可以被激发和应用的能量。②

当我要成为萨满时，我选择了遭受对于我们人类来说最危险的两件事：饥饿和寒冷。首先我禁食五天，然后被允许喝一口温水。老人们说只有水是温的，嫔加和海拉才会注意到这个苦行者并帮助他。在那之后我继续禁食了十五天，然后又一次被给予一口温水。此后我又饿了十天，然后可以吃点东西，尽管只能是一点食物，也就是说，一种永远不会被施加禁忌的食物，较可取的是鲜肉，但绝不是肠、头、心脏或其他内脏，也不是摆放在储藏库里被公狼或母狼碰过的肉。我必须坚持这样的饮食达五个月，然后在接下来的五个月就可以吃任何东西；但之后我又必须坚守一种为所有意欲通过苦行而达到纯净的人特别开出的食谱。年老的萨满们非常重视准萨满的食物，所以一个初修者想要拥有杀生的能力就绝不能吃我们称为"休依特"的鲑鱼肉。如果他们吃了"休依特"，他们将不能杀死别人，而是杀死自己。

我的指导者是我妻子的父亲柏坎克。当我要踏上寻觅嫔加和海拉的旅程时，他用一架仅仅能够让我容身的小雪橇拉着我，去很远的地方，翻越到西克里加克海（Hikoligjuaq）的另一面。那是一次很长的内陆白日旅行，最后到达我们称作青加瑞（Kíngârjuit）的地方——高山，在提科尔居阿克（Tikerarjuaq）（在西克里加克海的东南岸）。那是在冬天一个有新月的夜晚，人们只能看到月亮最初的那一部分轮廓，它刚刚出现在天空。在月亮下一次出现这个形状之前，不会有人找我。柏坎克在我修行的地方造了一个小雪屋，这个雪屋也仅仅能够让我容身。没有人给我睡觉用的皮毛来抵御寒冷，只有一小块驯鹿皮可以坐在上面。

---

① 克努德·拉斯姆森：《跨越极地美洲》，第85—86页。——原注
② 克努德·拉斯姆森：《跨越极地美洲》，第81页。——原注

我就被关在了那里。屋子的入口被一块石头堵住，但雪屋外面也没有铺上松软的雪来保暖。当我在那里坐了五天后，柏坎克来了，带着水，不冷不热的水，装在鹿皮袋子里，那是一只不漏水的鹿皮袋子。十五天后他再一次来到我身边，带来同样的东西给我。那一次，他仅仅停留把东西递给我的那一点时间，就马上走了。因为即使是年老的萨满也不能打扰我的独处。我修行的小雪屋建造在一个远离人烟的地方。每当柏坎克找到一处他认为应该造小雪屋的地方，他就会在不远处停下他的小雪橇，而我则必须保持坐姿，一直等到雪屋造好。即便是我，最终要待在那儿的人，也不能将脚印留在雪屋附近。老柏坎克必须将我从雪橇上"搬运"到雪屋，以便我可以爬进去。我一开始独处，柏坎克就命令我只能想唯一一件事情，就是用我坐在那里要成为萨满的这件事情，去吸引嫔加的注意。嫔加会接纳我。我的见习期在最冷的冬天，而我，一个没有任何取暖物的人，一动也不能动。我非常冷，而且不敢躺下，一直坐着，是那么累。有时候我觉得我好像死了一般。直到接近三十天末尾的时候，一个辅助精灵来到了我的面前，一个可爱而且漂亮的精灵，是我从没想到过的精灵：她是个白种女人。在我就要垮掉、筋疲力尽、睡着的时候，她悄然来到我的身边。但是我仍然能看到她生动的样子，就在我身边。自从那天起，我无法在闭上双眼或进入梦乡时不见到她。这就是我的辅助精灵的显著特征。我从来没在醒着的时候见到过她，只有在梦里。她是从嫔加那里来到我身边的，她就是个神兆，表明嫔加现在注意到了我，并且要赐给我能量，使我成为萨满。

当一轮新月像我们离开村子时一样闪亮在夜空的时候，柏坎克又一次乘着他的小雪橇来了，停在离雪屋很远的地方。但此时我已经奄奄一息，连站起来的力气都没有了。事实上，我站都站不起来了。柏坎克将我拉出雪屋，放到雪橇上，像拖我来时一样把我拖到青加瑞。我那时太虚弱了，以至于我手上、身上和脚上的脉络都隐形不见。很长一段时间里，我都只吃一点东西以延长我的苦修。到后来，帮我净身的食谱才来到。

一整年时间里，我都不能和我妻子睡在一起，但她却是为我准备食物的人。一整年时间里，我都必须使用我自己的小烹饪罐和自己的盛肉盘子；其他任何人都不允许吃为我准备的食物。

后来，当我的自我意识渐渐恢复的时候，我明白我成了我们村的萨满，也确实发生过邻居或从很远地方来的人们叫我去治病这样的事情。或是如果他们准备开始外出旅行的话，由我来"审查路线"。当这事发生时，我们村的村民便会被召集在一起，由我来告诉他们，我会如何去做。此后，我离开帐篷或者雪屋，又进入独居状态。我离开人们的居住地，但那些留在后面的人们必须一直唱着歌："库乎尼阿卢……"这仅仅是为了使他们自己愉快和有活力。如果有什么事情非常费解，我的独居时间就要延长三天两夜，抑或是三夜两天。在所有的那些时间里，我必须无休止地四处游荡，只能时不时地在一个石头或雪堆上坐坐。当我外出很久，变得十分疲惫时，我几乎可以在打盹时或梦里看到所要寻求的东西，那是我用所有时间一直思考的东西。每天早上，我可以回家并且继续报告我目前所发现的东西。不过，我一说完就必须再次转身离家，进入野外，到我能保持非常孤独状态的地方。在一个人外出探求某种东西的时候，他可以吃一点东西，但并不多。如果一个处在"独居的秘密状态"的萨满，发现一位病人将死，他会赶回家并且守护在那里，以便首先阻止生命的流失。除非有一种可能的治疗方法，否则他必须自始至终留在野外。从野外孤独游荡回来后的第一个晚上，萨满不能和妻子睡在一起，也不能不穿衣服睡觉，也不能全身躺下，而须以坐姿入睡。

这些"寻找真知"的日子非常辛苦，因为人必须一直不停地走，不管天气如何，只能抓紧时间休息一小会儿。当找到我一直寻觅的东西时，我往往已经非常累了，筋疲力尽，不只是身体上的，还有头脑上的。

我们萨满在领地内没有特殊的神灵语言，并且相信真正的萨满不需要特殊语言。在我的旅途中，我有时会出席海水居民的降神会，比如在那些犹特库西加里克（Utkuhigjalik）（后河或大鱼河）海岸的居民中间。对我来说，那些海水居民的萨满，看起来从来都是不可信的。在我看来，那些海水居民的萨满把更多重心放在震惊观众的把戏上。当他们在地上跳来跳去，口齿不清地说着荒唐的话，或者用他们所谓的神灵语言说谎时，在我看来都是滑稽的，只能给无知的人留下深刻印象。一个真正的萨满不会在地上跳来跳去地玩把戏，也不会熄灭灯火，借助黑暗寻找真知，使他的邻居们感到不安。就我自己而言，我认为我知道的不多，但我认为匿藏的事物或真理是不能通过那种方式被找到的。真正的智慧只能在远离人烟的野外被找到，而且它不能通过玩耍而得到，而是必须通过艰苦的修炼才能获得。独居和苦修能够开启人类的心灵，所以萨满只能以那种方式找到他的智慧。

但在我对海水居民萨满的拜访中，包括在依格鲁里加克和犹特库西加里克，我都没有公开地表达我对他们那种召唤精灵的方式的蔑视。一个陌生人应该始终保持小心谨慎，因为——也许他永远不知道——他们当然可以拥有非凡的法力，并且，像我们的萨满一样，能通过话语和意念将人杀死。我现在告诉你的这些，我敢向你吐露秘密，因为你是个从遥远国度来的陌生人。但我绝不会跟我的亲属讲这些，除了那些我要教他们成为萨满的人。在我待在犹特库西加里克的时候，那里的人们从我妻子那儿听说我是萨满，因此有一次他们请求我去救治一个病人，一个太虚弱以至于无法吞咽食物的人。我把村子里所有的人召集在一起，并让他们举行了一场歌会，正如我们的习俗，因为我们相信邪恶之灵在人们都很高兴的地方会回避。当歌会开始，我一个人走入了夜色。他们嘲笑我。后来我妻子告诉我，他们嘲笑我是因为我不会耍把戏来愉悦所有人。但我继续待在孤独的地方，远离村子，独处了五天，不被任何事物打扰，一直想着那个病人，祈望他能康复。他渐渐好起来，从那以后，村子里没有人再嘲笑我。

雷姆·迪尔
北美洲/苏族

约翰·菲尔·雷姆·迪尔（John Fire Lame Deer）出生于南达科他州的罗斯布德保护区，他是一个纯粹的拉科他人（Lakota）。他一生中做过许多事情。他曾经涂过标语，还捡过马铃薯。他当过兵，做过部落警官。他唱过歌，做过电台小丑，酿过酒，还放过羊。这些不平凡的经历和他所遭受的不幸结出了伟大的果实，他通过传统的对真理的追寻获得了一个巨大的幻象，而这项事业是他从年轻时代就开始努力追求的。这个幻象使他从事了一个真正的职业——萨满医师。雷姆·迪尔曾经说过："这个发现持续了我整个生命，从某种程度上说，我经常是在思想的边界线上来回跳跃。"[1]雷姆·迪尔现在已经去世，但是他的幽默和明智似乎已经使他拥有了极长又极为丰富的生命，那是鼓舞人心的。他的柏德兰地区粗糙的容颜和如鹰般闪闪发光的眼睛，已经铭刻在他亲密的朋友的脑海中，这个人就是摄影家理查德·俄德斯。

一天，雷姆·迪尔对理查德·俄德斯说："我认为，作为一名医师，更多需要的是一种思想的境界，一种看待和理解世界的方式，一种关于世界是什么的感觉。我是一个巫医（wićaśa wakan）吗？我猜是的。我能成为其他的什么吗？看我穿着破碎而褪色的衣服，蹬着到脚

---

[1] 雷姆·迪尔、理查德·俄德斯：《蹩脚的鹿，探险者的视觉》，第157—158页。——原注

跟的牛仔靴子，带着在耳边响着的助听器，看那破旧的并且带着臭气充盈的厕所的小屋子——这个小屋就是我的家，这些都不影响一个白人对于圣人的观念。你看过我醉醺醺，一文不名，你听过我骂人，说脏话。你知道我，并不比别人好或是更聪明。但是我到过那个小山顶，获得了我的洞察力和能量；其余的便只不过是些点缀了。"[1][2]

我在山顶完全孤立。我坐在挖在山上的幻象感悟坑里面，双手抱膝，望着老人切斯特（Chest）消失在远处的山谷中，他是带我来这里的医师。他只不过是树林中的一个移动的小黑点，不久就完全看不见了。

现在只剩下我自己了，要不吃不喝在山上待四天四夜，直到他回来找我……

印第安小孩子从来就不孤单，他们经常被爷爷们、叔叔们、兄弟们，各种亲属们围着，这些亲人抚摸他们，给他们唱歌、讲故事。如果父母要去某个地方，他们便也跟着去。

但是现在我蜷缩在我的幻象感悟坑里面，生平第一次独处。我当时十六岁了，仍然叫着童年的名字。告诉你吧，当时我很害怕。我浑身都在发抖，这并不仅仅是因为寒冷。距离我最近的人也得有好几里远，并且四天四夜是个很长很长的时间。当然，当这结束时，我将不再是男孩，我将变成男人。我将会有我自己的幻象，我将会被给予一个男人的名字。

苏族男人不害怕忍受饥渴和孤独，并且我离成为一个男人只有九十六小时了。这种想法使我感到很舒服。切斯特老人为我包裹身子的带星星的毯子很暖和，这也让我感到舒适。我的奶奶专门为我做了被子——为我的第一次修炼，为我的第一次幻象探寻。这个被子设计得很好看，白被子上有一个很大的用多块色彩鲜艳的布片做成的启明星。星星很大，占据了大部分的被面。如果瓦勘·坦卡（Wakan Tanka），伟大的神灵，赐予我真理和力量，我就会成为一个医师，在被窝里表演各种仪式。我现在是个老人了，很多时候有人叫我爷爷，但是我仍然保存着奶奶做的星星被子。我很珍视它，某一天我会葬在它的怀里。

那位老医师切斯特也给我留下一个定神烟斗和一袋子烟草（*kinnickin-nick*）——我们的一种用红柳树皮做成的烟叶。相比被子，它更是我的朋友。

---

[1] 雷姆·迪尔、理查德·俄德斯：《蹩脚的鹿，探险者的视觉》，第157—158页——原注
[2] 基于雷姆·迪尔、理查德·俄德斯《蹩脚的鹿，探险者的视觉》的讨论。——原注

对于我们印第安人来说，世界可以幻化为一个烟斗，包括我们坐在上面的大地和头上的开阔天空。精灵无处不在，有时候他通过一只动物、一只鸟，或是一些树木和山岭来现身。有时候他在柏德兰说话，通过一块石头，甚至是水流。定神烟斗飘出的烟雾直奔神灵世界。但是这是一个双向的事情。能量通过烟雾、通过烟管也流向我们。你拿着烟斗就能感觉到那种能量。通过烟管，能量直入体内。它能让你的头发都立起来。烟斗不仅仅是个东西，它还是活物。抽着这烟斗会使我感觉良好，帮我驱走恐惧。

当我手抚着平滑的红得如同我的族人鲜血的烟斗石做成的烟斗时，我不再害怕。那个烟斗曾经属于我的父亲，在他之前则属于他的父亲。将来某一天它会传给我的儿子，并且通过他，传给我的孙子。只要我们拿着烟斗，就会有作为一个民族的苏族存在。当我用手夹着这烟斗，触摸它，感受它那由于长期使用而产生的光滑时，我感觉到曾经用过这个烟斗的前辈们正和我在一起，就在这个幻象感悟坑里面。于是我不再孤单。

除了烟斗，老医师还给了我一个葫芦，里面装着四十小块奶奶用刀片从她胳膊上割下的肉。我曾亲眼见她这样做。当她小心翼翼地，生怕丢掉一块地把每一块皮肉放到手帕里的时候，血从她的肩膀直流到肘部。这情景肯定会让那些人类学家发狂。想象一下吧！是用刀片而不是燧石刀来践行这种古老的仪式！对我来说这不会影响什么。我亲近的人承受痛苦，把她自己的东西给了我，那是她身体的一部分，来帮助我祈祷，来使我变得坚强。有这么多人来帮助我——活着的和死去的，我怎么还能害怕呢？

有一件事依然使我不安。我想成为一个医者，一个巫医（*yuwipi*），一个施行苏族古老法术的术士。但是你不能像白人那样去医学院学习而成为医师。一个老圣人可以教你草药知识和举行仪式的正确方式，因为这时候所有的东西必须在它应该在的地方。每一句话，每一个动作，都有它自己的特殊意义。这些东西你可以学会——比如咒语、驯马，但是这些东西本身并无意义。若没有幻象和能量，这种学习并无益处。它不会使我成为一个巫医。

如果我失败了该怎么办？如果我得不到幻象该怎么办？抑或如果我梦到了雷中的生物或者闪电击打了山峰怎么办？那将会立刻使我成为一个反面角色（*heyoka*），一个顽固不化之人，一个头脚颠倒之人，一个小丑。"如果你获得了能量，你就会知道的。"切斯特叔叔说，"如果你没有被赋予能量，不要撒谎，不要假装。那样会害死你，或者害死你亲近的人、你爱的人。"

夜幕降临了，我仍然头晕眼花，因为我上山前进行了我的首次汗浴，用来净化自己。我以前从来没有进过汗蒸屋。我坐在里面,小屋形如蜂窝,由弯柳条编织而成,外面搭着毯子以保持热量。年老的切斯特和另外三位医师还有我坐在那间小屋里。我把背贴在墙上,尽量远离屋子中间熊熊燃烧的火塘。当切斯特把水倒在石头上时,带着嘶嘶声的白色蒸汽就包裹了我,并且充满了我的肺。我原以为这会要了我的命,把我的眼皮烧掉!但是就在这弥漫的蒸汽中,我听到切斯特在歌唱,所以情况并没有非常糟糕。我没有喊着"我的亲人们!"——这样可能会使他打开门让一些空气透进汗蒸屋——我很是骄傲。我听见他为我祈祷着:"啊,神圣的石头,我们接受了你的白色的气息——蒸汽。这是生命的气息,让这个男孩吸收吧,让他变得强壮吧。"

汗浴让我做好了探寻幻象的准备。即使已经过了一个小时,我的皮肤仍然有刺痛的感觉。但是这看起来已经让我的大脑变成空白。可能这是有好处的,让我有足够的空间接受新的见识。

黑暗降临到了山头上。我知道那圆的发光体(*hanhepi-wi*)已经升起来了,那是夜晚的太阳,我们称作月亮。因为蜷缩在窄窄的洞里,我并没有看清楚。黑色如同天鹅绒般包在我的身上。它似乎把我同外部世界隔离开来,甚至我自己的身体也被隔开。这使我听到发自我内心的声音。我想到了我的祖先,他们也曾经伏在这座山上。因为我们家族的医师为了出神和探寻幻象而选择了这个地点,这从二百年前他们穿过密苏里到白河村落来追捕野牛的时候就开始了。我认为我能够通过我脚下的大地感觉到他们的存在。我能感觉他们进入了我的身体,感觉他们在我的脑海中和心脏里翻腾。

声音穿过黑夜来到耳边:风的吼叫,树的低语,自然的声息,动物的声音,以及猫头鹰的尖叫。突然,我感觉到了一种无法抵御的存在。在那狭窄的洞里,还有一只大鸟和我在一起。这个坑仅仅和我一样宽,而我只不过是个皮包骨头的瘦小孩,但是那只大鸟在我周围飞来飞去,好像要把整个天空占满似的。我能听到它的叫声,有时很近,有时很远很远,我感觉到了它的羽毛或是翅膀触到了我的背和头。这种感觉是如此难以抗拒,以至于对我来说远远超出了我的承受范围。我浑身哆嗦,骨头像要结冰似的。我抓到了存有我奶奶四十块皮肉的发声的葫芦。里面也有很多小小的石头和从蚂蚁堆里捡出的化石。这些全是蚂蚁收集的。没有人知道为什么。这些小石头本身应该具有某种能量。我摇摇葫芦,葫芦发出了令人舒心的声音,如同雨点打在石头上。它是在跟我谈话,但这并没有平息我的恐惧。我拿起另一只手中的神圣的烟斗并且开始祈祷:"坦卡什拉(Tunkashila),始祖之神灵,救救我吧。"但是这毫无作用。我不知道什么进入了我的身体，但是我已经不再是我自己了。我开始哭喊。哭喊着，我发现甚至我的声音都不一样了，听起来像一个老人。我自己甚至不能辨认出这种奇怪的声音。我用很久以前的祈祷词来祈祷，这些词现在早已不用了。我试着把我的泪水拭去，但是泪水总是擦不完。最后我拉拉身上的被子，把自己卷在里面。我仍然能感觉到那鸟的翅膀在摩擦着我。

慢慢地，我感觉到一个声音在试图告诉我一些事情，那是一只鸟的叫声。但我告诉你，我已经开始理解其中的一些东西了。这种事时常发生。我知道一个妇人，她的蝴蝶就落在她的肩膀上。那只蝴蝶告诉她一些事情，这使她成了一名伟大的女医师。

我听见一个人的声音，非常奇怪，音调很高，不可能是一个正常的、活生生的人发出来的。突然，我感觉我和那些鸟儿高高飞在天上。幻象感悟坑坐落的山峰高过了一切。我甚至能低头看见星星，月亮就在我左边的近旁。地球和星星好像在我的下面运转。一个声音说道："你在此为了成为一名医师牺牲了你自己，不久你就会成为一名医师。我们是禽类，那些长翅膀的，那些鹰和那些猫头鹰，我们是一个族群，你将会是我们的兄弟。你将不会杀死或是伤害我们。不管什么时候你来此探寻幻象，你都将会理解我们。你将会学习草药知识，你将会治病救人，你将会不求回报。一个人的生命是短暂的。要使你自己的生命变得有意义。"

我感觉这些声音非常美妙，逐渐地，我不再害怕。我已经对时间毫无知觉。我不知道这是白天还是黑夜。我睡着了，但却极其清醒。之后我看见了一个人形。他从黑暗和涡流般的烟雾中升起，这种烟雾弥漫了整个洞穴。我看清了，这是我的祖爷爷，塔卡·厄舍特（Tahca Ushte），雷姆·迪尔，米尼康玖的老酋长。我看到鲜血从爷爷的胸部滴落，因为一个白人射中了他。我理解我的爷爷希望我继承他的名字。这使我高兴得难以言表。

我们苏族人相信我们内部有控制我们的东西，某种几乎像是我们第二自我的东西。我们叫它纳吉（nagi），其他民族可能是叫灵魂、幽灵或是精灵。它看不到，摸不到，尝不到，但是就是在那座山上的那一次——并且仅此一次——我知道了它就在我的体内。然后我感觉到了那种能量如鲜血一样汹涌澎湃地穿越我的身体。我描绘不出那种能量，但是那种能量充满了我的全身。现在我确信我将成为一名巫医，一名救死扶伤者。我再次流泪，但这次是喜极而泣。

我不知道我在那个山头上待了多长时间——可能是一分钟，也可能是一辈子。我感觉到一只手落在我的肩膀上，摇了摇我。是切斯特来找我了。他告诉我说我已经在这个幻象感悟坑里四天四夜了，我该下山了。他给了我一些吃喝的东西，之后我告诉他在我苦修期间发生的一切。他将给我讲解我的幻象。他告诉我这个幻象感悟坑已经在某种方式上改变了我，只不过我当时还不能理解这种方式。他又告诉我，我已经不再是个小男孩，而是一个大人了。我就是雷姆·迪尔。

雷奥纳德·乌鸦狗
北美洲/苏族

雷奥纳德·乌鸦狗（Leonard Crow Dog）出生于巫医世家，他的祖辈在当时很有名，正如他现在一样。他于1942年出生在玫瑰花蕾保留地，那是一个遍布山丘、草地和河流的乡村。而他的族人坚信这个年轻小伙子生来就具有某种能力，因此，他们从不允许他到白人的学校上学，怕那样会干扰他作为巫医的长期艰苦的训练。

雷奥纳德的曾祖父是第一位乌鸦狗，他是酋长疯马（Chief Crazy Horse）[1]的好朋友，也是鬼舞运动[2]的领导人之一，这场运动直接导致了1890年的伤膝谷（Wounded Knee）大屠杀。雷奥纳德在1973年伤膝谷的围攻中已经作为巫医出现，而且在1974年的春天，他首先提出要复兴鬼舞。大量的本土印第安人从美国各地，从加拿大、墨西哥赶来参加这场权威性的救世主式的事件。而雷奥纳德由于在伤膝谷中的政治活动，于1975年10月被捕，直到1977年的3月份才获得自由。

乌鸦狗不仅是一位政治领袖，一位传统的苏族巫医，也是一位时常打动自己的太阳舞者，一位族群圣歌的歌者，本土美国教堂的一位开路人，以及一位积极的哲学家，致力于通过创造出全印第安人的信仰以团结所有的印第安民族。他是北美八十多个部落所公认的巫医，而且曾经到各地去行医，从一个海岸到另一个海岸，从加拿大到墨西哥。据他的好朋友理查德·俄德斯说，他的玄学观从他十二岁成为一

---

[1] 疯马，原名Tashunca-Uitco，生于1842年，是北美洲印第安人苏族奥格拉拉部落的首领，在美国西部地区抵抗白人的入侵，以作战勇敢著称。1877年被美国士兵暗杀。他因在一次战斗中英勇作战，"就像一匹疯狂的战马"，在庆功会上被父亲改名为"疯马"。——译注
[2] 19世纪美国本土印第安人与西进的白人势力相遭遇，在1890年引发印第安人抵抗运动的爆发，史称"鬼舞运动"。这也是原住民和白人文化交流互动的过程，印第安人吸收基督教和摩门教思想，形成一股自我救赎的力量。——译注

个真正的巫医时就开始慢慢形成,在接下来的二十五年里一直持续发展和深化。①

他们都知道我叫雷奥纳德·乌鸦狗,但是,雷奥纳德只是一个我必须有的白人名字。我重要的印第安名字,是当我还是个小男孩的时候所起的,叫"守护医药"(Defends His Medicine),不过很少有人知道它。我一直努力生活在这个名字的包裹中。虽然我时常不能很好地守护我的医药,但我一直都在努力。

在我能够在巫医的道路上得到指点之前,我必须净身,我必须爬上山顶来到汉博亚(hanblečeya),去找寻梦想,请求那个能为我指引道路的幻象。这对于尤其像我这样的年轻男孩来说是一件很难的事情。因此,做这件事需要极大的勇气。在我能够追求幻象之前,我需要在奥尼卡加即汗蒸屋净身。我的叔叔古德·兰斯(Good Lance)和我的父亲会为我把一切都准备好。古德·兰斯会主持这场仪式,而我的父亲是帮手。因尼匹(inipi)可能是我们最古老的仪式了,因为它由最普遍、最基本的生命所赋予的东西组成,其中包括:来自太阳的火,正是它的热量让大地有了生命;因岩瓦坎,大地从产生的那一天便有的石头,它也会一直存在到地球灭亡的那一天;作为母亲子宫的土地;所有生物都需要的水;我们的绿色同胞——鼠尾草;以及这些东西所包围着的人类。原初的人类要像他出生时一样赤裸着,感受重量,感受他之前无数代人的精神,感受他作为土地的一部分,感受他作为大自然的孩子而非统治者。

这种仪式也是最简单的一种,你所需要的是大约六英尺的土、六棵用来弯折的幼树、一些石头、点火所需要的木头、一些毯子和一桶来自就近的小河里的干净凉水。没有人帮忙,也没有人安慰,一个人独自找到快乐,找到一种参与这个仪式所带来的极大的升华。他不需要有钱,也不需要传教士来帮助他,照样也能在半小时之内造出一个汗蒸屋。我相信许多人在他们觉得有必要的时候都造过这样的屋子。

现在,我将要第一次净身,接受特别为我准备的汗浴。我感到十分庄严,有点害怕,而且显得动作僵硬和笨拙。我的父亲、叔叔和其他一些亲戚讲一些笑话或者说一些有趣的话,试图让我放松。生命的神圣,每日的击鼓,悲伤和欢乐,心灵和肚皮……这些都混合在了一起。伟大的精灵不希望我们对这些东西分门别类,他让白人来做这些事。白人们在礼拜日的教堂里通过一种方式表

---

① 基于作者和理查德·俄德斯个人交流的讨论,1978年。——原注

现，而在一周的剩下几天里，则通过另外一种方式表现。我们在做一件神圣的事，不过这并不意味着我们不应该在堆积木头和准备圣火时大笑。我父亲说："这次的因尼匹仪式对我儿子来说是一件很重要的事，我们只能用那些神圣的杨木奥瓦坎。"最后确实这样做了。古德·兰斯先把四根木棍放在地上围成一个圈，然后把另外四根横放在它们上面，并且向东南西北各个方向祈祷了一次。他以一种神圣的方式堆成了一个圆锥形的木头堆，用来点火。

那些灰色的石头已经放好了，那些石头都是经过了很多次汗浴的好石头，它们不会在火中炸裂。这些石头被称为辛卡拉·瓦克苏，即鸟石。有时候它们会呈现出一些类似蜘蛛网的图案，很淡很模糊，在阳光中会很快褪去。如果你想知道的话，它们在科学上被称为石灰岩。在那些石头堆旁边，是一个巨大的晒白了的水牛头颅，头颅上面画了一个发亮的符号。它的眼窝里塞满了鼠尾草和青草。古德·兰斯把一些烟草捆成一根小绳，放进牛角里。正如我前面所提到的，他认为只要是他在场的仪式都应该以一种正确的、古老的方式进行。他要确认他的仪式不用公牛－杜汉姆，而只能用奥莎卡，我们古老的红色柳树皮烟草。当看到那个发亮的金属桶和那个崭新的铲斗时，他满意地笑了笑，然后从他破旧的箱子里拿出一个用牛角做成的古老的长柄勺子。"我们将会用这个，"他说，"至于水桶，我们应该用一只水牛的肚皮来做盛水的容器。不过今天拿不到了，所以还是用这个吧。"说着，他轻轻地踢了踢那个有点令人讨厌的水桶。在这方面古德·兰斯和别的巫医很不一样，其他巫医很早之前就丢弃了这些烦琐的细节，他们认为这些都只是不重要的形式上的东西。但是他告诉我们："不要穿着你的内衣进奥尼卡加，不管是护身三角绷带还是印有小花的短裤。伟大的精灵不喜欢这样，所以你要赤裸着进去。"

接着，我的父亲和叔叔做了一个汗蒸屋。他们拿了十二棵小柳树，把它们竖直插在地里，这样一来小树形成了一个圆圈，一边各六棵。他们把这些棍弯折，使它们相互对着，形成一个大约齐腰高的拱顶，然后把它们用红布缠在一起。这样一来，六捆烟草和这个框架就绑在了一起。"这些是奥尼卡加式的圆锥物体，现在我们需要把鲜肉和皮放上去。"古德·兰斯说道。随后他把毛毯和被褥放在了架子上面，并且在最上面铺了一层褪色的大帆布。整个小屋建成了，看起来很像一个人类学家曾经描述过的——裹着帆布的拱形小屋。他们也允许我来帮忙搜集鼠尾草，把它们铺在小屋的地板上。除了我父亲、古德·兰斯和我之外，还有四个亲属要和我一起净身。那个小屋看起来那么小，我真担心容不下我们几个。

接着，他们又在小屋正中间挖了一个圆形的火坑。父亲告诉我："这就是宇宙，整个宇宙都包含在这个小小的奥尼卡加仪式中。当我们祈祷的时候，整个世界都和我们一起聆听。"从火坑里挖出来的土形成了一个笔直的土埂，一直延伸到九英尺外，剩下的土堆成了一个小土丘。"这代表林西，即我们的祖母——大地。记住它，"他们这样告诉我，"通往它的小土埂，就是奥库瓦坎，生命的神圣道路。要笔直地从上面走过去。"小屋里的土坑、小山丘和木头堆都在一条直线上。在右边接近入口的地方，父亲传给儿子两根小的锯齿形木棍，把它们放好后，还有一根小细枝，水平地放在它们上面，形成一个对着我们的神圣烟斗的架子。那神圣烟斗要由父亲传给儿子。

现在，所有东西都准备就绪了。火在熊熊燃烧，里面的石头也烧热了。我们脱光后进入小屋里。古德·兰斯是仪式的领导者，所以他第一个进去，并且拿着他的一桶水坐在了右边。我是倒数第二个进去的。最后一个进去的是我父亲，他是帮手。由于我还小，所以要爬着进去。有个人说道："这提醒你要记住你的兄弟野牛、赤鹿和羚羊，它们都是用四肢走路的。所以今天要为它们祈祷。"因尼提匹（initipi）的入口正对着东方的维约普（wiyohpe），我能透过入口看到太阳，而火周围灼热的空气似乎让它的光线开始舞蹈。我很惊奇，我们居然可以很容易地都坐在里面。

"不要那样邋遢地坐着，像一个瓦西楚，"我旁边的堂兄指责我，"要像印第安人一样跪坐着。"

古德·兰斯拿出了一小捆甜草，用火柴点燃，也点了一小捆鼠尾草。我永远不会忘记第一次闻到的那种香气。即使过了这么多年，不管何时我洗汗浴，它仍旧能以同样的方式影响我。古德·兰斯告诉我这能让我的身体变得神圣。他让烟对着我，在我的身边舞动着燃烧的香草。他建议我大口吸入那种芬芳，并且把手掌靠近香草燃尽的草灰，然后把它们搓揉在一起，把那些香味擦满全身。有些人把另一种叫瓦普瓦施特麻印第安香水的香草，在两只手掌中碾碎，然后擦满全身。随后，古德·兰斯要求我们安静。"这是神圣的时刻，我希望你们能保持安静，停止交谈。当我放这些石头的时候，请记住瓦基查加皮，记住你死去的亲属和朋友，然后在你的脑中为他们祈祷吧。"随后，他第一次要了六个石头。

一个比我年长的堂兄是护火者，外面所有的相关事宜都需要他来做。他用一根锯齿状的木棍托住那六个石头，然后默默地把石头一个接一个地传到里面来。每当一个石头被送进来，古德·兰斯便抓住那根大木棍，把石头引入火坑。堂兄本打算用一个更为简便的办法，就是用一把铁锹把石头送进来，不过古德·兰斯不允许他这样做。他首先把一个石头放在火坑的正中间，再把四个石头放在它的四周，然后把最后一个放在中间石头的上面。这些石头分别代表着大地、宇宙的四个方向和天空。接着，外面的助手把屋子关起来，我们就在黑暗中坐着。那些石头闪着深红色的光，就像在铁匠炉里冶铸的铁一样，而且还迸出许多小火星，发出的声音像炸开了锅的蚂蚁窝一样。不仅如此，这些石头还很热！我尽力地坐在离它们最远的位置，把背靠在汗蒸屋的墙上，而且对所有发生的事情都异常敏感，包括那些热气、我屁股下所感受到的鼠尾草以及火坑中冒出的红光。

"如果你觉得热得无法忍受了，"父亲悄悄对我说，"那就默念'米塔科欧雅辛，我所有的亲人们'，然后我们就会把棚盖打开放进来一些空气。不过不到万不得已，不要这样做。"

古德·兰斯用一个牛头骨做成的长柄勺子舀了一勺冰水，倒在烧红的石头上。随着巨大的嘶嘶声，我们瞬间被一股蒸汽包围。蒸汽很热，对我来说就像是一个冲击波。那种感觉就像是我家的炉灶底层生了很多炭火，而我将头放在里面一样。我不敢呼吸，感觉一旦呼吸便会将我的肺烧成木炭。但是，我也不敢叫出来，能做的只有把我的头紧紧地埋在双膝之间。古德·兰斯开始用一些我不能完全理解的古老词汇进行祷告，为那些已故的人们祷告，为那些在朝鲜、冲绳岛和德国执行任务的战士祷告，也为大地和动植物祷告。他向曾祖父精灵即吞卡斯拉（Tunkashila）祷告："请让这个孩子拥有一个美好的梦想，一个好的幻象吧。请允许他走上巫医之路，让他有所作为。"

在他每一句话结束后，我们都要说："拜谢祖灵吞卡斯拉。"我们都尽力用双手抓住热气，并把它抹在身上。

"这股蒸汽就是宇宙发出的神圣的呼吸。郝克斯拉（Hokshila），我的孩子，你现在重新回到了你母亲的子宫里，你即将得到重生。"他们都唱起两首非常古老的曲子，这些曲子能追溯到我们苏族人在草原上游牧，以及在五大湖周围种植玉米的那个年代。我突然觉得自己领悟到了祖先的智慧。我的亲属激情澎湃地唱着，而我几乎喘不过气来，真纳闷他们是怎么做到的。

古德·兰斯叫了声"米塔科欧雅辛"，在外面的堂兄便打开了棚盖，放走了一些蒸汽并且放进了光和令人欢喜的冷气。父亲点燃了神圣的烟斗，用祈祷的形式将它从底端托起，吸了四口之后递给了我。我使劲抽了一口，希望烟斗不会在我这里灭掉，如果灭掉了，那将是一个不好的兆头。父亲还要确定不是用一根鼠尾草做成的拨火棍把烟斗里的烟草轻轻搅动的。我知道，那根拨火棍曾经刺穿了一个太阳舞者的胸膛。我抽了四口后，便把烟斗递给下一个人。

"这个查努巴，是个神圣的烟斗，"父亲说道，"让它做你的引路者。它是我们族人的灵魂，它红色的石头原料就是拉科他人的血肉，它的底端是我们的脊柱，而拴在底端上的羽毛，拥有雄鹰神旺布利（Wanblee）的智慧。烟斗冒出来的烟便是祖灵吞卡斯拉的呼气。有了这个烟斗，你便不能撒谎了。如果你在吸烟的时候说了不真实的东西，雷电就会击中你。"烟草的味道很香，它的香气充满了整个汗蒸屋。我很高兴，觉得和成年人在一起抽烟，是一件很骄傲的事。我感觉自己成了他们中的一员。接着，我把烟斗递了下去。

当烟斗传到古德·兰斯那儿的时候，他叫人再拿一些石头进来，不过并没有要求具体的数目。他也没有警告我们保持安静。因为最初的六个石头是最重要的。滚热的石头再一次被送进来，然后棚盖也被关住了。热气、蒸汽和烟草味让我头晕眼花。我的脑子被清空了，这样一来，好让宇宙的精灵能够进入。我觉得很虚弱，不过我也能感觉到一种陌生的能量正在我的血管中游走。当我注视着红通通的石头的时候，我感觉自己看到了一只小鸟。它应该是一只鹰，我还没来得及辨认，它就化作了一个烟斗。这发生在我眨眼的一瞬间，不过对我来说却很真实。

"红光、热气、火焰、培塔奥维汉科尼和没有止境的火。你的祖父曾为你父亲将它点燃，而你的父亲现在正在为你将它点燃，"黑暗中一个人说道，"郝克斯拉，我的孩子，保护好这团火，将它传给下一代，传给你未来的儿子，这样，他就可以把它传给他的孩子了。"古德·兰斯又倒了一些水上去，我们又一次被旋转的热气所包围。这一次的感觉很好，我喜欢这种热气在我的肺里发热的感觉，这股热气把它的热量传遍了我的全身。

这种能量一定也注入了其他人身体中。他们唱的曲子上升到一个新的音调、一个新的力度和一种新的音强，这是我从来没有听到过的。小屋子开始晃动，就像被捏在一个巨人的手心里一样，就像树叶在风中摇晃。我们脚下的土地好像也在移动。

"祖父到来了，"古德·兰斯说道，"伟大的精灵到来了，鹰之智慧也到来了。"

我们对此都深信不疑，并且知晓。烟斗传到了右边，我们又吸了一次。在这里，总共拿进来四次石头，浇了四次水，我们祷告了四次，唱了四次歌，而且吸了四次烟。

在所有程序都结束之后，古德·兰斯告诉我："郝克斯拉，你已经得到了净化。从现在开始，你不再是一个小孩，你要准备好去那里寻找你的梦想。郝切图（Hechetu）。"

接着，我们轮流喊道："米塔科欧雅辛，我的亲人们！"我的亲人指所有两条腿的、四条腿的甚至是八条腿或者没有腿的动物；还有那些有翅膀的，那些有鱼鳍的，那些有根和叶的所有的生命，也都是我们的亲人。父亲把烟斗打开，仔细地将里面清理干净。我的第一次因尼卡加匹（inikagapi）仪式结束了。

不过汗浴还仅仅只是个开始，只是汉博亚启蒙仪式的第一部分。在用鼠尾草把我湿漉漉的身体擦干后，我穿上了衣服。我的感觉很好，脸烫烫的，就像刚出生一样。我看见我的姐妹们站在离我不远的小河边。德尔菲尼（Delphine）正要提供一块鲜肉来帮我进行斋戒。她静静地站在那里，握着一个L形的红色小型长杆烟斗，烟斗的底端指向天空。她的一些表姐妹正从她的手臂上切掉一块块肉，并用针将那一块块肉串起，再用刀片把它们切碎。血涓涓地从我姐姐的胳膊上流了下来，从肩膀流到手肘。而她只是静静地站在那里，一动不动，直视着前方。姐妹们把一片片肉拾起来，然后贴到一块红布上面。

在姐姐提供了自己的二十块肉之后，那块血布被扎成一捆，系在了烟斗上面。然后，她把烟斗递给我，并且告诉我："如果你感觉到恐惧，或者是觉得灰心丧气了，就紧紧抓住这个烟斗吧。"

想想如果你只要愿意接受苦难，便可以帮助你所爱的人；如果你的一个亲人得了重病，你希望他能好起来，这时你所能给的只有你的血肉，你将会义无反顾地为他做这样的牺牲。我姐姐所奉献的正是为我做的默默的祷告，一想到此，我忍不住想哭。

古德·兰斯也给了我一个装着一块石头的药袋和一些烟草结。

父亲给了我一个鹰骨做的口哨。他建议我遇到麻烦的时候吹它。剩下的事就是要爬上那座山了。

父亲和一个叫乔·黄狼（Joe Yellow Wolf）的叔叔把我送上山去。乌鸦狗神圣的斋戒地，就在那草山上面。草山是一座陡峭的山，从山上可以清晰地看到我们的房子、河流、山谷，还有另一边的群岭。这座山的一部分是一片高原，高原上时常有离群的牛在游荡。高原的尽头是片狭窄的区域，杂草丛生，很多药草和其他草都高过人的膝盖。而我们的幻象感悟坑，就在那些松树中间。那个L形的坑先是直入地下，然后有一个狭短的水平通道，通往树根下面。人就坐在通道的末端，开始进行斋戒。

一个成年男子可以在任何地方斋戒，一到四天不等。而一个巫医如果需要寻找一个宏大的幻象，则需要斋戒四天。我知道一个叫作皮特·卡奇斯（Pete Catches）的医者，他斋戒了更长的时间。他的妻子也做了一次很长的斋戒。对于我来说，只要单独待在那里两天不进食，便可以了。因为我还是个孩子，四天对我来说太长了。不过，我要做一名巫医，所以不能只待一天。

"郝克斯拉，我的孩子，你认为自己能坚持那么长时间吗？"

我发自内心地说了声"可以的"。

他们在斋戒坑周围的四个点各插了红、黑、黄、白四面祷告旗，然后用一根由一百零五根烟草串成的绳子把坑围了一圈，并把一个水牛的头骨放在入口处。接下来我就要沿着绳子爬到坑里面了。父亲和叔叔跟我一起爬了进去，不过对于三个人来说有点挤。他们用一床星条被把我裹住，然后用一根鹿骨条将我缠住。这象征着希望我有一天能成为禹维匹维查沙（yuwipi wichasha），这是巫医的一种，可以像木乃伊一样紧紧地裹在毯子里做法事。随后，他们拍了拍我的肩膀，说了一些鼓励的话便离开了。我的心啊，面对着那一小捆令人惧怕的血布，怦怦地跳着。

头一个小时是最难熬的。坑的里面很黑，而且静得可怕。我静静地坐在那里，一动不动。渐渐地，我的胳膊和腿都麻木了。我听不到、看不到也感受不到任何东西，感觉好像灵魂出窍了一样。我的身体好像仅仅剩下一颗心和一些狂野的思绪，骨头和皮肉都没有了。我还能再看见和听到东西吗？我努力让自己抓牢烟斗，触到了烟斗上面我姐姐绑的血布包，这稍稍给了我一些勇气。我不知道在这里待了多长时间，也没有了时间概念。我不知道现在是白天还是黑夜，也不知道怎样才能确定是白天还是黑夜。我只有不停地祈祷，眼泪顺着我的脸颊流了下来。我也很需要水，但是只能不停地祈祷。临近第二天的夜里（这只是我的猜想），我的眼前出现了很多轮子，这些轮子形成一个火环，然后分成一个个闪亮的、色彩斑斓的圆圈在我眼前舞动，接着又变成了一个大大的圆圈，有着一双眼睛和一张嘴。

突然，我听到了一个声音，好像是从那捆血布包的深处传过来的，不过很难确定它的位置。这不像是人类的声音，倒像是模仿人说话的鸟的声音。我的汗毛都竖了起来，直起鸡皮疙瘩。我试图去了解这个声音，紧紧地抓住烟斗，差点把它捏碎了。"记住那个圆圈，"那个非人的声音传过来，"今夜我们会教你一些东西。"接着，我听到很多脚步声，都朝着我这小小的幻象感悟坑走过来。突然，我离开了我的坑，到了另一个世界，那是一个草原，长满了野生的花朵，一群麋鹿和水牛在草原上觅食，而我站到了一间汗蒸屋的前面。

我看见一个男人向我走来，他好像没有脚，只是从一团雾里向我飘过来，手里握着两个瓦格穆哈式的摇铃。他对我说："孩子，无论你告诉你的族人什么，都不要夸大其词；按照你的幻象所告知你的去做吧。永远不要假装。"他穿着一件过时的鹿皮外套，上面有豪猪毛的装饰。我试图伸出手去摸他，却突然回到了我的星条被里，双手仍握着带有石头和烟草结的医药袋。我依然拥有着它，我以后要永远拿着它。那个声音依旧在我的耳畔提醒着："记住那个圆圈；记住那个烟斗；做它的发言人。"我再也不害怕了，因为跟我说话的人都没有任何恶意。

突然，在我面前延伸出一朵乌云，里面发出了一丝亮光。乌云变得越来越大，长出了翅膀，最后变成了一只鹰。这只鹰告诉我："我给你权力，但是这不是给你个人的，是给你们族人的。它属于依奇维查沙（ikche wichasha），即普通百姓。"随后，我看见一个骑士骑着一匹棕色的马向我飞奔而来，他的一只手里握着一个用鼠尾草编成的箍，他将它高高举起。就跟我先前看到的男人一样，这匹马也没有蹄子，它也是飘过来的。接着，一切都化为黑暗，留下我赤裸着身体蜷缩在我的被子里面。过了一会儿，雾中又出现了一个陌生的生物，全身都是毛发，苍白而且无形。他试图把我的医药抢走，但是我和他经过一番扭打，保住了我的医药。他没能抢走我的药。随后，他也消失了。

忽然有人摇我的肩膀："醒醒，孩子。"我紧紧地咬住嘴唇不让自己喊出来，原来是我的父亲和叔叔来了。两个日夜过去了。

回到家里，我告诉他们我的经历。"塔克加，棒孩子。"古德·兰斯说道，"你做了一个好梦；它将会陪你走很长的一段路。郝克斯拉，你将会成为一名巫医，一个禺维匹。不过在那之前，在你成人之前，你要做四年的草箍舞之舞蹈者。我现在会为你做一些事。"现在，我说话都有困难了，舌头打结而且口吃。碰上一个陌生人，我甚至都讲不出话来。没有人能理解我的意思。古德·兰斯把手放在了我的头和嘴上，并且拿着一只鹰的翅膀向我扇了扇，接着做了祷告："塔克斯拉，让这个孩子说话吧。"我第二天醒来时，说话能力就恢复了；过了一会儿，我能说一连串的话了。祈祷过后，古德·兰斯告诉我："我给你一些好东西作为你的礼物，是一个草箍和一匹马。你现在开始睡觉吧。"

我躺在床上，却睡不着，一直处于半睡半醒的状态。还有各种幻象出现在我面前，挡都挡不住，我也没有刻意去阻止它们。我看到很多葫芦在我面前舞蹈，看到星星和很多五颜六色的彩虹，在我面前不停地打转，形成永无止境的圆圈。我摸了摸枕头底下，下面有我的医药袋，那个装有石头和烟草结的医药袋。我用拳头紧握着它，最后心满意足地睡着了。尽管是个梦，但我曾经很好地保护了我的医药。

布鲁克·医药鹰
北美洲/内兹佩斯族和苏族

> 我今天找到一些晒干的骨头，
> 把它们搜集到布袋里，
> 倘若日后遭遇失败，
> 用它们为我占卜未来。

布鲁克·医药鹰（Brooke Medicine Eagle）是内兹佩斯族领导者约瑟（Joseph）圣人的亲侄孙女，她的圣名为"以日月为守护神、鹰为医药的晨星族的彩虹之女"（Daughter of the Rainbow of the Morning Star Clan Whose Helpers Are the Sun and Moon and Whose Medicine Is the Eagle）。在蒙大拿州的印第安人乌鸦族保留地，当地的原住民传统正在一点点消失，而她正是在这个地方长大并且通过回归族群古老的神圣之路，找到了自己的人生位置。她在二十岁的时候，跟着北夏延部落的女巫医"靠近火"（Stands Near the Fire，又称为约瑟·利姆派，Josie Limpie）进行了仪式培训。这位"靠近火"，也被称为"无所不知的女人"，她在部落里是传统宗教的最高领导人之一，是"神牛冠的守护者"（The Keeper of the Sacred Buffalo Hat）。

应该这样描述医药鹰在熊巴特（Bear Butte）之旅中所得到的幻象：她是一个将全身心都投入涉及所有种族的全球性问题中去的女人；她相信黑麋鹿以及其他预言家的梦想正在逐步实现。"他（黑麋鹿）的作用就是等待。我们这一代必须立即回到我们的原始状态，必须理解我们所说的美好，也必须收割无罪恶的果实。罪恶是不能让我们获得他伟大幻象的真谛的。"

由于在一个经济改善的条件下成长，她获得了丹佛大学的全额奖学金。在那里，她成功取得了心理学和数学的学士学位以及心理咨询硕士学位。接下来，她先后到过一些大学工作，有了一些积蓄，放弃了西方的教育，最后将自己的命运交给了风。

医药鹰是一位诗人，一位神圣诗歌的歌者，一位原住民传统的舞者，也是一位医者。①

我所做的对于幻象的探索，是跟我的老师一起完成的。她是北夏延部落人，已经八十五岁，被称为"神牛冠的守护者"，她的族人也称她为"无所不知的女人"。她和一个年轻的女巫医曾经带我去南达科他州的熊巴特，那是一个平原的乡野之地，远处则通往黑山。这个地方数百年都是苏族和夏延部落的传统斋戒以及探寻幻象之地。夏延部落的人经常做的是进行斋戒，从身心上得到净化，然后仅仅裹着一块腰布和一件水牛皮的道袍，躲到山上，不吃不喝地待四天四夜，为幻象而祈祷。而这也是我所经历过的。

那个年轻的女巫医将我带到了那座孤山上，她在半山腰的一个岩石众多的小山丘上，为我准备了一张被赐福的鼠尾草床。在我们抽了一斗烟，做完祷告后，她便留下我走了。我在那里用了四天四夜进行苦修，并且为幻象而祈祷。

天色渐晚，我能从山上看到整个乡村：在我正下方有一个湖，远处是黑山带，而且我能看到拉匹德城的一丝丝光亮。一片乌云掠过天空，不过晚秋的天气相对暖和。我希望不要下雨，因为我实在不想被雨困在这里。我就这样安静地躺在那儿。旁边来了一个年纪稍大却并不老的女人，简单地穿着一套鹿皮装，头顶着乌黑的发辫。不过令我惊讶的是，她的衣服上并没有串珠。她站在我的旁边并且开始跟我说话。当她跟我说话的时候，我并没有真正听到她所说的话，她的话语并没有传到我的耳朵里。她好像把一些东西从我的肚脐眼传进来，我仅能理解一部分；这就好像她通过我的胃灌入了一些东西，任由这些东西在我身体里生长。因此，我所接收到的词语必须是我自己的。随着时间的推移，我能越来越多地理解她告诉我的东西了。

过了一会儿，遮盖月亮的小片乌云渐渐散开。随着乌云的渐渐散开，洒在她身上的月光形成了一片彩虹。我能看见她的衣服上形成了由上百个小水晶珠串成的一串珠链。她只要稍微移动一下，便会撒下一片片柔和的彩虹。就在这个时候，其他事情发生了。山的稍高位置开始变亮，我能听见非常微弱的击鼓声，还看见有女人跳一种非常柔和的舞。山下，缓缓走来了一些年长的女人，她们是那片土地和那片山的精灵。这些满头灰发的印第安女人，不是明亮的，就是带有亮光的，她们从山上跳舞跳到山下，然后转到了我所在的小山丘上。

---

① 基于作者和布鲁克·医药鹰个人交流的讨论，1977 年。——原注

当她们围成一个圆圈的时候，很快地，一些年纪和我相仿的年轻女子，在圆圈里形成了另外一个圈，并和她们一起跳舞。她们所形成的这两个圆圈移动着舞蹈，接着她们开始相互交叉摇摆，最后从里面走出了七个白发苍苍的女祖先，也围绕成一个圈。这些老妇人都是很权威的，她们对我来说有重要的意义。

印第安的传统中有大量的幽默，而且幽默常常发生在极其严肃、缓慢而优雅的仪式场合。我的一个朋友戴安尼（Dianne）从山上奔下来，不过她总是晚到。她个子很高，性情似乎反复无常。她像平常一样姗姗来迟，随着长发的舞动，她来到舞蹈的圆圈内。她的手上停着一只鸽子。这位彩虹之女（the Rainbow Woman）看了看我，然后笑着说道："它的名字叫作月亮之鸽（Moon Dove）。"随后，戴安尼放飞了那只鸽子。围绕在我周围的圆圈消失了，只剩下我和彩虹女。

她告诉我大地正处在危难之中，这片土地正处在危难之中，而在这里，这个北美土地上的乌龟岛需要的是一种平衡。她告诉我说，那种强硬的、攻击性的、善于分析的、精明的、强壮的而且富于实践的力量，已经远远超过了温和的、易接受的、宽容的、易妥协的力量。她认为需要做的是一种改良和平衡。由于我们失去了平衡，我们需要更多的忍让，要学会接受和赞同，要懂得养育。她把我当作一个女人来和我对话，而我所要做的是把这种信息明确地传达给女人们。不过不仅女人需要在这方面变得强大起来，男人也一样需要。

女人生来就处在那个位置上。对于我们来说，接受和养育都是很自然的事情。这些都是女人的本分。不过，即便是我们社会中的女性也未必能做得很好，并没有人教我们怎样去做。我们懂得如何去做事情，如何去制造东西，知道怎么去做，怎样去尝试；但是我们需要认同，需要乐于接受和屈从，也需要乐于奉献，而我们对这些并不是很了解。所以她告诉我女人更需要找准那个位置，找到她们的能力；她还说社会中的所有男人和女人都需要那种平衡来使自己获得平衡。

她还告诉我另一件事，在北美大陆上的我们都是彩虹之子，我们都是混血儿。她还特别告诉我，她觉得我将会是通过彩虹桥把信息从古文化传递到现代文化、从印第安文化传递到当今的主流文化（反之亦然）的那个使者。其实，在某种程度上，我们这一代人都可以成为那个使者，我们能够帮忙填补那个鸿沟，为新时代的平衡架起一座桥。

这些都是她告诉我的事情，告诉我们要净身，这样我们才能让爱、光明和忍让这些美德融入我们的身体。结束讲话之后，她又静静地站了一会儿。她的双脚并没有离地，不过她的身体却冲向云霄中的一座彩虹桥上去了。那道彩虹跨过了整个天空，而她的头正好在彩虹桥的最顶端。过了一会儿，形成彩虹的亮光开始慢慢褪去，就像天空中的烟火一样，从她的脚边开始慢慢消失，直到她整个人也消失了。

当我第二天早上醒来时，天空的另一边是从前一天晚上就开始逐渐形成的完整的彩虹。在接下来的许多日子里，彩虹都一直出现在我的生活当中。

在通向萨满的旅途中很少出现女人，不过这却是我的道路。我在蒙大拿州的印第安人乌鸦族保留地长大，我的血管里流淌的是苏族和内兹佩斯族的血。当我在保留地生活时，我的印第安传统隐藏得很深；然而在我开始获得幻象之后，我正一点点地回到我的部落的道路上去，我的幻象将我拉回到古老的道路上去。我并没有人为地选择它，它就那样发生了。

在我寻求幻象的时候，我一直能感受到一件事情，那就是传统的印第安人在做祈祷的时候，他们的祷告常常是："我所请求的不仅是为我个人，还为那些活着的人们。"我们都可以有梦想，但是当你追求幻象的时候，你不仅要为自己祈祷，也要为那些在世的人祈祷，祈祷所有人的生活都能越过越好。

我的目标就是能够尽我所能治愈大地，我觉得现在大地急需治愈。旱灾、地震、暴风雪和污染等灾害随处可见，所以大地急需拯救；而且我认为我必须竭尽所能地帮助，这是我的使命：维护整体性，要注意整体性，不仅要关心我们自己，更要关心人与大地的关系。

印第安人是心灵之子。当白人来到这里的时候，他们带来的是知识和那种分析的、智慧的生活之道。印第安人是要提升心灵和感觉的。这两者需要结合在一起，共同建造一个平衡的新时代，而不是非此即彼。

仅仅过去了两百年，我认为我们将要目睹这片土地的接受能力重新回来了，平衡也正在慢慢出现。我还感觉到，我们即是这片土地，我们就是彩虹女所说的那些孩子们，我们就是要付诸行动的那些人，我们就是那个纽带。

在真正的印第安人民的哲学中，印第安是一种态度，是一种心灵状态，它是人类生活的地方，也是心灵的圣地。让心灵支配这个星球的能量传播；让你的心灵、你的感受和你的情感传播你的能量。把能量从大地上、从天空中抽离出来，把它抽离出来并通过你身体的正中心——心来传播它，这就是我们的目的。

许多不同的传统提到四或五个不同的世界，而且认为造物主创造这些不同的世界都用了同一个简单的法则，即我们应该跟所有的事物（包括太阳）都产生一种和谐与平衡。人类一而再地破坏那种和谐；是我们毁掉了那份和谐，而且还在毫不费力地对它进行再破坏。我们必须将平衡恢复，因为这是我们最后一次机会。

在追求幻象前，我们需要获得明净，减少对抗。这也是一种忍让，一种摒除。如果你不愿意立即付诸行动，幻象之门将不会向你打开。你需要做的是进入一个圆圈，在这个圆圈里没有对抗，没有上下，也没有绊脚石。这样的话，在某一天，你便会成为那个圆圈。

第四章　天眼圣视

一位西伯利亚的萨摩耶德人（Samoyed）萨满下阴间的图画。萨满骑着一只熊，在前往死者之国的途中击着鼓，他的脊柱好像向外散发着能量。他背上长着翅膀，头顶神圣之鹿的大鹿角，隐喻着关于死亡与再生的知识。

［作画者为普罗科菲瓦（Prokofieva）］

黑麋鹿
北美洲/奥格拉拉·苏族

　　苏族奥格拉拉部落（Oglala Sioux）的赫哈卡·沙巴（Hehaka Sapa），也就是众所周知的黑麋鹿（Black Elk），"于（1862年）蹦树之月（the Moon of the Popping Trees）即12月"，出生"在小帕得河（the Little Powder River）畔。那时正值冬天，四名乌鸦族人就是在那个时候遇害的"。自己的同胞是何时拥有平原并能自由捕猎野牛的，他都知道。他参加了发生在小比格霍恩的伤膝谷的那场激烈战斗，但他存活了下来，并目睹了印第安人的神圣铁箍被打破，神圣之树死去的时代。

　　1931年5月，在黑麋鹿的儿子本（Ben）的口述下，约翰·内哈特（John Neihardt）开始记录这位圣人的一生。他的一生充满了巨大的痛苦和伟大的幻象。当他的一生——这个极其感人的故事快要结束时，这位几近失明的巫医非常渴望回到他的伟大幻象开始的地方，同他的聆听者们一起，登上哈尼峰。那里是许多年前精灵们与他交流的地方。于是，几天后，他们爬上了这座神圣的山。在峰顶，风烛残年的黑麋鹿向着伟大精灵做出祷告：

　　……你［伟大精灵］把我带到了世界的中心，向我展示了我们唯一的母亲——绿色大地的善良、美丽和奇妙，展示了灵异奇妙的东西。是的，我都看到了。在这个神圣铁箍的中心，你说，我应该让圣树繁茂起来。

　　啊！伟大精灵！伟大精灵！我的先祖！现在我流着泪，不得不说：圣树从来都没有繁茂过。您看到了，我现在只是一个可怜的老人，我日渐衰弱，却无所作为。在这里，我站在世界的中心，站在我年轻时您带我来并教化我的地方。物是人非，我又来到这里，可是已经垂垂老矣，圣树也枯萎了！先祖啊！我的先祖！

　　现在，当我再次，或许也是最后一次站在这片土地上的时候，我回想起您赐予我的伟大幻象。或许正因为这些幻象，神圣之树的一些根须依然存活。那么，就请好好养育它吧！或许有一天，它会发芽，开花，树上落满歌唱的鸟儿。啊！请倾听我的心声吧！这不是为了我自己，我已风烛残年；这是为了我的族人啊！请听我说：或许有一天，他们会再次回归，回到神圣铁箍的中心，找到那善良的红色之路，那棵庇佑的神圣之树！[①]

黑麋鹿眼睛失明，身体被岁月侵蚀，但他那从灵魂深处溢出的神圣幻象一直伴随着他，直到他在1950年8月走向生命的尽头。[②][③]

那是我九岁那年的夏天，当时我的族人们正缓缓地向落基山脉搬迁。一天晚上，我们宿营在一条小溪旁的溪谷里，小溪从营地的下方流入格里斯草原（the Greasy Grass）。那儿有个叫曼·黑普（Man Hip）的人，他很喜欢我，并邀请我到他的圆锥形帐篷里一起吃东西。

我正吃着，一个声音在我耳边响起："是时候了，他们正在召唤你呢。"这个声音很大很清晰，于是我相信了，心想我应该去它想让我去的地方。我站起身就出发了。当我走出帐篷的时候，两条大腿开始疼，突然我感觉好像从梦中惊醒一样，四周却什么声音都没有了。于是我又走回去，却什么也不想吃了。曼·黑普奇怪地望着我，问我怎么了。我告诉他我的腿很疼。

第二天，队伍向着我们族人的不同分支会集的地方出发了。我坐着马车，因为我病得很重。我四肢浮肿，脸胀得像个馒头。

当我们再次宿营时，我躺在自家的帐篷里，父母守在我的身边。透过敞开的帐篷，我看到两个人头部前倾，像箭一样从云里斜穿了过来。我知道他们就是我之前见过的那两个人。这时他们一人拿着一只长矛，寒光从矛头闪过。他们落在地面上，站在离我不远的地方，看着我说道："快点！来吧！你的先祖们在召唤你呢！"

说着，他们转过身，像离弦的箭一样射向天空。我起身去追他们，这时我的腿不疼了，只感觉自己身轻如燕。我走出帐篷，看到在那两个拿着闪亮长矛的人离开的地方，一小朵云正快速向我飘过来。到了我面前，它降到地上，把我载上，然后回转，朝着来的地方疾速飞去。

[①] 约翰·内哈特：《黑麋鹿如是说》，第279—280页。——原注
[②] 黑麋鹿：《神圣的烟斗》，由约瑟夫·E. 布朗记录和编辑，第xxvii页。——原注
[③] 基于约翰·内哈特《黑麋鹿如是说》的讨论。——原注

* * *

突然之间，一切都消失了，只有满世界的云。我们三个在一片白茫茫中穿梭，只有雪般的云山云海凝望着我们。一切都安静极了，可我却能听到低语声。

这时，那两个人一同说道："快看，那个四条腿的生灵！"

我定睛一看，只见一匹枣红色的马站在前方。"看我！"他开口对我说，"你会看到我一生的历史。"接着，他突然转过身，面朝太阳落山的方向，说道："看他们！你会知道他们一生的历史。"

我一看，只见那里并排站着十二匹黑马，都戴着用野牛蹄雕刻成的项链。黑马们很漂亮，可我却很害怕，因为他们个个都鬃毛如电，鼻息似雷。

接着枣红马转过身，面朝伟大的白色巨人居住的地方（北方）说："快看！"那里并排站着十二匹白马。他们的鬃毛如暴风雪般飞扬，鼻子里发出咆哮声，白鹅围着他们飞舞盘旋。

然后枣红马又转过身，面朝太阳持续照耀的地方（东方），并让我看。那里并排站着十二匹栗色马，戴着用麋鹿牙齿做的项链。他们的眼睛如黎明的星星般闪耀，鬃毛如清晨的阳光般明亮。

接着他又转过身，面朝我们平时所面对的地方（南方）。那里并排站着十二匹黄骠马。他们头上长着角，鬃毛如树林和青草般茂盛。

看完这一切，枣红马说："你的先祖们正在开会。这些马会带你去。勇敢一点！"

于是所有的马开始组队，每排四只——黑马、白马、栗色马、黄骠马——都站在枣红马后面，他们转向西方，咆哮着。一时间，这里天色大变，五颜六色的马匹如同一阵疾风骤雨，雷鸣般地震动着整个世界，嘶鸣声回荡不息。

接着，枣红马转向北方长嘶一声，那里的天空立刻就被奔跑的各色马匹掀起一阵强风，咆哮声久久回荡。

然后，他向着东方嘶鸣，于是，各色马匹的鬃毛和尾巴就汇成明亮的云彩，飘满了东方的天空。接着，他又向着南方长啸，南方的天空便汇集了五颜六色的马匹，他们欢乐地嘶叫着。

枣红马再次对我说道："看，现在你的马儿们要跳舞了！"我一看，只见到处都是马儿，满天的马儿们正围着我跳舞。

"快点！"枣红马说道。于是我们并肩一起走着，黑马、白马、栗色马和黄骠马都跟在后面，每四只一排。

我再次环顾四周，突然，无数舞蹈着的马儿变成了各种各样的动物，变成了鸟儿，他们向着马儿们来的四个地方快速飞着，很快就消失了。

我们走着走着，只见前面一片堆积的云朵变成了帐篷，一道彩虹挂在上面，那是帐篷的门。从门里看去，只见六位老人坐成一排。

这时，那两位带长矛的人站在我两边，马儿们四个一排，走向各自的方向，找到自己的位置。最年长的那位先祖很和善地对我说："别怕，进来吧。"与此同时，马儿们齐声嘶鸣，为我欢呼。于是我走进去，站在六位老人面前。他们看起来非常老，比世间的任何人都要老——如同不朽的青山，亦如不灭的星斗。

最年长的那位又说："你这些来自世界各地的先祖们正在开会，他们把你叫来，是想教你一些东西。"他的声音很和善，可我却害怕得浑身发抖。因为我知道，他们不是一般的老人，而是世界的主宰者。其中，第一位主宰西方，第二位主宰北方，第三位主宰东方，第四位主宰南方，第五位主宰天空，第六位主宰大地。这些我都知道，所以我很害怕，直到第一位老人再次开口道："看看太阳落山的地方，这些雷霆般的生灵！你会从他们那里得到我的能量，他们会带你去看这个世界高高的孤立的中心，甚至带你到太阳持续照耀的地方。你在那里会明白这些的。"

当他说到"明白"时，我抬头张望，看到彩虹正在我的头顶上方跃动着五颜六色的光芒。

此时，他手里拿着一只木杯，里面盛满了水，水中是天空。

"拿着，"他说，"这水有起死回生的力量。现在，它是你的了。"

他又拿了一张弓："再拿着这个。它是摧毁的力量。这也是你的了。"

接着，他指着自己说："看好了，现在他是你的精灵了，因为你是他的肉体，他的名字叫作神鹰展翅。"

说完，他就地站起身，变得异常高大，朝着太阳下山的地方奔跑起来。突然，他变成了一匹黑马，然后停下来，转身看了看我。这匹马羸弱衰老，肋骨一根根突了出来。

这时，第二位先祖——北方的主宰者站起身。他拿着一株有魔力的仙草对我说："拿着，赶快去。"我接过来就朝黑马跑去。黑马立刻丰满起来，他很高兴，欢快地返回其座位，变成第一位坐在那里的先祖。

北方的主宰者又说道："勇敢一点，小兄弟，你将回到地上，使一个民族焕发活力，因为你所拥有的东西将会成为白色巨人羽翼的力量——具有净化功能的风。"说着，他高高地站起来，开始朝着北方跑去。当他转身看我的时候，他变成了一只白鹅。我环顾周围，发现西方的马儿都变成了雷鸟，而北方的马儿都变成了白鹅。第二位先祖唱起了这样两支歌：

消失了，

消失了，

雷鸟的民族正在消失。

消失了，

消失了，

白鹅的民族正在消失。

现在该第三位先祖说话了，他主宰着太阳持久照耀的地方。"勇敢一点，小兄弟，"他说，"他们将带你穿越大地！"说着，他指向启明星闪烁的地方，那里有两个人在启明星下方飞翔。"你将会从他们那里得到能量，"他继续说道，"他们会唤醒大地上一切有根、有腿、有翅膀的生灵。"说这话的时候，他手里拿着一个和平烟斗，上面停着一只带斑点的雄鹰。这只鹰看起来是活的，因为它站得很平稳，不停地拍打着翅膀，眼睛看着我。"有了这个烟斗，你就能走遍大地，并治愈一切疾病。"说着，他又指着一个浑身鲜红的人，这种颜色代表善良和丰裕。他指着那个人，那个人便倒地翻滚，变成了一只野牛。野牛站起来，向着东方的栗色马群飞奔而去，于是马儿们也变成了无数强壮的野牛。

接下来是第四位先祖说话，他主宰着人们经常面朝的方向——南方，一切生长的力量都来自那里。"小兄弟，"他说，"我们的亲人，你将会拥有来自东南西北四个方向的能量。看，我会给你一个民族赖以生存的中心，有了它，你就能拯救许多人。"我看到他手里拿着一根鲜红的树枝，它是活的，我看着它，它的顶端开始发芽，长出枝条，枝条上冒出许多树叶，它们沙沙作响，鸟儿开始在枝叶间歌唱。不一会儿，我想我在树荫下看到了环绕的村庄，以及一切或有根，或有腿，或有翅膀的生灵，他们都很快乐。"这根树枝将立足于这个民族的圆心，"这位先祖说，"它是一个民族依靠的拐杖，是民族的心脏。你要用你的力量让它枝繁叶茂。"

说着，他高高地站起来，开始朝着南方跑去，并变成了一只麋鹿。当他站在黄骠马群里时，马儿全都变成了麋鹿。

这时，第五位先祖开口了，他是其中最年长的老人，也是天空的精灵。"孩子，"他说，"我派人去请你，你真的来了。现在你会看到我的能量！"说着，他张开双臂，变成了一只带斑点的雄鹰，在我头顶盘旋着。"看，天空中所有的鸟儿都会朝你飞来，这些鸟儿和风以及星星就像一家人。你将会用我的能量穿越大地。"说着，雄鹰"嗖"地飞到我头顶上方，拍打着翅膀。立刻，天空中便充满了友好的鸟群，它们都朝着我飞来。

现在，我知道第六位先祖要说话了，他是大地的精灵。他已经非常老迈，比一般的老年人还要老：头发长而苍白，脸上布满皱纹，眼睛深陷无光。我凝视着他，他看上去好像似曾相识。在我注视他的时候，他慢慢地开始变化，变回年轻时的样子。最后，当他变成一个小男孩的时候，我知道他就是我自己，而他变化的这些时光都是我注定要经历的。他再次变回老人，说："孩子，勇敢一点，我所有的能量都将是你的，你会需要它的，因为你在大地上的族人将会遇到很大的麻烦。来吧。"

他站起来，蹒跚地走出彩虹门，当我跟出去时，我发现自己正骑在最初跟我说话，带我来到这里的那匹枣红马的背上。

* * *

我向下望去，只见大地在微弱的绿光中一片沉寂，山川以及山上所有的青草和动物们都敬畏地仰视着我。我所到之处，充满了鸟儿们受惊的叫声和振翅逃逸的声音。我是整个天空马队的首领。我回身望去，只见十二匹黑马全都跳跃着，奔腾着，咆哮着，回旋着鬃毛和尾巴，形成旋涡状的冰雹，鼻息似雷。我再次俯视大地，只见冰雹倾泻，风疾雨劲，所经之处，树木都深深地弓下腰去，群山黯然失色。

我们走着走着，大地逐渐明亮起来。我能看到下面的山脉和溪流江河。我们来到一个三条溪流汇集为大河的地方，那是法力之水的发源地。可此时那里的情况却很恶劣：火焰从水里蹿上来，里面有一个蓝色的人，蓝色的人所到之处灰尘弥漫，草儿枯黄矮小，树木萎蔫，两条腿和四条腿的生灵都奄奄一息地躺在地上，瘦得皮包骨头，长翅膀的生灵也全都无力飞翔。

面对此情此景，黑马骑士们怒喝一声："嘿！看招！"便冲着蓝色的人猛攻过去。可是不久，他们就败下阵来。接着是白马部队发起猛攻，可他们同样大败而归。再接着是红马部队、黄马部队，他们也都遭遇了同样的败局。

所有马队都败阵之后，他们齐声喊道："神鹰展翅！快！"顿时，天地间充满了各种声音，为我呐喊助威，于是我拍马冲了过去。我一手拿着神水之杯，一手拿着弓箭。当我和枣红马猛冲时，弓箭变成了长矛，矛头闪着锋利的光，它一下子便刺中了蓝色人的心脏。我听到雷声滚滚，无数声音为我欢呼："噢！噢！"这表明我已经杀死了蓝色人。很快，火焰熄灭了，花草树木也不再枯萎，而是快乐地私语着，一切生灵都尽情欢呼。四支骑兵部队冲上前去，对着蓝色人的尸体再补上一击，他立刻便现了原形：原来只是一只无害的乌龟而已。

乔·格林
北美洲/帕维奥佐族

乔·格林（Joe Green）是内华达州金字塔湖的帕维奥佐族印第安人，他富有智慧且心地善良。他曾做过一小段时间的萨满，但是后来失去了法力，因为他没有遵从他的灵物水獭托梦给他的指示。

据说帕维奥佐人的世界里充满了无生命的灵物，比如：自然界生物之灵物，生活在山中神圣洞穴里的灵物，风灵、雷灵、云灵，生活在湖泊或池塘里的水宝宝灵，水蛇灵，以及死去的人的灵魂。萨满与这个看不见的世界接触，从中获取法力，来治疗疾病或找到那些迷失的不附体的灵魂。所有的治疗都取决于对法力（puha）的操纵，因为法力正是萨满与自然界融通的标志。

乔·格林从水獭那里获得法力，他的父亲也是一名萨满，而水獭正是他父亲的灵物。正如寻常的帕维奥佐萨满一样，乔·格林是通过一系列梦境来获取法力的。

最初的梦是一首逼真的圣歌，唱着"飞离地面几英尺就可以了"[1]。后来，灵物水獭就出现在这位初学者的梦里，告诉他如何准备他最初的法力工具：一块装饰着鹰羽毛的水獭皮。正是由于对这块水獭皮操作失误，乔·格林生了病，随后失去了法力。[2]

夜晚其实有两个。第二个夜晚就在人们所能看见的夜晚背后，蕴藏在黑暗之中。它告诉萨满病人疼痛的部位和疾病的根源。当第二个夜晚来临时，萨满

---

[1] 威拉德·帕克：《北美西部的萨满教》，第24页。——原注
[2] 基于威拉德·帕克《北美西部的萨满教》的讨论。——原注

会感觉自己是医生，而正是这种力量使他成为医生。只有萨满才能看见这第二个夜晚，而常人只能看见黑暗，却看不到黑暗里蕴藏的另一个夜晚。

我就要成为医生了。我的父亲是医生，而我将会和他一样成为医生。在梦里，我听到一首歌，它来自北方，缭绕在地面之上仅仅几英尺的高度。这首歌我只在一个夜晚听到过，响了一整夜。这就是我第一个夜里所听到的全部。

之后，我在梦里看到一匹马从东方来。我一开始听到的时候，它在山的另一边，接着我看到它越过山脊，朝我跑来。跑到近处时，它围绕着我转了一大圈，然后就跑回去了。这匹马与我的法力没有任何联系。

我父亲以前是名医生，他从水獭那里获得法力，而我也得到了同样的法力。梦到那匹马之后，水獭就出现在我的梦里。它让我剥掉它的皮，从头顺着脊背一直剥到尾巴尖，连带眼睛和耳朵，然后切成四英寸宽的条状。接着它让我弄两根鹰尾上的羽毛，插在毛皮颈部的两个洞里，在里边用鹿皮系上，羽毛要平整地放在水獭皮有毛的那一面。它嘱咐我保存好水獭皮和羽毛，等到病人病得很重，难以治愈的时候再拿出来用。它说："如果疾病很严重，没有医生能治好，你就把皮毛从麻袋里拿出来放到自己面前，然后你就可以试着治病了。"我很乐意成为医生。当我治病的时候，水獭就为我唱歌。

* * *

在这片大地上，印第安人与树木、植物、动物和水共存，而萨满也正是从这些东西上获取法力的。他们有的从居住在山里的隼那里获取法力，也有的从鹰、水獭或者熊那里获取法力。在很久以前，所有的动物都是印第安原住民（它们会说话）。我想这就是动物们会帮助印第安人成为萨满的原因。

* * *

如果一名萨满是从水獭那里获取法力，这就意味着这种灵力来自众多的水獭。水獭头领会告诫这名萨满做一个好医生，而正是这个头领能使人成为萨满，普通人是看不见它的。它住在水里的某个地方，只有萨满才能看见它，并知道它在哪里。萨满会梦到水獭，不久之后他会知道水獭的所在之处。

* * *

在获得法力之后，我曾试着治了几次病。后来一天夜里，水獭再次来到我的梦中。它告诉我应该再弄一根鹰尾巴上的羽毛。它说："再弄一块像人脸四分之一大小的圆形的鲍鱼壳，把它固定在羽毛上。"正是从那以后，我糟蹋了我的法力。我曾一度觉得水獭皮太长了，从头到尾巴尖有四英尺那么长，于是我就把头部切掉,结果此后我就生病了。我最后一次梦到水獭就是在我生病期间,我只觉得头晕目眩,很难受。在梦里,我看到水獭跳到金字塔湖的上端,然后在沙漠里奔跑。那是我最后一次看到水獭。我不得不请了一位法术高强的萨满汤姆·米歇尔(Tom Mitchell)来给我治病。他诊断之后告诉我:"我发现你切掉了水獭的头,这就是你生病的原因。就因为你这么做,水獭才会跑掉。你再也见不到它了。你切掉了它的头,它什么都不知道了,而你现在就和它一样。"后来病好之后,我真的再也没有梦见水獭。如果当初我没有从水獭皮上切掉那一块,我现在就是一名医生了。

露丝·普拉莫尔
北美洲/帕维奥佐族

帕维奥佐人认为,不期而至的梦就是获得经验的地方,这对萨满获取法力来说至关重要。萨满知道,自己必须认真忠实地遵从赋予医者法力的灵物在梦中给自己的指示,否则,就会生病或者死亡。

露丝·普拉莫尔(Rosie Plummer)的父亲从他的萨满哥哥那里继承了法力,而露丝又从她的父亲那里继承了萨满这一职业。他们三个的灵物都是响尾蛇。和许多帕维奥佐萨满一样,露丝直到晚年才获得法力。五十多岁时,她一连做了三四个梦,梦里她的父亲指示她做一名萨满。之后,她就开始在梦中获取关于法力的经验。后来,响尾蛇出现在她的梦里,她认出这就是自己的灵物。

帕维奥佐人——狩猎者、渔猎者、采集者——曾流浪在内华达州西部和加利福尼亚州蜜湖谷地的半干旱地区。尽管他们传统的生活方式开始随着人口数量的减少和其保留地生活的限制而消失,但他们的神圣生活,尤其是对萨满主义的践行,却保留了下来。

露丝·普拉莫尔和她的女儿黛西·洛佩兹(Daisey Lopez)一起,住在内华达西部沃克湖地区印第安人保留地舒尔茨。[①]

我伯伯生命垂危的时候,让我父亲继承他的法力,因为他想让我父亲获得

[①] 基于威拉德·帕克《北美西部的萨满教》的讨论。——原注

法力成为医生。他告诉父亲，可以通过梦到法力，并以获取启示的方式来给人治病。第二天，伯伯就去世了。不久之后，父亲就开始做梦，我伯伯每天夜里都会出现在这些梦里，而且每次都以不同的方式出现。父亲并不喜欢这些梦，他担心他的哥哥是想把他带走（这样他就会死）。伯伯生前曾给父亲一小块铅，铅中间有个洞，里面装满了鹰的绒毛。父亲把铅和鹰的绒毛一起埋掉，后来他哥哥的灵魂就不再来困扰他了。这块铅和羽毛就代表着我伯伯的法力。从那之后，父亲成了一名法术高强的萨满。他的法力告诉他去捉响尾蛇，但响尾蛇并不咬他。伯伯告诉他，只要把山艾放在鼻孔里，蛇就不会伤害他。

响尾蛇曾是我伯伯的法力，后来成为我父亲的法力，现在响尾蛇也给了我法力。它进入父亲的梦里，这就是为什么父亲会治疗蛇咬伤。它让父亲去捉响尾蛇，拔下每条蛇的两颗毒牙，直到他拥有十颗毒牙。它又让父亲再弄十颗颜色像响尾蛇眼睛的带孔石头珠子。父亲把珠子和毒牙穿在一起，就用这串珠子来治疗响尾蛇的咬伤，同时还能治疗生病的人。

有时父亲去捉响尾蛇，并把它们缠在腰上。他习惯于这样带着响尾蛇骑马回家。有一次他把一条响尾蛇放到我身上，让我不要动。那条蛇在我全身爬来爬去，却并不咬我。父亲总是随身带着响尾蛇。

大约二十年前，父亲去世了。将近十五年之后，我大约五十岁的时候，父亲开始出现在我的梦里。他把自己的法力带给我，让我成为医生。我梦到他三四次，后来我相信自己会成为医生。不久我开始在梦中拥有法力，之后我就不再梦到父亲了。响尾蛇告诉我该怎么做，现在它帮助我给人治病。它进入我的梦里，有几次它让我去捉蛇，可我并没有这么做，但这并没有使我生病。

* * *

有的萨满从水宝宝那里获取法力，他们是唯一能与之对话的人。他们告诉其他人不要取笑水宝宝。这些萨满能够把水宝宝从湖泊里带出来。

水宝宝通过自身的法力来拥有生命，它们自我生成。有的水宝宝生活在水洼里，这些水洼永远不会干涸。人们把水宝宝叫作"水洼的呼吸"，因为在水宝宝生活的山里，总会有一缕凉风，它们能够召唤风，甚至是很强的风。风就是它们的呼吸。

在水宝宝居住的湖泊里，也有女性。她们长得很像水宝宝，同样拥有法力。巨蛇也生活在湖泊里，它们和水宝宝一样，也拥有强大的法力，而且它们会把法力赋予萨满。

奥特达鲁塔
格陵兰/因纽特族

北极探险者克努德·拉斯姆森是从一本几年前写的传教书里,第一次听说奥特达鲁塔(Autdaruta)的。他是格陵兰的一名因纽特萨满和著名的故事家,他的洗礼名叫克里斯丁(Christian)。据一名教士保存的日记记载,克里斯丁对他的基督教老师有着很奇特的影响:"有时我给克里斯丁授课的时候,会感到难以名状的焦虑。我觉得我面对的,是魔鬼撒旦的化身……今天,当我正要给异教徒授课的时候,我又被这种面对克里斯丁时的恐惧牢牢攫住。我不得不让他们等一会儿,而我自己则下到海滩上,独自一人向万能的上帝祷告,以坚定自己的信念。"[①]

就是这短短的几行字激起了拉斯姆森了解奥特达鲁塔的欲望。奥特达鲁塔不仅是一位巫师,是一位萨满,他年轻时还是个残忍的杀人犯。后来,由于惊骇于自己的行为,他内心充满了深深的恐惧和挥之不去的懊悔。

在和克里斯丁共处一段时间之后,拉斯姆森似乎赢得了克里斯丁的信任,但他仍然认为克里斯丁是个谜:"他的眼神总是让我困惑。我只记得……曾在一只受伤的驯鹿眼睛里见过这种胆怯绝望的神情……有时他的脸上会闪过一丝内心的扭曲,这让他像极了一只疲惫的驯服的野兽。"[②]

克里斯丁虽不愿提起他不光彩的杀人经历,却乐意与拉斯姆森分享自己受训练成为萨满期间那段令人惊异的经历。他讲述了自己如何遇到自己的辅助精灵,如何被训练成为一名萨满大师:他怎样反复地被一只熊所吞食,以及他是如何遇到火族人的。[③]

父亲去世的时候,我经常久久地在山里徘徊,因为我感到自己被孤零零地抛下了。当时正是景天一类植物如雨后春笋般发芽的季节,我把它们采集起来

[①] 克努德·拉斯姆森:《北极的民族》,第305页。——原注
[②] 克努德·拉斯姆森:《北极的民族》,第305页。——原注
[③] 基于克努德·拉斯姆森《北极的民族》的讨论,第305—309页。——原注

腌在鲸脂里，为过冬做准备。

一天，在岩石群的高处，我听到有人开始唱歌。我四处张望，却没看到任何人。

"可是为什么我会听到歌声呢？"我心里想着，然后就回家了。

第二天早上，天快亮的时候，我又来到山上，并听到了同样的歌声。有人开始唱歌了。"为什么这会发生在我身上？"我心想。就在这时，我看到两个人向我走来，他们是内陆居民。

"我们很替你惋惜，因为你是个孤儿，所以我们来帮助你。"他们说。于是他们成了最初帮助我的精灵。接着我开始成为萨满，但我并没有向任何人提起。第二年我们移居到南方，那正是小鸟飞回来的季节，我们和一位受人尊敬的萨满定居在一处。他已经直不起腰了，只有靠胳膊撑着大腿才能走路。他也不能独自带着皮艇上上下下了，所以那时我经常帮助他。

一天，他来到我家对我说："和我一起去东方旅行吧，我会教你一些东西。或许你会需要帮助，可怜的没有父亲的孩子。"

于是我们一起出发了。路上，他说出他要把我培养成一位伟大萨满的方式。我们划着皮艇，沿着峡湾逆流而上，在接近一个洞穴时，他脱掉衣服，爬了进去。他让我认真观察接下来发生的事情。于是我在不远处藏好，躺下来等着。不一会儿，我看到一只大熊从水里游过来，爬上岸，慢慢接近萨满，然后扑到他身上，一点点地把他撕咬成碎片，最后吃了下去。

接着大熊又把他吐出来，跳进水里游走了。

我走进洞穴时，看到老人躺在地上呻吟。他非常疲惫，却还能自己划着皮艇回去。在回家的路上，他告诉我，每次当他被熊活吞的时候，他都能获得比帮助自己的精灵更强的法力。

一段时间后，他再次带我踏上旅途，这次很有可能是我自己被熊吃掉。不管我想得到什么好处，这都是必需的。我们划着皮艇来到那个洞穴，老人让我脱掉衣服。并不否认，想到自己要被熊生吞时，我感觉有些不舒服。

我躺在那儿，不一会儿，我听到熊来了。它向我发起攻击，一点点一块块地把我撕咬成碎片。但是很奇怪，我一点都不觉得痛，只有当它咬我心脏的时候，我才感到剧烈的疼痛。

从那天起，我感觉到我控制了自己的辅助精灵，而且拥有了许多新的辅助精灵。再也没有危险可以威胁到我，因为我总是受到保护。

有一次，我划着皮艇到很远的海域捕猎海豹，拖着一只巨大的有须的海豹划回岸边。我慢慢地向前划，丝毫没有意识到危险。海面上安静极了。突然，我发现自己被许多皮艇包围，一只因纽特人的木架皮舟向我划来。

"这个人和筏子上这只长须的海豹我们都要！"他们喊着，立刻停靠在我的皮艇旁边，开始动手解拖着海豹的绳子。

我把桨放下，只等着接下来发生的事情，因为我不可能独自一人对付这么多人。

突然，这些奇怪的皮艇中间出现了一阵巨大的骚动。他们属于火族人，据说他们生活在海洋和陆地之间的国度。

这些火族人开始四散奔逃，我试图弄清楚发生了什么事，这时我看到他们正被一只外形奇特的皮艇追赶。那只皮艇的船头就像一张巨大的嘴，始终一张一合，要是这些人不赶快跑掉，就会一下子被切成两半。我想这些人和他们的皮艇应该都沉入海底了吧，因为他们一下子就都不见了。我想这就是火族人的特性吧，他们来得突然，去得也同样迅速。

后来那个驾龙头船的人回到我旁边，告诉我其实他也是火族人，但是他知道我是一位伟大的萨满，所以他才帮助我。从那之后，他成了我的辅助精灵。

后来，我在火族人当中拥有了许许多多的辅助精灵，他们常常给我提供很大的帮助，尤其是当我遇到风暴或者恶劣天气的时候。后来我决定踏上征程，去西海岸接受基督教的洗礼。他们出现在我面前，竭力劝我不要去。但我最终还是去了。以后，他们就再也没有出现在我面前，因为我去洗礼背叛了他们。

萨尼姆纳克
因纽特/安格玛撒利克族

古斯塔夫·霍尔姆在1884年和1885年访问了格陵兰安格玛撒利克族因纽特人。在那里，他遇到了萨尼姆纳克（Sanimuinak），其成为巫医（萨满）的训练虽然艰巨又能激发幻象，但其中也不乏一些幽默之处。萨满的精灵助手包括一个海怪（有着像剪刀一样的两个小爪子）和两个身材矮小的男人。其中一个人的手又黑又长，穿着白色长袍，另一个人有着尖尖的脑袋，哭起来像个小孩。还有一只吃人的熊，它也陪伴着萨尼姆纳克。

只有安格玛撒利克的萨满才能看见他的精灵助手，也只有他能跟他们交流。在接近精灵世界之前，年长的萨满收萨满初学者为徒，教他们如何与精灵世界进行交流。学徒生涯可以持续十年。开始的三至四年用来练习接触并收集精灵助手们（tartoks）。有很多各种各样的实体存在。精灵助手在他们的萨满主人的命令下可以控制一些小神，劫持一个熟睡的、生病的或者受伤的人的灵魂，或者找回病危之人的灵魂。比如，英厄苏克（Inersuaks）是深水的精灵，他们协助萨满让海洋动物接近海岸。提莫塞克（Timerseks）则专门偷窃灵魂。阿莫特托克（Amortortoks）作为萨满作法时的预言家，有着又黑又长的胳膊，与之靠近非常危险，接触过他们的人都会变黑死去。安加特托克（Ungatortoks），像阿莫特托克一样，走路步子很重，哭起来像个小孩。①

在安格玛撒利克人里，所有的萨满都不可避免要被一只巫医熊（angakok bear）所吞食。虽然个头要比一般的熊大很多，但这只萨满巨兽却很瘦，以至于它所有的肋骨都看得清。在萨满学徒的试用期快要结束的时候，巫医熊会彻底吃掉他，把他整个吞下去，然后再一根根骨头地反刍。肢解之后的萨满会被重新拼装起来，并被赋予新的皮肉。②

在漫长的学徒生涯中，未来的萨满必须观察到一些禁忌。比如：他必须有一个严格的饮食规则，最重要的是不能吃动物的肠子；有关铁器一类的工作也是不允许的；但最最重要的是，初学者不能向任何人透露他修炼萨满这件事。③

当我还是一个小男孩的时候，我曾做了一架雪橇。就因为这个，我妈妈用雪橇的主干打我。于是我下决心成为一名萨满。

那时我们住在乌米维克，之前住在诺思特。后来，我去了诺思特的一个山的裂缝处，面朝着日出的方向。裂缝之间有一大块石头，还有一块在顶端。我开始在下面的石头上摩擦上面的那块石头，直到我的手都软了。这时候我听到裂缝深处有个声音在叫我，但是我却听不懂。因为恐惧，我说不出话来，肠子都蹦到了嗓子眼。当那个声音消失的时候，我的肠子才慢慢落下，但是我却没有力气回家了。从那以后我再也不吃肠、心，也不吃海獭的肝，不做铁匠之类

---

① 古斯塔夫·霍尔姆：《安格玛撒利克族爱斯基摩人的民族学梗概》，第88页。——原注
② 古斯塔夫·霍尔姆：《安格玛撒利克族爱斯基摩人的民族学梗概》，第88—89页。——原注
③ 古斯塔夫·霍尔姆：《安格玛撒利克族爱斯基摩人的民族学梗概》，第89页。——原注

的活儿。

  第二天我又去了那个大裂缝，把两块石头互相摩擦，就像前一天一样。再一次，我听到那个声音从裂缝深处传出来，我的肠子和心脏都跳到了嗓子眼，深深地陷入最可怕的痛苦中。接下来的日子就像这样，一直痛苦着。但是这次我听到那个声音说："我能上来吗？"我害怕得说不出话来，但我还是回答了："好的，上来吧。"石头分开了，一个长着剪刀一样的大手爪的海怪出现了，看着日出。他的爪子比海里能看到的所有生物的爪子都大得多。① 后来海怪消失了，我也回了家。这是我的第一个精灵。冬天渐渐结束，春天又来了。我又去了同一个地方摩擦那些石头。当我筋疲力尽，没有力气再继续的时候，石头就自己转动着，像太阳一样。有一个小人儿从地下出现了，他也看着日出。他有正常人一半高，裹在白色的袍子里，有着黑色的臂膀。他的头发是卷的，手里拿着一个木制的工具，是用来抓大马哈鱼的。我失去了知觉，当我苏醒时，那个人已经走了。他便是我萨满生涯中的第二个精灵。

  接下来的一年，我去了一个地方，那里的一个小湖后面有一条小溪。一个长着尖尖的秃头的小人儿从溪流里出来，像个小孩一样哭着："呜嘎，呜嘎！"他是我的第三个精灵。

  下一年，我回到内地的塔苏萨克（Tasiusak）。在这里，我把一个石头投进水里，随即引起了巨大的骚动，就像海里的风暴一样。当巨浪猛烈冲撞时，它们的浪尖都变平了，而当它们分开时，一只巨大的熊出现了。

  它有一只又大又黑的鼻子，它游上岸来，把鼻子搁在地上，然后把一只爪子搭在沙滩上，沙滩因为它的体重陷下去。它走上沙滩来，围着我转悠，击打我的腰部，然后吃了我。一开始我感觉到疼痛，但随后就渐渐没了感觉。在心脏还没有被吃掉的时候，我恢复了知觉。但是，当它击打我的心脏的时候，我又失去了知觉，然后死掉了。

  当我再次醒来的时候，那只大熊已经不见了。我疲倦地一丝不挂地躺在湖边的那个地方。我走向海里，只走了一点，就听见好像有人追着我跑。原来是我的马裤和靴子在跑，不一会儿，它们就超过了我，并且倒在了地上。然后我就穿上了它们。不一会儿，我又听见有东西在我后面跑，原来是我的袍子。它超过我的时候，掉在了地上，我又穿上了它。我顺着河岸看去，只见有两个小人儿，个头就像一只手那么大。其中的一个带着一个叫阿冒特（amaut）的容

---

① 萨尼姆纳克表示他看到的海怪有一只大手（或一只螃蟹）那么大。——原注

器，里面有一个小孩。于是，那只大熊和这三个小人儿，全都成了我的精灵。

一次，我站在乌米维克的海岸边，看见三只皮船驶向这里，拉着一只独角鲸。当船上的人们上岸时，三只皮船像三只黑色的海雀一样飞向天空，独角鲸则像鳕鱼一样沉入海中。

在皮克德莱克（Pikiutdlek），我又得到两个精灵：一个叫科威泰克，像一个新生的婴儿，尖声叫着："安咖，安咖！"另一个叫阿穆托克，他总是大声叫着："阿莫，阿莫！"他们都是阴影的精灵。阿穆托克来自南方，跟卡丹路那克说话口音一样。也是在塔斯尤萨克，我遇见了一个尖头的没有头发的精灵。

一次，我看见托纳萨克，他弯腰坐着，背向着我这边，两手抓着他的隐私部位。我跃向他的背，然后就失去了知觉。当我再次醒来时，我躺在一个大石头上。

奥 阿

因纽特/伊格鲁利克族

北极探险家克努德·拉斯姆森[1]生动地描写了他与伊格鲁利克族萨满奥阿见面的场景：

1月27日天气很好，但却很冷。旅行结束的时候星光满天，我们那一天过得很累很漫长，最想做的就是能找到一个歇脚的住处，而不是要我们亲手去搭建住所。

突然，黑暗中冲出一队我见过的最大的雪橇队。十五条白色的狗在前面疾驰，六个人坐在雪橇上。他们急速靠近我们，以至于我们能感受到他们飞驰带来的那阵风。一个长着大胡子的人完全被冰所覆盖，他跳出来，伸出手朝我走来。犹豫了一下，他指着一些覆着雪的小房子。他的真诚的眼睛闪着活力，说着一些响亮的问候的话："谢谢来访的客人。"

这就是奥阿，那个萨满。[2]

不久，拉斯姆森发现他进入了一个复杂但是构造特别精良的雪屋里。住在这个裸露的多重结构的房子里的，就是这个大家庭里毫无争

---

[1] 克努德·拉斯姆森：《跨越极地美洲》，第21页。——原注
[2] 克努德·拉斯姆森：《跨越极地美洲》，第21页。——原注

议的首领——天才奥阿，一个善良、热情、幽默、有着很多技能的精神领袖。

奥阿诗学和哲学方面的能力可以与惠乔尔人的萨满雷蒙·梅迪纳·席尔瓦相媲美。他关于死亡本质、转世的存在、灵魂的描述以及宇宙起源的见解都非常深奥。他关于神学、宇宙学和来世论的知识非常广泛。他在诗学比喻方面的天赋特别强大。拉斯姆森写道："奥阿有着非常清晰的思路和无比强大的表达自我的能力。"[1]

关于死亡，他告诉拉斯姆森：

死亡降临于生命的方式是非常神秘的，甚至比死亡本身还要神秘……

我们不能准确地知道有关死亡的事情，就像和我们一起生活的人突然死去，有的是变老变衰弱，以一种自然的可以理解的方式，而有的却神秘死去，因为跟他们生活在一起的我们不知道他们到底为何而死，因为我们只知道他们想要快乐的生活。但就是这点让死亡变得神秘。死亡可以决定我们在这个赖以生存的地球上生活的长度，死亡把我们带到另一个世界，那个只有从萨满口中得知的世界。我们知道人随着年龄的增长会衰老、生病、出意外或者被他人所杀。所有这些我们都知道，是某些东西被打断了。我们所不明白的是，死亡降临时一个人身上所发生的改变。那个在我们身边的人，跟我们一样生活，一样有温度，一样讲话，却突然被夺去了力量，从而变得冰冷、僵硬乃至腐烂。所以当一个人失去他的灵魂或失去部分灵魂时，我们说他生病了。有人相信一个人有好几个灵魂。如果那时那个人的生命力量没有及时恢复，他就会死掉。所以当灵魂离开一个人的时候，他就死了。[2]

* * *

我们的生命，不管是短是长，快乐或者凄苦，当它突然停止，就意味着我们不复存在了。这是多么地不可理解和没有道理。我们听到的关于灵魂的事情告诉我们，人类或者野兽的生命不会因死亡而停止。在生命最后一刻的最后一口呼吸，那还不是结尾。我们会再次拥有意识，再次清醒，所有这些都是由灵魂的中介作用完成的。因此，我们

---

[1] 克努德·拉斯姆森：《伊格鲁利克爱斯基摩人的知识文化》，第56页。——原注
[2] 克努德·拉斯姆森：《伊格鲁利克爱斯基摩人的知识文化》，第92—93页。——原注

认为灵魂是最伟大的和最难以理解的。[1]

奥阿关于生命和死亡的知识和他作为一个萨满的使命是被一个叫阿德如克的萨满所预知的。她在奥阿出生前后照顾过他的妈妈。怀孕是危险的,奥阿出生时被脐带缠住了脖子。阿德如克说:"他的出生注定着死亡,可是他将活下去。"[2]

很多年来,奥阿和他的家人必须严格遵守禁忌以便保护他的生命。即使这样,他要成为一个萨满的努力却失败了。最后,奥阿陷入一种可怕的混乱,然而正是他的痛苦把他带到了极乐和豁达的状态。在他的痛苦遭遇中,他得到了"头脑和身体的萨满之光"[3],是它把他的精灵助手吸引过来的。

我在妈妈的子宫里还是一个未出生的婴儿,人们焦急又同情地询问着我的情况。我妈妈之前怀过的胎位不正的孩子都在出生时就死了。当我妈妈意识到她又怀孕时,那个孩子便是我了,于是她对邻居们说:"现在我又有了一个孩子,一个不会成为真正的人类的孩子。"

所有人都对此感到遗憾和同情,一个叫阿德如克的女人,也是一位萨满,那天晚上召唤她的精灵助手们去帮助我的妈妈。第二天早上,我似乎长大了,但却对我没有一点好处。因为阿德如克忘记了在她召唤精灵助手那天是不能干活的,然而她补了一个垫子的窟窿。这次的违背禁忌立刻对我产生了作用:我妈妈感觉到之前的那种阵痛,我胡乱地踢着挣扎着好像要从她的身体里出来。有一次精灵助手的召唤帮了我和妈妈(这次遵守了所有的训诫)。

但是有一天,我爸爸在出去打猎前变得生气和烦躁,为了让他冷静下来,我妈妈去帮他把狗套在雪橇上。她忘了在这种情况下,任何劳动都是禁忌。她还没有拿起缰绳把一只狗的爪子套进去,我就开始胡踢乱蹬想从她肚子里出来。这一次我们仍需要找萨满帮忙。

老人们说我对禁忌的强烈反应说明我将来肯定是一个很好的萨满。但同时,在我出生前任何危险和不幸都有可能发生。

有一次,我爸爸抓到了一只怀着身孕的海象,他当时没有意识到我妈妈还

---

[1] 克努德·拉斯姆森:《伊格鲁利克爱斯基摩人的知识文化》,第60—61页。——原注
[2] 克努德·拉斯姆森:《伊格鲁利克爱斯基摩人的知识文化》,第117页。——原注
[3] 克努德·拉斯姆森:《伊格鲁利克爱斯基摩人的知识文化》,第119页。——原注

怀着孩子，就开始用刀切开那只海象，于是我又开始在妈妈的子宫里面挣扎，这次特别用劲。但是，我出生了，却失去了所有的生气。我躺在那里死去，像石头一样。脐带缠在我的脖子上，使我窒息。人们很快叫来了住在另一个村子的阿德如克，一个特制的小草屋也为我妈妈搭建起来。阿德如克来到我家时，看到我的眼珠都快要蹦出来了。她用乌鸦皮擦掉我身上沾着的妈妈的血，再用那皮为我做了一件小小的外套。

她说："他的出生注定着死亡，可是他将活下去。"

于是，阿德如克和我妈妈待在一起，直到我有了一点生气。妈妈的饮食被严格控制，也必须遵守严格的禁忌。比如说，如果她吃了一点海象的肉，那么海象就会成为其他所有人的禁忌；海豹或者北美驯鹿也不行。她必须有专门的锅，其他人不可以共用。不能有女人去探视她，男人可以。我的衣服是特别制作的样式；我的汗毛不能朝上或者朝下，而只能横贴在我的皮肤上。因此我住在出生时的那个小草屋里，对外界的关怀一无所知。

有整整一年的时间，我和妈妈都独自生活着，只有爸爸时不时地前来探望。他是一个伟大的猎手，总是外出打猎。但尽管这样，他从来不被允许磨快他的刀；一旦磨刀，他的手就会肿起来，而且我也会生病。在我出生后一年，我们被允许有另外一个人陪伴。她是一个女人，她自己也必须非常小心。当她出去的时候，她（必须）戴上头巾，光脚穿上靴子，并且用一只手提起她的毛皮大衣的后摆。

在我妈妈被准许拜访别人的时候，我已经长成一个大男孩了，所有人都迫切想要见她。她被邀请到所有其他人的家里。但是她停留的时间太长了，精灵们不喜欢有小孩子的女人在外逗留太久，他们会这样报复：她的头皮会脱落。我那时还不懂事，在她回家的路上，我用我的小拳头捶打她，在她的背上撒尿。

要成为熟练的猎手或是好的萨满，就不能在拜访陌生家庭时停留太久，妇女也不能把孩子放在兜帽里。

最后，我终于足够大，可以和大人们一起去岩洞里抓海豹。那天，我用鱼叉叉住了我的第一只海豹。我爸爸必须裸着上半身躺在冰面上。那只我抓到的海豹还活着的时候，被拖拽着越过他的身体。只有男人才被允许吃我抓到的第一只海豹，而且必须吃得一点不剩。它的皮和头被放在冰上，这样，我以后就可以抓到同样的海豹。三天三夜，吃过它的男人都不能出去打猎，或者做其他任何工作。

我抓到的下一只动物是北美驯鹿。我被严格禁止用枪，必须用弓箭杀死猎物。也只有男人才能吃这只驯鹿，女人则一概不能碰。

随着时间的流逝，我长大了，并且足够强壮可以去猎杀海象。那天我叉住了第一只海象，我爸爸高声喊着他认识的村民："我们现在有足够的食物了！"

海象被活拖到地上，还没到岸上就被杀死了。我妈妈在鱼叉拔出来之前，已经把叉线绑在她的身上，准备切开海象。杀了这只海象以后，我就被允许吃以前禁止吃的美味，甚至是脏器，现在妇女们（只要她们没有怀孕或者是刚生产）也被允许吃我抓到的动物。只有我妈妈仍然要特别小心，当她有缝纫的活儿时，就得去特制的草屋里做。我是以一个小精灵的名字命名的：奥阿。据说，为了不冒犯这位精灵，我妈妈必须对一切事情特别小心。它是我的守护精灵，它认真看护我不做任何触犯禁忌的事情。比如，从不允许我留在晚上年轻妇女会脱衣服的雪屋里。而且我在的时候，女人不能绾起头发。

甚至在我结婚后很长一段时间里，我的猎物仍然要遵循严格的禁忌。如果我们附近有带着婴儿的妇女，我妻子就只能吃我捕的猎物，而且其他女人不能吃我妻子吃的猎物之肉，不管是什么猎物。任何妇女都不能吃我捕的任何一只海象的内脏，尽管它们确实很好吃，并且这个禁令一直持续到我有了四个孩子的时候。直到我变老了，阿德如克附加在我身上让我生存的那些清规戒律才终于要取消了。

一切事情对于我来说都是提前安排好的，甚至在我没出生的时候就开始了。尽管如此，我努力地借着别人的帮助想成为一名萨满，却没有成功。我拜访了很多著名的萨满，而且给予他们礼物，那些礼物最后又被他们送给了别人；因为如果他们保存着那些礼物，他们或他们的孩子可能会死。他们相信这个，因为我的妻子曾经在生产的时候遇到极大的危险。然后我追求孤独，变得特别阴郁。我有时候会突然哭起来，而且无缘无故地不开心。然后不知道为什么，所有的事情都变了，我感受到一种难以名状的开心。这种感觉是如此强烈，以至于我无法控制自己，从而唱起歌来，这首歌只有一个词，那就是"快乐"。而且我必须用尽我声音的极限。然后，就是在这样一种神秘而又狂喜的状态之中，我成了一名萨满。不知道自己怎么做到的，反正我就是做到了。我可以用一种全新的方式去看，去听。我得到了萨满头脑和身体的双重光明——我不仅可以看透生命的黑暗，而且光明也会由我发散出去。这对于人类来说是无法察觉的，但是对于陆地上、天空中和海洋里的精灵来说，是确实可以看见的。而且他们都来到我身边，变成了我的精灵助手。

我的第一个精灵助手是一个跟我同名的小奥阿。当她来到我身边时，屋子的通道和房顶好像都提升起来了，我感受到一个强烈的幻象，我可以看穿房子、土地还有天空。是小奥阿带给我内在的光明，在我唱歌时环绕在我的头顶。然后她降落在走廊的一处。别人都看不见她，而她却时刻准备听候我的召唤。

奥阿是一个小精灵，一个女人，住在海边。那里有很多海岸精灵。她们戴着一条尖尖的头巾奔跑；她们的裤子都反常地短，是用熊皮做的；她们穿着黑色长靴和海獭皮毛做的衣服；她们的脚都是扭曲地向上，而且她们看起来光用脚后跟走路；她们的大拇指总是弯着朝向手掌；她们的胳膊和手一起高举起来，不断地抚摸着头。当有人召唤她们时，她们很开心，很明朗，就像大部分甜美的活的布娃娃一样。她们的身高还没有人类的胳膊那么长。

我的第二个精灵助手是一条鲨鱼。一天当我乘皮艇出游时，它向我游过来，静静地躺在一边轻念着我的名字。我完全震惊了，因为我还从来没有见过鲨鱼，它们在这片水域里很少见。之后它就帮助我打猎，而且在我需要它的时候总会在我身边。他们两个，海岸精灵和鲨鱼，是我的主要精灵，他们可以帮助我做任何我希望的事情。我经常唱的那首召唤他们的歌只有几句歌词，是这样的：

开心，开心，

快乐，快乐！

我看见一只小小的海岸精灵，

一个小奥阿，

我自己也叫奥阿，

和她同名，

开心，快乐！

我一直不停地重复这些词语，直到哭出来，陷入极大的恐惧。然后我会全身战栗，喊着："啊，开心啊，现在我要回家了，快乐啊！"

有一次我把一个儿子弄丢了，我感觉我永远也不能离开我弄丢他的那个地方。我就像一个大山精灵，害怕人类。我们在内地待了很长时间，我的精灵助手抛弃了我，因为他们不愿意看到人类沉浸于悲伤之中。但是有一天，欢快的歌曲又突然响起，非常意外。我又一次感受到对同胞的渴望，我的精灵助手回到我身边，我又找回了自己。

戈尔德萨满

西伯利亚/戈尔德族

我们不知道这个萨满的名字，尽管和俄国的人类学家列夫·阿克乐维奇·施特博格（Lev Iakovlevich Shternberg）在 20 世纪初的访谈看起来在每个方面都很完善。施特博格收集了他在南方通古斯人的戈尔德部落遇到的第一位萨满的资料,资料提供了很有益的例子,至少说明了在西伯利亚萨满是如何被挑选出来的。

施特博格说:"所有的戈尔德部落的萨满都被提供萨满服务——一个特殊的精灵给予他们爱,并且跟他们住在一起。"①根据实地考察和科学研究,他总结说,这种情况适用于所有西伯利亚的萨满。祖先向导发挥了一个媒介的作用,引领着萨满的灵魂走向天国,在那里他们会被介绍给"各种女性和诸神的女儿"。继而,一种神圣的婚姻(a divine marriage)会在神祇和精灵的世界与人类世界之间达成,从而建构起两界间的纽带。②

例如,在特留特人(Teleuts)当中,就会展开新萨满和他的精灵助手之间的爱情故事。精灵的热情吸引着他:"听说你一个月前来到这里,我用金盘子为你准备食物,在你来的前一天我把食物放在银盘子里。哦,我亲爱的人,我亲爱的萨满!我们一起坐在桌子旁边,食物都是放在银盘子里面;我们会坐在银桌子边,分享那些盛在金盘子里的食物。"③

他所叙述的戈尔德族萨满,虽然一开始对阿雅米(ayami)④的靠近很恐惧,然而不久他就会发现他在身体和精神上都已经跟她结合了。⑤

我的祖先生活在乌米勒(Urmil)村,该村距离查巴鲁夫斯克(Chabarovsk)十五俄里⑥。他们的基因据说已经跟下游阿穆尔河的人们融合了。很久以前,我们是阿伊努人(Ainu)⑦。老人们都说在很多代以前,我所在的部落有三位伟大的萨满。在我所知道的祖先当中,没有萨满。我父母都很健康。我现在四十岁了,已婚,但还没有孩子。二十岁的时候我身体还很好,后来就生病了。症状

---

① 列夫·阿克乐维奇·施特博格:《萨满教和宗教选举》,第75页。——原注
② 列夫·阿克乐维奇·施特博格:《萨满教和宗教选举》,第75页。——原注
③ 列夫·阿克乐维奇·施特博格:《萨满教和宗教选举》,第77页。——原注
④ 阿雅米,西伯利亚本土信仰中的女性精灵。——译注
⑤ 基于列夫·阿克乐维奇·施特博格《萨满教和宗教选举》的讨论,第61—85页。——原注
⑥ 1俄里≈1.0668千米。——编者注
⑦ 阿伊努人,又称虾夷人,日本的少数民族,主要分布在北海道,少量分布在俄罗斯西伯利亚地区,属于蒙古人种和澳大利亚人种的混合类型,也是约两万年前登陆日本的早期人群。——译注

就是浑身难受，还患有很严重的头疼病。萨满们尝试着医治我，却没有见效。当我自己成为萨满时，我的身体才逐渐恢复健康。我成为一名萨满已经十年了，一开始我只为我一个人练习。三年前我才开始医治其他人。一个萨满的练习非常非常劳累，比砍伐大树还要艰难，但是我不得不这样做。

有一次我生病躺在床上，一个精灵靠近我。她是一个非常美丽的女人，身材特别好，她的身高仅有三十五六厘米。她的面容和衣服都特别像我们戈尔德部落的女人。她的黑色头发，一缕缕垂到肩头。其他的萨满说他们曾在幻象中看到一个女人，一边脸是黑色的，而另外一边脸是红色的。她说："我是你祖先们的（精灵助手）阿雅米。他们是萨满。我教会他们做萨满的法事。现在我要开始教你。老萨满们已经不在人世，现在没有人能够给人们治病救命。你将要成为一名萨满。"

接着她又说："我爱你，我现在没有丈夫，你将成为我的丈夫，而我也将成为你的妻子。我将给你精灵助手。他们会帮助你治愈你的病，我也将亲自教你和帮助你。人们也将给我们食物。"

我感到很沮丧，正想要拒绝，她又说："如果你不顺从我，将对你不利，我会杀了你。"

她从那时就开始跟我在一起，我和她睡在一起，就像和自己的妻子睡在一起一样，但是我们没有孩子。她没有亲人，一个人住在山上的小房子里，但是时常更换住所。有时她变身成一个老女人前来找我，有时则变成一只狼，那样的话她看上去很可怕。有时候她是一只有翅膀的老虎。我骑上这只飞虎，她带着我俯瞰不同的乡野景致，我看见群山，那里只有老年男女居住。我还看到一些村子，住的都是年轻人，男男女女看起来都像戈尔德部落的人，也说那里的话。有时候那些人会变成老虎。现在，我的阿雅米不像以前那样经常来看望我，以前她教我的时候每天晚上都来。她给了我三个精灵助手——*jarga* 是一只豹子，*doonto* 是一只熊，还有 *amba*，一只老虎。它们在我梦中出现，也在我做萨满法事召唤它们的时候出现。如果它们中有一个拒绝前来，阿雅米就会让它顺从。但是听说有一些甚至连阿雅米的话都不听。当我作法的时候，阿雅米和精灵助手们就附体在我身上：不管是大是小，他们都能穿透我，就像烟和水蒸气一样。阿雅米在我体内的时候，就通过我的嘴说话，还通过我做其他任何事情。当我吃祭品和喝猪血（猪血是只供萨满饮用的，其他人禁止接触）的时候，那不是真正的我本人在吃喝，而是阿雅米独自在享用。我也关心我的精灵助手们的需要，但是我只给他们投一些肉和稀粥，他们自己会捡起来吃。你见过萨满为死者举行的隆重的悼念仪式吗？一个人怎么会喝这么多伏特加？阿雅米把它喝光了。要有人专门负责给她和精灵助手提供食物。如果没有，他们就会责怪你："我们帮助你治病救人，而你们在回报我们时显得那么小气。"然后你必须杀一头猪。你的病人们都要帮忙为他们准备食物。当病人康复时，他们还会拿来一些钱、伏特加和一头猪。然后我走出小屋子，到处去做萨满法事。然后杀一头猪，把猪血装在一个特殊的瓶子里，把猪肉煮熟。晚上我穿上萨满服，召唤这些精灵，把食物都拿出来给他们吃。猪血我自己喝，食物和酒我会分给大家。精灵们都很满意。

萨满的级别可以划分为三种：第一级是色库（*siurku*）萨满——只知道怎么治愈疾病；第二级是内曼体（*nyemanti*）萨满——主持悼念仪式活动①；最高等级的萨满是卡萨提（*kassati*）萨满——他把死者的灵魂带到另外一个世界。这一切都是阿雅米教给他们的。但也有的萨满终其一生都没有能够成为一名卡萨提萨满。对于我来说，阿雅米只是教我如何治愈疾病。我不知道自己是否会成为一名最伟大的萨满。阿雅米教我如何为自己做一件萨满服，要画些什么东西在上面。但是现在她只允许我穿一件围裙。她还让我做一个鼓，在那之前我在作法的时候还曾经借用鼓。她还没教我如何做一个萨满的神棍。这还太早，大家得看看我将来会成为什么样的人。还有很多事情要做。然后她教我制作我的精灵助手的形象，并把精灵的形象戴在我的脖子上。完成这些形象制作后，就像阿雅米之前吩咐的那样，我还把他们挂在墙上，并给他们供奉食物，为他们上香。然后我开始打鼓，召唤精灵们进入这些形象里面，他们便听从我的召唤。

* * *

每一个萨满都有一个阿雅米。如果没有的话，什么样的精灵会来到他身边呢？阿雅米是萨满的老师，就像他个人的保护神一样。男人的阿雅米总是一位女性，而女人的阿雅米就是男性，因为他们就像夫妻一样。有些萨满睡觉时会有他所有的精灵助手相伴，就像和一个女人一样。有一位很高级别的女萨满，她没有丈夫，独自生活。不过她有很多精灵佣人，她与他们都睡在一起。据说有一位男性萨满的阿雅米也是男性，我还没有见过这样的萨满。不过，阿雅米是各种各样的，有的会欺骗人类。她们来到一个男人身边，劝告他成为一名萨满，送给他很多精灵。她还和他睡在一起，然后会突然消失，再也不会出现。除此之外，她还会给他留下病患。但那些不是真正的阿雅米，她们只是一些安

---

① 在病人死去之后一天或两天为其招魂的特殊仪式。——原注

巴斯（ambas），也就是邪恶的精灵。没有阿雅米就没有神。阿班索虎王、杜塔熊王和扎噶豹子都有强大的阿雅米，给他们提供能量。只是他们的阿雅米是非常特殊的，不同于一般萨满的。那些阿雅米对于人来说比诸神更可怕，比如说，他们会被派去偷灵魂。

坦科里
澳大利亚/库耐族

坦科里（Tankli）是澳大利亚原住民布拉塔乌氏族的库耐族人（Kurnai），他通过启蒙仪式上的三个梦获得能量，成为当地的一名巫医。在三次梦幻机会中，他父亲祖先的鬼魂降临，帮助他获得了一个萨满的知识和能量。在梦的最后，坦科里利用鲸鱼肌腱做成的绳子，去地下的冥界走了一趟。就像印第安人的惠乔尔族第一次去委瑞库塔，即佩奥特仙人掌圣地一样，那里的新入教者，在跨过我们的世界和天国之间的门槛时被蒙着眼睛，坦科里在他的阴阳两界的穿越之旅中，穿过发出碰撞声音的石头通道时，也是被蒙着眼睛的。

虽然坦科里在启蒙仪式的梦幻之后变成了一名萨满，但是他一开始喝酒之后，就无法掌控他的能量了。一天夜里，他梦见他的妻子向他扔月经血，而他的魔力水晶球也从他的药盒里消失了。他无力找回自己的法力，此后他再也没有做过这样的梦。①

当我长成一个大孩子，逐渐长胡须的时候，我在阿波顿跟朋友露营，班吉·沃兰和其他人也在那里。我做了很多关于我父亲的梦，三次梦见了同样的事情。第一次和第二次，他和他弟弟还有一些老人把我装扮起来，把鸟的羽毛戴在我的脖子上。第二次，他们全都涂着赭色，穿着一种特制的短裙②。第三次，他们在我的脖子上和腰上绑上用鲸鱼肌腱做的绳子，把我挂在上面，带着我越过因雷特海角（Corner Inlet）上方的天空，让我降落在依如克（Yiruk），在一块大石头的前面，也像在房子的前面。我注意到石头上好像有一个开口。我父亲蒙住我的眼睛然后带我走进石头缝里。我知道这些，是因为我听见了石头

---

① 基于 A. W. 豪伊特《澳大利亚东南部的土著部落》的讨论，第408—410页。——原注
② 原文指一种男人穿在身前的短裙，裙后有绳可系在腰间当腰带。——原注

在我身后发出的声音。然后他解开蒙在我眼睛上的东西，我发现自己在一个明亮如同白昼的地方。一些年迈的老人在那里围坐着。我父亲给我看了很多很闪亮的东西，好像是墙上的玻璃，他让我拿一些。我拿了一块，把它紧紧地攥在手里。当我们出去的时候，我父亲教我如何把这些东西装进我的腿里面，又怎样把它们再取出来。他还教我怎样把它们扔给人们。之后，他和那些老人又把我带回到我们露营的地方，把我放在一棵大树的树顶。他说："大声喊，告诉他们你回来了。"我照做了，之后我听到露营的人们的脚步声，女人们开始敲打她们的毛毡，以便我能够下来，因为现在我已经是一名巫医。此后，我醒过来，发现自己躺在一棵树的枝干上。老人们拿着火炬出来，当他们到那棵树下的时候，我已经下来了，手里拿着我父亲给我的东西。它看起来像玻璃，我们就叫它克因（*Kiin*）。我告诉老人们发生的事情，他们说我是一名医生。从那时候起，我就能从人的身体里拿出东西，我也可以在晚上把像光一样的克因扔向人们，嘴里说着："走。"我已经好几次那样拿到克因了。几年之后，我开始酗酒，丢掉了克因，也丧失了我所有的法力。从此之后再也没有能力做任何事。我曾经把克因装在我的包里——用一只卷尾负鼠的皮做的包，又把包放在一个树洞里。一天夜里，我梦见自己睡在帐篷里，我的妻子向我投掷她的月经血。之后，我的克因就不翼而飞了。我睡在那棵我当时离开的树底下，还想着我的法力可能会再回来。但是，我再也没找到我的克因，而且再也没有梦到过它。

第五章　神奇草药

皮尔钦泰库提（Piltzintecuhtli），又名休奇皮里（Xochipilli），是古代墨西哥阿兹特克文明的太阳神，也是花神。图中，他正在接受来自羽蛇神盖查尔柯亚托尔（Quetzalcoatl）的教诲，学习神圣致幻蘑菇的起源和用途。这幅休奇皮里像发现于15世纪《墨西哥抄本》[*Mixtec Codex*，又称《维也纳抄本》(*Vienna Codex*)] 的中间部分（第24页）。

玛丽亚·萨比娜[①]
中美洲/马萨特克族

在瓦乌特拉德吉门尼兹（Huautla de Jiménez）有一处马萨特克人（Mazatec）的村落，这个村子毗邻祭祀之山宁多·托克所（Nindo Tocoxho），村子的高处有一个简陋的三室小屋。小屋四壁斑驳，被岁月侵蚀的地面凹凸不平，屋内陈设极为简陋，只有最简单的祭坛和几样必需的家具。1977年冬天，我受阿尔瓦罗·埃斯特拉达（Alvaro Estrada）的诚挚邀请，到此会见一位神圣的女性——治疗师玛丽亚·萨比娜（María Sabina），她就是在1955年将古老的神圣蘑菇崇拜教介绍给人类学家戈登·华生（Gordon Wasson）的萨满祭司。

玛丽亚·萨比娜出生于1894年3月17日，从她坚毅的棕色面庞和佝偻矮小的身躯看得出她饱经风霜。和最穷困的马萨特克人一样，她衣衫褴褛，但她身边却围绕着许多好奇不已的村民和孩童，看起来无论我们送给她什么东西，这些人都会偷偷拿走。她的右前臂上有多处狰狞的伤口，那是日前一位嫉妒她的亲戚攻击她时留下的咬痕。目及此景，我的脑海中浮现出一个可怕的问题：为什么像玛丽亚·萨比娜、黑麋鹿、雷蒙·梅迪纳·席尔瓦这样的预言家、圣徒一定命途多舛呢？即使如今她已风烛残年，无力再去采集和使用致幻蘑菇，但她的受苦生涯却仍在继续。可以确定的是，我发现在其痛苦的表面背后，她的眼中却透出一道光芒，那是一种能唤醒她的追随者们神圣感的能力。

就如杰出的医学人类学家华生所描述的那样，玛丽亚·萨比娜是一位"毫无污点，完美无瑕，从未滥用神力为非作歹，不辱自己声誉的女性……她有着常人罕有的道德与精神力量，是一位专注本职，在自己的专业领域技艺高超的女性"[②]。几十年来，她一直练习使用致幻蘑菇的治疗技艺，数以百计身受病痛苦难折磨的人来到她破旧的小屋，

[①] 玛丽亚·萨比娜（1894—1985），墨西哥南部的马萨特克族印第安人巫医，她首次将民间的奇幻蘑菇治疗技术传播到西方人类学研究中。——译注

[②] 戈登·华生：《神奇蘑菇》。——原注

在黑暗中一边听她彻夜在祭坛前吟诵,一边领食圣餐。[1]

我是玛丽亚·萨比娜。是这样一个女人:她耐心等待,勇于试炼;她是胜利的女性;她是善于思考和善于创造的女性;她懂得医伤救患;她是太阳女和月亮女;她专门为天神传旨达意。

在我们所处的世界之外,还有另一个世界,它远在天边,近在眼前,缥缈无形。那是至上神的居所,也是死者亡灵、精灵和圣徒们的住处。在那里,尘世中所有世事皆成过往,可称得上是一个"万事皆已发生和万事皆知"的世界。那个世界能言会语。它有它自己的一套语言,而我只是传达其所表达的。

神圣蘑菇支配着我,将我引入那个"万事皆知"的世界。就是它们,神圣蘑菇们,用一种我能听懂的方式在说话。我提出问题,它们就回答我。当我们一起完成神游旅程后,我就将它们所说的和它们所展示的东西转述出来。

我的曾祖父佩德罗·费利西亚诺(Pedro Feliciano)、祖父胡安·费利西亚诺(Juan Feliciano)和父亲桑托·费利西亚诺(Santo Feliciano)都是萨满祭司——他们吃下神圣蘑菇(*teo-nanácatl*)后,都能看到"万事皆知"世界的幻象。我对这些长辈的事迹大多没有什么印象。我只见过我的父亲,但与他相处的时间也很短暂,所以现在对他也几乎没什么印象。我四岁时他就去世了。不过我知道他是从我祖父和曾祖父那里继承的事业。神圣蘑菇对于我们家族而言,是父母,是保护人,也是朋友。

父亲刚去世时,家里非常穷。那时,我常和姐姐去树林里放牧,常常会很饿。可我们知道林子里有蘑菇,而它们是我们的朋友,我们从它们那儿只会得到好处。所以,我们开始寻找蘑菇,然后迫不及待地将刚采摘来的蘑菇生吞下肚。

之后我懂得了如何从神圣蘑菇中辨认出厄尔·德兰波、圣·伊希德罗和鹰菇(*el derrumbe, San Isidro, pajaritos*),也懂得了如何从一堆普通蘑菇中挑选出神圣蘑菇。我们起初只是因为饿才吃这些蘑菇,其实并不知道它们究竟是什么。不知过了多久,忽然有一天,我开始能看到幻象了。我用手从地上拔起一株神圣蘑菇,放进嘴里咀嚼之后,它便深入我的灵魂。那时,羊还在山上吃草,我

---

[1] 基于以下著作的讨论:亨利·芒恩《语言的蘑菇》,第56—122页;阿瓦若·艾斯特拉达《玛丽亚·萨比娜的生活:蘑菇的智慧》;戈登·华生、乔治·考温等《玛丽亚·萨比娜和她的马萨特克奇幻蘑菇治疗仪式》;戈登·华生《神奇蘑菇》。——原注

坐在草地上像是在喝水。而我的灵魂却从身体中抽离出来，前往这个我不曾了解只听说过的世界。这里和现实世界一样，有着嵯峨的峰峦、葱郁的林木、潺潺的流水。不同于现实世界的是，这里有着更为美轮美奂的房屋、庙宇和金碧辉煌的宫殿。我和姐姐一起来到这儿，发现蘑菇们早早就等在这里了——那些蘑菇是些孩子和矮人，它们穿着小丑般的衣服，拿着小喇叭，唱唱跳跳，个个幼嫩得像花瓣一样。它们跟我说话，我也向它们哭诉："我们该怎么办？我们这么穷，怎么活下去啊？以后会发生什么呢？"我们从它们那里得到了充满希望与和平的答案。它们说会保护我们，只要我们有需要，去找它们，就能得到。我完成首次神游时，姐姐也结束了她的旅程，她也看到了同样的景象，听到了同样的话语。从那以后，我变得更想了解那些新朋友，想学会从普通蘑菇中分辨出神圣蘑菇。于是我就向祖母请教了许多事，因为她从我的祖父和父亲那里听到过许多关于神圣蘑菇的事。祖母总是很乐意告诉我这些事，因为她看得出我注定要成为供奉神圣蘑菇的女祭司。

  上帝是一座巨大的钟

  里面包含着天地万物

  在我八岁那年，舅舅病了，病得很严重。山里的萨满们试着用草药去医治他，却没有效用。这时，我想起了神圣蘑菇的话：当我需要帮助时，应该去找它们。所以，我采了些神圣蘑菇，带回舅舅的小屋，在奄奄一息的舅舅面前，我把它们吞了下去。神圣蘑菇立刻把我带到了它们的世界，我问它们舅舅得了什么病，要怎样才能救他。它们告诉我是邪灵侵入了舅舅的血液，要医好他，得让他服下些草药。不过，不是那些巫医给他服用的草药，而是别的种类。我问在哪儿才能找到那些草药，它们把我带到一个林木参天、溪流潺潺的地方，指给我要采的草药和找药的路。我结束在神圣蘑菇世界中的神游后，走出小屋，照着蘑菇们指给我的方向，找到了那个林木参天、溪流潺潺的地方，那里的景象和草药与我神游时所见到的一模一样。我采下草药，带回家，用水煎好，让舅舅服下。几天后，他就痊愈了。

  舅舅是神圣蘑菇帮我医治的第一个病人。那之后，我还医治了许多男男女女，老老少少。其中有一个人名叫玛丽亚·德洛丽丝（María Dolores），当时她全身浮肿——她的双手、双脚、脸，还有肚子——肿得像是要胀破一样，寸步难行，动弹不得。我俩一同吃下神圣蘑菇，前往那个"万事皆知"的世界，我们到了那里，见到了神圣蘑菇，神圣蘑菇让我告诉玛丽亚·德洛丽丝痊愈之法。我们神游归来之时，玛丽亚·德洛丽丝的身体已经开始消肿了。先是肚子，接着是脸，然后是双腿双脚，她全被医好了。玛丽亚·德洛丽丝因此又多活了十五年。与此同时，我也停止使用神圣蘑菇。

一位名叫塞拉皮奥·马丁内斯（Serapio Martínez）的商人向我求婚，婚后三个孩子先后出生，我无暇供奉神圣蘑菇。为了让孩子健康成长，我必须花时间照顾他们。塞拉皮奥·马丁内斯死后，我独自一人抚养三个孩子，把所有时间都花在养育他们身上。我在种植园里采过咖啡，缝制过绣花罩衫，同时还维持着塞拉皮奥·马丁内斯的小生意，继续贩卖些锅碗瓢盆、毯子斗篷之类的商品。

在我寡居了十三年之后，一个名叫马西亚尔·卡尔沃的男人要我和他一起生活。我和他在一起后，为他生了九个孩子。马西亚尔既是萨满也是巫医，他用草药医治病患，可他本人却是个刻薄而凶暴的男人。他常常喝烈酒、龙舌兰酒，也常常喝醉。他喝醉后就打我和孩子。他知道多年前我曾用神圣蘑菇进入过"万事皆知"的世界，但他不想让我再这么做。或许是因为他嫉妒神圣蘑菇对我倾囊相授，嫉妒我从那里所能学到的知识。每当我提到神圣蘑菇时，他就嘲笑我、打我。他常喝醉，醉了便打我。我在他那里受了不少折磨。但也是从这时起，我又开始使用神圣蘑菇。我用它治愈了两位年迈的病人。马西亚尔曾试着用草药去治疗他们，但没有效用。而我却因为有神圣蘑菇的帮助治愈了他们。马西亚尔知道后，当着那两位老人的面毒打了我一顿，打得我头破血流。之后，马西亚尔开始和别的女人厮混。他还和一位已婚女子纠缠不清，直到有一天晚上，那女人的丈夫和儿子在房子附近等着他，用棍棒将他痛打一顿，他们敲碎了他的脑袋。第二天早上，我在小路上发现了他的尸体。

神圣蘑菇切近人的灵魂。它会带你前往灵魂想去的地方。每个灵魂都各不相同。马西亚尔也曾食用过神圣蘑菇，也曾看到过幻象，但是那些幻象毫无意义。山里的许多人都曾食用过神圣蘑菇，也不乏还在继续食用之人，却不是人人都能进入"万事皆知"的世界。比如我的姐姐安娜·玛丽亚，她和我一同食用过神圣蘑菇，看到过相同的幻象，她也同蘑菇们交谈过，但蘑菇们并没有向她揭示所有奥秘。它们告诉我的那些奥秘收录在一本大书里，我见过那本书，那是蘑菇们从离那个世界很远的地方找来的，是一本伟大的书。安娜·玛丽亚生病的时候，它们把这本书给了我。那时，安娜的病症很奇怪，她常常会突然跌倒在地，躺在那里，犹如黑色的石头。巫医们试着通过草药和巫术仪式来治愈她。我姐姐躺在那里，他们在她房屋的四周埋下一些鸡蛋。可是安娜·玛丽亚的病情没有丝毫好转，她看来似乎奄奄一息了。于是，我决定再次求助神圣蘑菇。我采了很多很多蘑菇，比以前任何一次都要多：三十个再加三十个。我爱我的姐姐，我已经准备为她做任何事情。只要能救她，我宁肯做一次极为漫长的远行。我的身体就坐在她跟前，但是我的灵魂已经飞到那"万物皆知"的世界。在魂游之时，我先是看到了熟悉的风景，那是以前曾经多次看到过的。随后，我又看到了些前所未见的景象，那是因为食用了大量的神圣蘑菇，我被带入了那个世界的最深处。我一直前行，直到有一个精灵出现在我的面前。精灵问了我一个奇怪的问题："那么，你，玛丽亚·萨比娜，想要成为什么样的人呢？"

在我还没有意识到的时候，答案已经脱口而出：我想要成为一名圣徒。精灵听后，露出了笑容，随即原本空空如也的手中变出一本书，一本厚厚的大书。

"给你，"他说道，"我给你这本书，希望你能更好地履行职责，帮助那些需要帮助的人，了解'万事皆知'世界的秘密。"

我打开那本书，翻了很多页，起初我还在想：太不幸了，我根本不知道怎么读这本书，因为我从未学习过，所以那本书对我根本不会有什么用处。然而，忽然间，我发现我不仅能读，而且完全能读懂书中所写的内容。我觉得自己变得更加充实、更加聪慧，只是一瞬间我便学会了无数的东西。于是，我不断地学习书中的内容。

当然，我也从书中学会了医治安娜·玛丽亚的方法。我必须给她的肚子涂上草药，并祛除那些巫医们在她身上所施的巫术，把他们埋下的蛋挖出来丢掉。忽然，在我明白这些事时，我看到在我所处的世界中，我姐姐所住的屋子，屋子周围地里那些被埋下的蛋，居然自己从所埋的地方冒了出来。当我恢复神志时，我还在那里，坐在姐姐的面前，但四周地上却散落着摔碎的蛋。我根本没有移动过位置，那些蛋全是自己跑出来的。我找到了书中所介绍的草药，用从书中所学的方法来治疗安娜·玛丽亚。于是，她也痊愈了。

我根本不用再读那本书了，因为我已学会了书中的所有内容。但我还是会看到那个给我书的精灵，还会看到其他的精灵和景致，我还曾近距离地看过太阳和月亮。越是深入神圣蘑菇的世界，就会看到越多的东西，甚至还能看到我们的过去和未来。在那个世界里，这两者是已经获得、已经发生的事物的统一体。所以，我看得到我儿子奥雷利奥（Aurelio）的一生，看得到他死时的情景，看得到那个凶手的样貌，知道他姓甚名谁，甚至还知道他会用一把匕首杀死我的儿子，因为在那个世界里所有的事都已经发生过了。凶手已经被惩处，所以我也无须再提醒儿子有人要杀他，他应该小心一点。因为没有什么可说的，该发生的还是会发生，这是注定的。我还看得到其他的死亡场景和凶手，还有那些失踪的人们——没人知道他们在哪里——只有我一个人看得到。我看得到那些被盗走的马匹，看得到掩埋在地下古城，看得到深埋在那些古城中还不为人知，但即将重见天日的物品。我看到并了解数以百万计的事物。我见过上帝，知道他是一座巨大的钟，他指针嘀嗒，缓缓走动，里面包含星辰、地球、整个宇宙，黑夜与白天，哭泣与笑容，幸福与苦痛。洞悉神圣蘑菇所有秘密的人，甚至能看到无限的钟表运行构造。

雷蒙·梅迪纳·席尔瓦
中美洲/惠乔尔族

你见过我们徒步寻找佩奥特仙人掌的情形：我们不吃不喝，饥饿干渴，一心一意。这就是惠乔尔人的风格，是一种天人合一的境界，是生活，是我们所必须保护的东西。[1]

大约有九千维莎瑞泰瑞人（Wixárika），也就是我们所熟知的惠乔尔人，居住在墨西哥西马德雷山脉（Sierra Madre Occidental）最偏远区域的小牧场中。尽管遭受阿兹特克和西班牙的侵扰，这群人的古老习俗却保存完好。他们的宗教活动源自一套复杂的神话体系。在这个体系中，主要崇拜的是太阳神塔尤帕（Tayaupá）和他们的始祖火神、首位萨满塔特瓦里（Tatewarí）。宗教仪式中为他们带来深度与幻象的圣物就是圣根（hikuri），一种致幻佩奥特仙人掌。

对大多数惠乔尔人而言，佩奥特幻象是私密而强烈的个人体验，不会直接与他人分享。幻象的美丽和玄奥的精神世界为这种体验增色不少，这种体验表现出了对包罗万象的宇宙的个人意识的觉醒。对那些已经达到天人合一境界的人来说，包罗万象的宇宙并不陌生。然而，萨满可以与他人分享幻象。萨满们深知在我们清醒意识到的现实世界外还隐藏着一个国度，而诸神会从那里发出信息，萨满们就是传达诸神信息的媒介。[2]

在此，雷蒙为我们讲述了一次简单却动人的佩奥特仙人掌体验经历。这些祀神活动丰富得令人瞠目，而神话、颂歌、故事画这些幻象

---

[1] 巴巴拉·梅尔奥夫：《追寻仙人掌》，第189页。——原注
[2] 巴巴拉·梅尔奥夫：《追寻仙人掌》，第220页。——原注

世界中的审美表现恰恰更好地印证了这种丰富性。

20世纪30年代初,雷蒙出生在圣·塞巴斯蒂安(San Sebastian)。即使从惠乔尔人的生活水平来看,他家也是非常贫困的。他的祖父是个著名的萨满法师,他的母亲全心全意遵行神职传统。雷蒙五六岁时,父亲抛家远走。从那时起,雷蒙便开始做梦,梦中太阳神塔尤帕向他保证终有一天一切都会变好,而他也会懂得许多许多事情,会创造美丽的事物。雷蒙八岁时,被一条毒蛇咬伤,身为萨满的祖父全力救回了他幼小的生命。他帮雷蒙吸出毒液,整晚为他吟诵治疗,并告诉他和家里人:雷蒙遭此劫难,是因为雷蒙的父亲没有遵守对诸神的承诺前往佩奥特仙人掌圣地委瑞库塔朝圣。这位年迈的萨满法师告诉雷蒙,如果他活了下来,终有一日他定会成为一位伟大的萨满,因为他们的始祖火神、首位萨满塔特瓦里已经选定他从事这份神圣的工作。

瘫在床上的六个月中,雷蒙回顾了自己的命运。就像他几年后所说的那样:"做这些事花了多年时间,费去了太多思量,经过了许多努力与牺牲。现在,我知道我成长了。"①

首次食用佩奥特仙人掌时,会觉得它极寒似冰,直钻肚腹。口中先是极为干渴,再是溢满口涎,非常润泽。再过片刻,会觉得像要昏倒般,体虚无力。而后渐渐觉得昏眩,开始打哈欠,神思困倦。片刻之后会觉得身轻如燕,跳脱出睡眠和其他一切事物。

在食用足够多的佩奥特仙人掌之后,向上仰望会看到什么呢?只能看到黑暗,一片黑暗。周围很暗,非常暗,感觉就像醉倒在佩奥特仙人掌的汁液中。再次向上仰望,还是一片黑暗,只是这黑暗中透出一丝光亮,一道耀眼的黄光。这道耀眼的黄光直射下来。此时若是看向火焰,会看到有个人坐在火焰之中,那就是火神塔特瓦里。细看那火焰,会发觉它层次分明、颜色各异、五彩缤纷。火焰呈色各异,但都非常美丽耀眼。这种极致的美,只有通过佩奥特仙人掌才看得到。火苗腾起,直冲云天,每簇火苗都斑斓美丽,呈现出各异的色彩——蓝的、绿的、黄的,各色皆有。火苗向上蹿起时,你可以看到黄色的焰尖上火花四射,异彩纷呈。而随火焰升腾的烟雾,颜色也渐渐变黄,越来越耀眼。

随后,你会看到火光闪亮,看到祭品,看到许多羽箭,色彩丰富,微光闪

---

① 巴巴拉·梅尔奥夫:《追寻仙人掌》,第34页。——原注

烁。这就是可看到的景象。

那么对于萨满法师而言，他看到的又是什么呢？如果他是寻找佩奥特仙人掌的头领，他就能看到火神塔特瓦里，看到太阳，看到法师敬奉火焰的过程，听到如仙乐般的祈祷者之声，听到祈告和歌唱之声。

只有体验过这一切，才能了解、明白、拥有自己的人生。只有这样做，我们才能看透塔特瓦里为我们所费的心思。也只有在明白了塔特瓦里给予我们的一切之后，才会真正找到我们的人生。但许多人都不明白这一点，没有珍惜火神的好意，这就是他们无知、愚钝的原因。只有足够细心的人才懂得辨析火神和太阳神，我们之所以潜心静坐，静心聆听，细心观察一切，正是为了明白这一点。

德萨纳萨满
南美洲/德萨纳族

图卡诺（Tukano），是德萨纳族（Desana）的一个亲族，大约有七千人口。亚马孙西北地区有着大片的赤道雨林，许多河流小溪蜿蜒其中，图卡诺人则沿河散居。由于居住在很少开发的亚马孙流域上游地区，图卡诺人的传统文化或多或少得以较为完整地保存下来。

德萨纳萨满（土语称 payé）是该社会中的知识分子、祭司和治疗师。萨满的主要活动之一就是建立与"猎物之主"（Master of the Game Animals）的联系。"猎物之主"掌控着狩猎的成败，因此他决定食物的来源。这里有支配生活领域的神灵，有易受超自然力量影响的社会关系网，萨满的职责就是在这二者之间充当媒介和仲裁。[1]

出于必要，德萨纳萨满要培养许多精神特质。熟知神话和宗教仪式知识对萨满而言至关重要，这些知识可以帮助他维持氏族内部的平衡。绝佳的记忆力、美妙的歌声、充沛的体力都是必不可少的素质。这些素质使萨满能够主持漫长的降神仪式，并利用各种致幻物质将自己带入神的世界，随后为部落的族人阐释神意。最重要的一点是，萨满的灵魂闪耀着强大的内在之光。这种超自然的光芒能照亮他人前进

---

[1] 杰拉多·赖歇尔-多尔马托夫：《萨满和美洲虎》，第67页。——原注

的道路，使他们看清原本混沌不明的事物，这样他们才得以存活。①

人类学家杰拉多·赖歇尔-多尔马托夫（Gerardo Reichel-Dolmatoff）曾表示："对印第安人而言，'另一个'世界其实与其生活的普通世界一样真实，通过个人将这种认知口口相传，其实就是一种经验共享。要实现这一转变，看穿事物表象，其实是有法可循的——翻过山峰，越过河流，穿过天空，拨开重重迷雾，进入专心、节制、出神的状态，有时'另一个'世界会出乎意料忽然显现，让人能一瞥恐怖的黑暗能量。但更多情况下，要感知这个世界，就要有意识地服用草药。通过服用强效草药，精神会进入那个隐匿的世界，那里满是动物、森林精灵、神灵以及神话景致。说到准备这些草药，沃佩斯（Vaupés）的印第安人可是专家。"②③

盛放雅洁（yajé，一种藤蔓的汁液）的容器被画上黄色和白色的图案。我们土语称黄色为 boré，称白色为 ebobohó。这些色彩被用来装点容器表面。

必须要有两个人在容器上方吞吐烟气，并在吐烟的同时吟唱："这就是我们喝下雅洁后看到的景象！"起先唱到的是条蛇，一条像珠链般的蛇。他们用歌声描述这条蛇的颜色，它就像条项链，上面有或明或暗的花纹和白色的图案。随后唱到黑白蟒蛇，他们把这两条蟒蛇设想为马洛卡茅屋的顶梁，白蟒横在左侧，黑蟒则在右侧。在他们的想象中，房屋立柱闪闪发光，上面盘绕着许多蛇。他们唱道："我们会看到鲜活的幻象，也会看到迷离的幻象。"还有幽奈罗（yonero）蛇，他们知道幽奈罗蛇的形状颜色，抓住并塞入了马洛卡茅屋。其后是鱼形（boréka）蛇，他们同样知道鱼形蛇的形状颜色，抓住并送入了马洛卡茅屋。随后是蟒蛇（mahká），也被他们送入了茅屋。一条花纹明暗相间的浅色蟒蛇被他们缚在屋中的立柱上。"这一切都是我们将要看到的情景。"他们唱道，然后又往容器上喷了一口烟。他们所抽的烟草就是在聚会中使用的那种。然后他们唱到了 buia，想象马洛卡茅屋被涂上了红色（carayurú）。他们还为茅屋加入了黄色系的色彩。接着他们开始歌颂装饰品和羽毛头饰，并把这些饰品当作水果放进茅屋内。红、黄两色被涂在中央。他们唱道："这是我们喝下雅洁后看到的景

---

① 杰拉多·赖歇尔-多尔马托夫：《萨满和美洲虎》，第74—75页。——原注
② 杰拉多·赖歇尔-多尔马托夫：《萨满和美洲虎》，第74—75页。——原注
③ 基于杰拉多·赖歇尔-多尔马托夫《萨满和美洲虎》的讨论。——原注

象。"他们没有静静端坐，而是在设计一些形象。"雅洁影响了我们，让我们听到应该设计哪些图案，要有虾形图、女性图样和橡胶树形图。听到这些声音时，感觉就好像溺水了一样。"他们唱道。他们吹奏起黑鹿骨笛和白鹿骨笛，让 oré-oré-oré-rooo-rooo-rooo-erúuuu-erúuuu-erúuuu 的笛声回荡在茅屋之中。而这一切的声音、乐曲都只有在雅洁的影响下才听得到。无论他们现在演奏何种乐曲，稍后都能听到。红色的鹿骨笛吹奏出 pi-pari-pá-pira-pu 的音律。"这时我们会听到声音，"他们说道，"乐声会征服我们，让我们安静下来。"接着他们会听到陶土小号发出的声音：mooo-mooo-virá-virá-virá-mooooo。他们向盛满雅洁的器皿上吐出烟雾时，这些交叠的乐声慢慢形成了曲调。这时耳边再次响起了 te-to-te-to-te-to-te-rooo-te-rooo 的笛声。"这就是我们要听到的声音。"他们说道。他们用言语、用向容器吐出烟气的行为来创造这些声音。他们还会将容器高高举起，做出此举的同时，他们知道会看到明亮鲜活的幻象。这样做的话，部落人民就不会觉得恶心难受了。要吟唱好歌曲，需要用到些金刚鹦鹉的羽毛。若是不这么做，就不能唱得美妙动听。

曼努尔·科尔多瓦－里奥斯
南美洲/阿玛华卡族

曼努尔·科尔瓦多－里奥斯（Manuel córdova-Rios）是一名割胶工，原本住在茹鲁阿河（Rio Jurua）上一条小支流的部族里。1902年，他十五岁时被阿玛华卡（Amahuaca）印第安人绑架，带入亚马孙丛林深处。在那里，绑架者们密集训练他饮用致幻藤酒（原称 *Banisteriopsis caapi* 或 *nixi honi xuma*），缓慢而认真地向他介绍了他们的生活方式。在与阿玛华卡人生活的六年中，他学会了解读由致幻藤酒即尼西合尼宿麻（*nixi honi xuma*）引发的幻象，学会了阿玛华卡的语言、习俗，还学会了辨认热带雨林中各种生物的形态。不久，他被带来这里的意图变得显而易见，阿玛华卡的老酋长许牟（Xumu）选定了科尔多瓦－里奥斯做他的继承人。

科尔多瓦－里奥斯在二十一岁时逃出了这个部落，回到了秘鲁的伊基托斯（Iquitos），重返家园。但因为已经成为外族人的首领和萨满，他受到了本族人强烈的排斥和疏远。在一次饮用致幻藤酒的过程中，他居然看到了母亲死亡的场景（由致幻藤酒所引发的常见体验，包括心灵感应和预知未来）。因此，这次逃离将他带回了他出生的地方，也让他看见了自己的父亲，那个在痛失妻子和姐姐后顽强生存下来的男人。

尽管科尔多瓦-里奥斯离开了阿玛华卡人，但他的非凡治疗术，还有关于植物的卓越知识并未丧失。直到九十五岁时，他每天仍能诊治二三十名病人。在说到重返西方式的生活时，他曾说过："从我离开呼尼奎（Huni Kui）的那天起，我从许牟那里学到的所有东西——无论是对人的内在心理活动机制的那种洞察力，还是那些关于丛林中天然草药的知识，或是如何使用这些草药的技能——所有这些都成为带给我欢乐和悲伤的岁月中的一部分。我用许牟传授给我的知识在更为广阔的世界中为人们造福，治疗许许多多身受疾病之苦的男男女女……唯一让我沮丧的是，我知道我无法将这些知识传授给他人，让他继续使用这些知识去治病救人。"[1][2]

在阿玛华卡生活时，有敌人发动袭击，侵入了我们的领地。在敌人撤出后，村子的生活渐渐平静下来。这种印第安人所熟知的日常生活模式，对我而言却依旧是陌生的。紧张的气氛渐渐消散，女人们回到林间的田地中清理、耕种，男人们重新开始狩猎。酋长许牟则密切关注着所有的活动，并给予族人必要的指示，好让一切按照他的愿望和计划稳步实施。

在帮助部族抗击敌人入侵之后，我在村里的地位就有了显著提高。来复枪对于印第安人来说是一种陌生而可怕的东西，而我却能够无惧如雷的枪声，镇定自若地扣动扳机，这种能力为我在印第安人中赢得了一个特殊的地位。

很快我就发现，许牟酋长对我的训练计划远没有终止。他为我准备了一系列草药合剂，用来洗浴和吞服。这些草药对我的感官和身体机能有着一种微妙的影响。这时，我已经摒除疑虑，完全配合他的训练。因为近期发生的事让我确信，在这个部落中我是安全的。与印第安人一起生活之前，我就时常听到些关于印第安草药和巫医治疗活动的传闻，自那时起我就对此很是着迷，因此我决心尽我所能去观察和学习这些知识。

经过几天精心准备，老许牟安排好每个细节后，我们开始了一系列提炼致

---

[1] 布鲁斯·拉姆：《亚马孙河上游的巫师》，第2版，第198—199页。——原注
[2] 基于布鲁斯·拉姆《亚马孙河上游的巫师》的讨论。——原注

幻藤酒尼西合尼宿麻的不可思议的历程。

在离部族村落稍远的地方，特地为我俩建起了一个小棚屋。它就在森林边上，而森林则环绕着我们部落的领地。屋里只容得下两张吊床和一小堆篝火。屋外的小块空地上有些树，因此也可在树间架设吊床。在这里，我们不会受到任何打扰。就连吃的，都是只有在酋长发出信号后，才会由一名固定的老妇送来。我们根本听不到村子里的声音。

一天早晨，许牟酋长和我一起来到这个僻静的地方。途中我开始猜测酋长的实际年龄。常人的脸上往往会暴露出些许年龄的痕迹，可他却不是这样。虽然看上去十分年迈，却不像一般老者那样皱纹满布，皮肉松垮。族人们对他充满尊敬与钦佩。他对人对事总保持着一种平和冷静的态度，同时又总能给人一种能够全盘地看透过去、现在、将来的感觉。因此人们总觉得敬畏他是理所当然的事。

他如往常一样，踏着缓慢、稳健的步子穿过森林。这种走路的姿态更是给人暮年之感，似乎迈出每一步都要格外小心。在途中，他像是自吟自唱般低声哼唱着：

森林的精灵们啊

我们饮下致幻藤酒才能得见尊颜

你们将我们带入知识的国度

指引我们的族人

赋予我们蟒一般的潜伏能力

鹰与鸱鸮般的锐眼

鹿一般的敏锐听力

貘一般的持久耐力

美洲虎般的优雅与力量

月神般的智慧与宁静

和我们意气相投的精灵啊，请你为我指路

那时刚刚进入旱季，天气晴朗，没有一丝风吹过。棉絮般的云朵零落地点缀在蔚蓝的天空中。我们走出村庄，步入凉意阵阵的森林，渐渐没入斑驳的树影中。到达目的地时，我们看到那里一切准备妥当，但不见人踪。老酋长发出一声鸟鸣，立刻从远处传来了同样的回应。

我环视四周，林间的空地上有一小堆刚点燃的篝火，火光明亮，旁边放着一堆用来祭祀熏香的叶子。随着火光，我看到一些参天巨木，这些树木树干粗壮，足有一百英尺高，那些茂密的叶片则像是架设在枝干上的天然顶棚。阳光透过厚厚的枝叶射入林间，在那自上而下的光线中，依稀可见藤蔓蜿蜒缠绕在粗壮的树干上。一些平常易被忽略的东西在这闪烁的光线下也会不时灵动地显现。

在酋长的示意下，我舒服地坐在帐篷外晃动的吊床上。他在咏唱之际，将一堆树叶投入火中，随即升腾起滚滚浓烟。这烟雾芳香撩人，在静止的空气中弥漫开来。

　　嗷，强有力的精灵
　　你枝叶繁茂芬芳四溢
　　我们再度来此寻求智慧
　　请赐予我们宁静，给予我们指引
　　感受森林的神秘
　　体悟祖先的知识

烟雾在我们周围四散开来，飘向森林上空穹庐似的天际。此时此刻，我们沉浸在一片祥和、愉悦的氛围之中，每一个突发的声响、每一个动作似乎都被这魔法烟雾中止了一般。在这具有魔力的咒语随着烟雾消散之前，许牟从罐子里倒了一大杯合尼宿麻（honi xuma）到葫芦里，开始了另一段低声的吟唱：

　　幻影中的藤蔓之精灵
　　我们祈求您的指引
　　鉴于往事，预知未来
　　理解周围的一切
　　改善生命
　　揭示我们渴望已久的奥秘

许牟酋长走过来对我说："这次你独自喝吧，我在旁边指导你。目前一切正常，你的准备十分充分。我们开始吧！记住，每个反应都是良性的，不要着急，不要害怕，一下子喝光它，静待幻象的来临。那些让人放松、印象深刻的幻象会降临到你身上。"

他拿走空杯子，静静地坐在我对面的吊床上，说："食物和泻药已准备就绪，这次不会有不良反应发生。我们只要小心点，就会将一连串的幻象导入预期的轨迹。我就在你身旁，我已经做过无数次了，只要小心谨慎地准备，它就会如期而至。"

我们俩各自躺在吊床上。不一会儿，我感到一股莫名的愉悦感。这时一只耳朵里也传来简短的、颤动的嗡嗡声，这声音似袅袅青烟轻柔地飘向树梢，我尽量追随它、捕捉它。当我的目光游移至树梢时，我惊奇地发现树叶、树干、树枝纹理细腻，有种意想不到的美。我看到的每一片树叶都清新翠绿，金光灿灿。一种不可思议的细致景致浮现于眼前。鸟儿的歌声从远处悠然而至，似七首歌（*siete cantos*）的不规律和弦般优美动听，又如近在眼前般跳跃律动。时间在这一刻停滞成为永恒。我能区分出这歌声的每一个音符，并细细品味着它们。这些音符不断重复着，此时的我飘飘欲仙，似身在桃花源，陶醉于迷人的芬芳中，品味无尽的精致佳肴。忽而一阵凉风碰触到我裸露的肌肤，让我感到快意无限，迷人的芳香再一次将我俘获。

这时，酋长用低沉而又令人愉悦的声调说："幻象开始。"这几个字像被施了魔法，话音未落，我的思想就已完全听命于他。这时，我感到我和他之间所有的障碍消失殆尽，我们就像合二为一了，只一个眼神、一个表情就充满了无限的意味。我们此刻心有灵犀，我了解他的想法，正如他了解我的一样。我猜想：这种心灵感应是否在人类的先祖使用语言进行交流之前就存在于人们的记忆深处？

许牟说："我会让你看到、感受到狩猎场上成片的森林，你对它们有足够的了解，你带领族人在致幻的仪式中改进狩猎技术，这样他们才能衣食无忧。"他言简意赅，边说边略微比画着。[①]

酋长说："让我们从鸟儿开始吧。你知道有一种中等体型的鹩鸪，它们一到傍晚时分就会发出哀伤的啼叫，这是因为它们不愿独自睡去。现在，你来想象这样一只鹩鸪，它就在树林的空地上，树林里光影更迭，光怪陆离。"

就在那儿！它十分清晰地出现在我眼前。浑圆的光秃秃的臀部，周身的羽毛呈橄榄灰色，并伴有浅褐色、栗色和黑褐色的各种条纹，这些颜色像水洗过一般新亮。映照着周围游移的阳光、窜动的树影和落满树叶的地面，好一幅浑然天成的自然美景。我眼前的景象似乎在无限扩大，以前从未有过如此清晰的幻象。

"是的，酋长，我看见了。"我大声答道，唯恐他听不清楚。

"它会四处走动，仔细看。"

[①] 科尔多瓦停了下来：开始给我（布鲁斯·拉姆）解释这一点："朋友，你必须明白，我们这样进行得越深入，我们所使用的书面语和口头语将越来越不足以说明问题。如果我可以安排，我会幻想我们自己，到那时你就会明白，不过这需要时间。与此同时，我们会以漫无边际的言语和一成不变的表现方式将它持续下去。"——原注

它有点害羞、有些诡秘地移动着。它处于一种与先前不同的光环之中，使我无法看得很清楚，但我还是跟着它到了那里，当时的情景仍历历在目。这时，出现了一只雌鸟，它们便开始跳起了交欢舞。我能听见歌声、鸣叫声和其他声响，不一而足。最后在空地上两只鸟周围出现了一个简易的、形如盘碟的鸟巢，两颗浅蓝色的蛋静静地躺在里面。令我吃惊的是，那雄鸟随后静卧其上。"是的，是他在孵蛋。"酋长说。

我们看见了各种鸟，从鹬鸵、鹤，到凤冠鸟，再到其他各种猛禽，它们以同样的场景、同样的细节出现。

之后酋长说："现在，闭上你的眼睛，在我们看其他事物前，让你的幻象翱翔起来。"

我不知道过了多久——时间对我而言已失去意义。当我闭上眼睛，光影交错，模糊的意象生发开来，渐渐地，随着幻象的改变呈现出一种蓝绿色调的景象。它们形态万千，生动有趣，它们不断变幻成复杂的图案，又像是在一些几何图形上有节奏地跳动。有时，它们幻化成我们所熟悉的形状，如蜘蛛网或者蝴蝶的翅膀。还有空气里一缕淡淡的花香，渗入我内心虚幻的视觉景观中，幻化成一朵娇弱的紫罗兰，沐浴在跃动着的图案中。清脆的鸟叫、嗡嗡的蝉鸣——都可以幻化为一道绚烂的色彩闪过，抑或是一池微波荡漾的湖水，而这取决于它们的特征。

所有的感觉似乎都变得异常灵敏，且交融为一个整体。对一种感官的刺激会很快转换到其他感官。不过，这些意象在逐渐消退，酋长很清楚这点。

酋长说着话，我清醒了过来。这时已是傍晚时分。

"我们晚上要继续，"他说，"再喝杯合尼宿麻来加强效果，这第二杯会让你大开眼界。听我的指挥，别害怕。"

天色渐渐暗了下来，他点燃篝火堆，夜色中火焰熊熊，跳动不止。接着他递给我一大杯绿色透明液体，我毫不迟疑地一饮而尽。

很快，我便有了反应。随着夜色的加深，我发现我的视觉灵敏度远远超出意料。周围的大树在我的幻象中获得一种顺从、仁慈的精神品质，这决定了整个场景的气氛。火焰逐渐熄灭，只剩下木炭发出幽幽的火光，整个世界被黑暗笼罩着。与此同时，我的视力大幅提高，我能看到在其他情形下根本看不到的东西。这很好地解释了为什么印第安人可以在幽暗的森林里穿梭自如，他们甚至在夜晚也能照样打猎。

一只萤火虫飞过，荧光将眼前整个点亮，犹如白昼。我的听觉也变得异常灵敏，我能够辨识远近各种声响。一只蟋蟀在附近窸窣作响，在黑夜中我可以清楚地看见它在树干上用腿摩擦着身上的发声器官。附近树上有一群黄色的小青蛙，它们竞相发出风铃般的叫声——"咕呱，咕呱"，像一只优雅、精确的小银铃，响声绵延不绝。远处树梢上飘来阵阵浓烈的麝香味，它来自夜间开放的幽兰。这花香沁人心脾，给人一种无法言说的美妙体验。

猫头鹰也发出"呜呜"的叫声，这叫声飘浮在平静的夜空，黑暗中还不时传来它的回声。

"你要学会像猫头鹰一样，即使在夜晚，也具有敏锐的视觉和灵敏的听力。"酋长评论道。我对此十分赞同。

伴随着各种动物的鸣叫，许牟酋长引导我亲自体会到森林里动物们的夜间生活是如此丰富多彩。动物们的叫声、美妙的歌声和它们带给我的鲜活的幻象，都将成为我记忆的一部分。

清晨，一缕阳光划过森林上空，将我从一场奇怪的梦境中唤醒，连我自己都不记得是何时睡着的。这时，我的时间感和方向感在慢慢复苏，就感觉像从遥远的、不知名的、无法忆起的地方长途跋涉回到这里。

酋长递给我一瓢果肉粥，喝下它，我很快便恢复了对现实的知觉。不一会儿，我们踱着步，从容不迫地走回村子。

之后我仍然得严格控制饮食，这是对我在一段时间内进行的密集训练。我和酋长每隔七天会进行一次，其中包括对各种植物的辨识及对其食用、药用价值的测试，对各种动物的深入了解和学习。其他时间里，我常常会和三五个猎人一起不分昼夜地在树林里穿梭。令我惊奇的是，酋长所激发的我对周围事物的感知和意识还在不断加深，即使没有他我也能够感知和意识到周围的一切。在树林里，伙伴们会告知我一些声音和气味的来源，他们还会不断测试，看我和森林是否融为一体。

我与酋长的聚会八天为一周期，每周期进行四次，每次过后，我会花同等时间与别人一起劳作，获取新经验和新知识。与此同时，同样得严格遵照食谱进食。之后会进行另外的一场会面。在此期间，我经常会变得高度紧张，害怕走火入魔，这大概持续了几个月。酋长和一个老妇人注意到了我的变化。他们耐心地给我解释，说只要我严格遵照他们的要求，一切都会非常顺利的。

训练期间，我慢慢意识到我心理过程和思维方式的细微变化。我发觉在对部落事件的预测和反应方面，我的洞察力变得异常敏锐。当我将注意力集中在某个人身上时，我能预测到他对事件的反应、他做事的意图、他下一步的行动和计划。这种方式对许牟统辖整个部落非常重要，我开始明白是什么在支撑着他对部落生活的掌控。他说我预测未来事件的能力会不断改善、提高，同时我还能远距离定位和识别物体。他告诉我，所有这些都会帮助我保护和控制整个部落。

随着培训进程的深入，我开始有种模糊的紧迫感，觉得酋长有责任将他丰富的知识和经验完全传授给我。事实上，你会说酋长所做的正是将上百年积累的部落知识教给我。在酋长的统领下，族人就不会被外族入侵。很明显，我正是在为这些做准备。

在进行幻觉练习的间隙，除了和猎人外出打猎外，许牟也经常带我到附近的丛林做短途旅行。他会不厌其烦地给我解说一些植物的用途，而这些植物我在幻象中见过。他会一边向我解释制作这些植物的秘诀，一边反复吟唱着，因为他们大多坚信吟唱有助于达到预期的疗效。

乔尔
北美洲/多格里布族

乔尔二十一岁那年遇见饱经沧桑的多格里布（Dogrib）印第安萨满阿达米（Adamie）。那时，这个年轻的布鲁克林小伙像20世纪60年代初的大多数人一样，喜欢探险，有所追求，但对前程一片迷茫。他去过墨西哥，也尝过佩奥特仙人掌。现在，他在加拿大麦肯齐山区的一个捕鱼营地工作。他发现自己深深地被多格里布族人的致幻蘑菇（学名毒蝇鹅膏菌）吸引，多格里布族人将其作为自己的圣物崇拜。

一天，乔尔如约来到阿达米的小木屋。他到达的时候，一场萨满驱邪治病仪式正在进行。由于神灵"附体"，不一会儿，年轻人就陷入强烈的出神状态。过了一会儿，乔尔向法师自我介绍，表示愿意学习萨满法术。

在乔尔成为正式学徒前，阿达米坚持要考察这个年轻人的灵魂，看这个有潜力的学徒是否为可造之才，是否能够为以后所要经受的痛苦做足准备。这一次，乔尔进入一种深度的出神状态，就像他多年后给朋友史蒂夫（Steve）和罗宾·拉森（Robin Larsen）描述的那样："不管（阿达米）做了什么，他将我完全攫获。我没有判断力，失去力气。我不吃饭，不睡觉，不做任何思考——我已经魂不附体。阿达米完全控制了我，审视我灵魂中的所有裂痕，看到了他想看到的和不想看到的部分。"①

在乔尔做学徒期间，他忍受了种种严峻的过关考验：挨打，被骚扰，洗冰水浴，鞭笞。终于，他被允许体验那神圣的蘑菇。第一阶段，他服下致幻药草，眼前出现十分暴力、混乱的场面：惨不忍睹的身体肢解，厮杀，倾轧，屠宰。到了第二阶段，他服下蘑菇毒蝇鹅膏菌，看到了各种动物精灵，它们将他撕得粉碎。但这次，他如浴火重生般从痛苦中解脱出来，变得异常强大，精神焕发。后来他在一首诗歌里这样感叹道："幻象使我净化，催我成熟/我崛起/似苍茫宇宙中一粒迅速萌芽的种子/……我哼唱的音符撼天动地/这音符击碎混沌/血雨腥风/……我誓与已故者一起去征服这迷宫。"②

最终，乔尔不得不离开阿达米，回到自己的文化中去。他并非多格里布族人。这片土地的荒芜、萨满生活的陌生和寂寞，都令他惆怅万分。他不断地权衡利弊，最终还是选择回到自己的故土。③

我与萨满法术的结缘，是在加拿大西北部的大奴湖和麦肯齐山区附近。当时，我在一个捕鱼营地工作，很多富有的美国人为了赚大钱乘飞机来到这里，并雇用当地人为向导。有一群多格里布族印第安人，就在当地做向导。我听说这里的人吃致幻蘑菇，因为这个，我对他们产生了浓厚兴趣。我以前曾经在新墨西哥州对仙人掌着迷。而现在，我对即将要尝试的新事物激动不已。我甚至考虑可以去学习一下萨满法术。

这些印第安人的头领叫阿达米。我曾听说过有关他的故事，我对他非常好奇。我每天都会询问向导们阿达米是否来到营地。有一天，正当我在甲板上工作，我注意到一个素未谋面的印第安人在看我。他大约六十岁，皮肤粗糙，脸上皱纹如盘根错节的树枝，深深地嵌在他近乎完美的轮廓里。当他走向我，我感到背部一阵战栗，周围一切事物变得模糊，唯独他深陷的黑色眼眸清晰无比。我听到他对我说："你一直都在找我，我家就在村子的最北边。"

就在这一刻，我突然意识到我在此停留就是一个不切实际的幻想——是流

---

① 史蒂芬·拉森：《萨满之门》，第192页。——原注
② 史蒂芬·拉森：《萨满之门》，第183页。——原注
③ 基于史蒂芬·拉森《萨满之门》的讨论，第188—199页。——原注

浪者两三个月以来玩的捕鱼游戏。现在，我突然感到一阵毛骨悚然，这感觉驱使我赶快离开这蛮荒之地。这听起来很傻，一个饱经风霜的印第安人对我说了几句话，就让我有了要离开的念头，似乎毫无道理可言。我以前也经常临阵脱逃，但都比这次的理由充足。

第一次降神会——召唤

我到阿达米的住处去拜访他，他正在做一场法事——以降神会方式医治一个生病的妇女。

突然，击鼓声越来越响，变得让人难以忍受，就像一声惊雷从湖面上掠过。这时阿达米一跃而起，随即一阵鸟兽嘶鸣声穿透了屋子的黑暗。他身上挂着的金属器物相互碰撞，如同成百上千个铃铛同时雷动九天。我的思想不知不觉陷入一片混乱。我看到有大鸟在屋子里横冲直撞，一股莫名的力量驱使我翩翩起舞，如痴如狂。时间在此刻消失。我想要跳起来疯狂地喊，血液不断上涌，似乎就在一瞬间，它们要从我的鼻子、嘴里喷涌而出。我看着阿达米，浑身抽搐不止，我移开视线盯着屋子里的其他人，他们是那么遥远，又是那么让我印象深刻。一阵旋转的闪光穿过我的身体，我感到精疲力竭，浑身的骨头好像要散了，于是便使出全身力气大喊一声，让自己清醒过来。

混乱戛然而止，正如它开始时那样突然。阿达米倒在了那个女人一边，开始喃喃自语。不一会儿，他停止了呢喃。我周围的人开始起身朝外走，我却无法动弹。我躺在泥地上，只觉得一阵轻微的眩晕。这时，有人过来扶起我，并用胆怯的声音恳求其他人帮忙，他们半搀扶着我走出房门。一到外面，我立即恢复了知觉，并可以站起来走路了，地面也由垂直方向恢复成水平方向。这时外面已是大白天。我开始返回我的住所。向导伊迪（Eddie）对我说："可怜的乔尔，可怜的白人。"他小声说："所有的印第安人都在那儿，而你却被精灵附身了。有时我在想那些精灵知道它们在做什么吗？你甚至对它们一无所知呀。"

降神仪式后的几天里，我惶惶不可终日，总感觉有身体以外的力量附在我的身体里，监督着我，刺激我。这感觉就像自己的意志被抽干，只剩下一具躯壳。更多的时候我感到像失血一样，眩晕，呕吐，就好像长时间躺着后，突然进行剧烈的跳动一样难受。那是一种在高空中被突如其来的变动所甩下来的感觉。

最终，我变得狂躁，兴奋不已。我通过做家务活来释放这种情绪，其余时间则花在将一块硬木雕成烟斗上。我投入了全部的精力雕刻烟斗的细节，每一刀刻下去都非常精准和仔细。我的指头对于树的纹理的感知也变得敏感而细腻。我能感觉到这块木头的历史通过刻刀进入我的手掌。我用心地雕刻着，就像在我此前的人生中从未做过这种事一样，似乎它的出现与我的存在紧密地联系在一起。

烟斗做好了，看着成品我很满意。装上烟草后，我小心翼翼地将它放进我的一个皮革腰包里，然后去找阿达米。事实上，我并不想见他，可脑海中总有一些东西挥之不去，迫使我找寻答案来解释目前的状态，好像阿达米能回答我的问题。在去他家的路上，我慢慢悠悠地走着，像狐狸在故意隐藏自己的行踪一样，我倒着走，躲着走，绕着走，但竟奇迹般地来到了阿达米家门口。没有敲门，我径直走了进去。

阿达米坐在屋子中间一把旧椅子上，旁边是个小柴火炉。除了一张放满乱七八糟的捕鱼用具的桌子和地上角落里的一个垫子，屋子里空空如也。两盏煤油灯发出"呲呲"的声响，似乎在欢迎客人的到来。阿达米抬头看着我，慈父般地笑了，他露出的稀疏牙齿使得他的脸看起来有生气了许多。他拍了拍手，笑了起来。

"那个女人怎么样了？"我脱口而出。"她痊愈了。"阿达米微笑着回答道。他的笑像一根羽毛般轻轻地挠着我的脚丫。我先觉得痒痒的，后来又觉得疼。"我……我给你带来了这个。"说着，我从口袋里掏出烟斗。

"你为什么来这儿？"他问道。

"学习。"我不假思索地回答。

我把烟斗放到桌子上，以掩饰我的话语给我造成的窘迫，我害怕会有更可怕的事打破这沉默。

"你现在在想什么？"阿达米的声音打破煤油灯发出的"呲呲"声。

"你这个又老又丑的印第安人，凭什么我要害怕你？"我的诚实着实吓了我自己一大跳。

阿达米笑了。他示意我坐在他椅子旁边的空地上，他从椅子上站了起来，在我身边坐下。

我们谈了很久，至少是我说了很久。阿达米问了我许多问题，比如：埃德蒙顿是个什么样的城市？纽约呢？我以前在哪捕鱼？我家在哪？我们的人民是什么样的？我不停地说着，直到他对我的身份了如指掌。

"你到过很多地方，见多识广。我能为你做什么呢？"他问我。

"你可以教我如何捕鱼，之后，或许……教我治病救人。"

"这就是你送我礼物的原因?"

"我真的不知道。"我回答道。

灵魂考验

"我要看看你的灵魂。"终于,阿达米开门见山地说道。

"好吧,阿达米。"我有些精神恍惚,对于他的请求并没有表现出惊讶。

阿达米指导我躺下来,让我把双手放在身体两侧。他开始围绕着我慢慢地边走边唱。我躺在那儿,感到舒适、安心,或许还有点好笑。

阿达米的歌声清凉、柔滑,像情人覆盖着丝绸的圆润躯体。歌声动人心弦,让我似乎能够触摸到丝绸的温热。我将覆盖物扯去,伸手去感受美人身体的温度,感受歌声的流转,直到手指触碰到了火焰——直到我变成了火焰。一阵飓风刮过,火焰追随着风的方向跃动。我在黑暗中深吸了一口气。

(冥冥中似乎有人恣意地飘浮于黑暗的空间里。"我"沉沉睡去,似乎隐匿于这一片黑暗之中。没有回忆,也无法比喻这无边的空虚。)

一阵飓风刮来,冷得我直打哆嗦,不一会儿,寒冷就传遍全身。我听见阿达米继续唱着,这声音促使我睁开眼睛。

"我睡了多久?"

正午的光线射进房间。

"真见鬼!"我试着坐起来,但身体一阵剧痛便朝后面倒下去,"老板会杀了我的。我本该在几小时前去工作。"

"你都旷了两天工了,"阿达米咧嘴笑着说,"我已经告诉过你老板你现在和我一起工作,就待在我这儿。"

阿达米朝桌子走去,拿起烟斗。他的动作缓慢轻柔,就像抱起沉睡中的孩子一样。

他转向我。

"我接受你的礼物。"……

阿达米继续教我。启蒙仪式由各种过关考验所构成,不过这是为将来做打算。当我的头脑中出现某种结构时,启蒙的思想有助于打破现实,带走我的结构,直到我脑子里空空如也。

我在冰水中沐浴,被鞭打,身心不断遭受重创,这正是我学习的过程——学习与精灵交流的方式,学习这世界如何有序运行,而这与我的想象截然不同。

这是一个不断破坏又不断重建的过程。……

我被迫去挑战身体的极限，就像是在雪地里走了太久，最终你"得到了它"。虽然你无法忍受它，但是由于某种原因，你不畏艰难险阻，仍然不停地向前进。你要穿越第二道风暴和第三道风暴。……

我身体里有个声音说："你为什么要忍受它？"但它就是无法停止，我感到我不得不继续下去。过了一会儿，为了脱离其他苦难的折磨，我想进入第一次降神体验。

第一次体验致幻蘑菇：肢解

阿达米问我是否准备好与精灵会面。我说："是的。"于是，我吃下蘑菇（毒蝇鹅膏菌），眼前即刻出现了降神会，耳朵里也传来了钟鼓的鸣响。这是一次非常可怕的经历，蘑菇似乎有毒，我不知道怎么对付它。

就像在吃颠茄（欧亚大陆一种有毒的多年生草本植物）。……现在似乎无路可逃，因为那些张着血盆大口的家伙正朝我而来。所有的一切都混乱不堪。我还没有准备好，也不知道即将发生什么，我根本无法将眼前的一切联系起来。

我感到身体虚弱，心理恐惧，如死期将至。我无法控制，也没有方向感，像是在地狱进行一场没有尽头的混沌之战……

我慢慢地从这种混沌之中逃了出来，毫发无损，但仅此而已。这战争只进行到一定程度，最终还是离我远去。

之后，阿达米问我发生了什么，我告诉他我刚刚经历的景象。他告诉我，我的每个恐惧和每个感受，事实上都是精灵在控制。他告诉我精灵的名字，以及它们都做了什么。

在第一次体验之前，我想："它们这下不会再折磨我了。"在第二次体验前，我却不想让它们停止。而在第一次的时候我发现自己在瞎闹，那种方式不得当，我紧紧抓着的人其实并不存在，我得停止抓住那个实体，否则它们会被剁碎。这种感觉其实没有那么清晰，也没有那么强烈……

我不想让这种幻觉、这种梦境带我离开我的躯体，我将它们赶跑，从我的灵魂中赶出去。随后，有这么片刻时间……

这以后，我开始了学习的过程。这些能将你撕碎的力量是什么？我们权且给它们取个名，看看如何对付它们。

第二次降神会：与精灵相会

舞蹈和鼓乐，拉开了第二次降神会的序幕，这次我也加入了仪式。我开始狂跳不止，情绪也变得越来越兴奋，直到感觉一股热浪袭击了我的脊柱，进而进入我的大脑，终于，我进入了出神状态。

恍惚中出现幻象：我看到一只熊，它示意我跟它走。而这正是一个精灵、一种能量在召唤我，让我同它开始一段旅程。我跟着它，它突然幻化成一个女人。紧接着眼前便出现了一系列性爱的意象，不断有臀部、大腿、胸脯和肉体交媾的场面在我眼前盘旋。

我的身体不断地旋转着向下落去，就像掉入了地心的深渊。我周围有各种各样的生物。在我下沉的过程中，它们不断地撕扯着我的身体。当我终于坠入谷底，它们蜂拥而至，又开始了新一轮的撕扯：猎鹰啄食我的眼睛，多齿的狗用爪子抓我的脊背。

我的身体被不断撕扯着，但这次与上次不同，我并不感觉害怕，相反，我对此完全接受。我被这种恐惧所降服，并且跟随着它。直到有个精灵——某种力量大喊一声"停！"……即刻，我的身体碎块又被放回原位。但在恢复的过程中，我并不认识这个新的自己，因为它并没有按原来的位置摆放，而是多出了一些东西。比如，我起初的身体是 1-2-3 结构，但现在变成了 1-2-3 和 4。这个 4 是很重要的，它使我的身体比以前更完整。

此刻我的情绪极度高涨，头脑中被震撼的感觉一浪高过一浪。我感觉我可以看穿事物，看穿人的心灵、骨头和灵魂。这时从我的身体深处传来一个声音，这是我在唱一首歌，一首体验之歌，我能感觉到这首歌带给我勇气和力量。我知道我得记住这首歌，它是我的灵丹妙药。……

在这第二次体验之后，我知道要再体验一次得到很久以后了。我已经二十一岁，还没有准备好放弃我的尘世生活。……

我身体里有个声音告诫我：你会在树林里生活直到老去，你不能娶一个印第安女人。大家都会害怕你，没人会爱你，就像阿达米一样，人们只是敬畏他，而不是爱他。但是另一个声音却召唤我，让我继续这一旅程。

如果留下来，我会成为一个二流的萨满……一个疯狂的生活在树林里的人，冬天我会去埃德蒙顿，因为我不是印第安人，无法忍受这儿的贫瘠。我会在那里待很久，也会不停地在两种文化中穿梭。……

我感到这种文化交流很有用，它促使我不断地理清我的价值观，因为它没有一个固定的模式，所以我只能不停地思考，直到感觉"啊哈，对我而言这才是真实的"。

走出幻象，我唱着歌返回我的世界——但此后并没有很多人和我分享我的经历，不像在原始部落里，你回来时会说："这是我拔下的熊的牙齿或者我的幻想，这是我名字的意思，这是引导我的精灵。"而在这儿，我无法这样说。……

（和阿达米在一起）我会穿红色吊带袜、法兰绒衬衫，带着富有的白人去钓鱼，冬天挖陷阱捕猎……但那并不是真实的我，我不是一个土生土长的北方印第安人。虽然我可以将他们的神话与现实世界联系起来，但我无法适应他们的生活方式，让自己融入其中，并在那里度过余生——更不要说让我蓄长及膝盖的头发，穿铁制的萨满服。

我感觉我得回到自己的文化中去，解决实际的问题。我要将我所掌握的那些萨满知识带回我自己的文化，让它在那里发挥效力。对我而言，在那里没有神话基础，也没有精灵的实际存在。只有那首歌流传下来了，它会一直在那里传唱。

第六章　转变的力量

因纽特的欧纳克（Eskimo Oonark）所绘的这幅画题为《飞行中的萨满》。这幅铅笔画的解说词为："当月球火箭登上月球时，一些小孩将此事告诉老人们。但孩子们却很受挫，因为老人们会说：'哦，那没什么了不起的，我叔叔去过月球很多次呢。'"

［引自安妮·特鲁布拉德·博奥德斯盖（Anne Trueblood Brodzky）、罗斯·丹尼斯威奇（Rose Daneswich）、尼克·约翰逊（Nick Johnson）合编：《石头、骨头和皮肤：萨满宗教仪式艺术》，多伦多：艺术出版协会，1977 年，第 122 页］

威利德姜果

澳大利亚/默宁族

萨满威利德姜果是一名巫医，他在阿纳姆地东北部的默宁地区声名赫赫。人类学家威廉姆·劳埃德·沃纳（W. Lloyd Warner）曾这样描述他："或许除了身上那种不同寻常的良好气质外，他只是一个有着一头乱蓬蓬直发的大块头，与部落里的其他人没有什么区别。"他有六个妻子，还有很多儿女。身为猎手和渔夫的他，还积极地参与族内的礼仪庆典活动。

沃纳认识了威利德姜果，并收集了以下的叙述。沃纳认为：澳大利亚萨满所修炼的"白巫术"，是"治愈疾病、创伤、蛇咬的有效能量。总之，这种能量可以剔除病人任何烦躁不安的情绪，给予患者舒适感和适应其社群的调适感"[1]。

沃纳还认为：这些萨满可以移除进入病患体内的外来物体，还可以诊断由此引起的疾病。但是，如果病人丢失了灵魂，想要减轻痛苦或推迟死亡，萨满就无能为力了。[2]

以下就是沃纳所介绍的威利德姜果如何变成巫医的启蒙仪式经历：

那时威利德姜果已是成人了，有几个妻子，还有一些小孩。一天，他去灌木丛寻找野蜜蜂窝。寻找了一会儿他就打算回家了，而就在他返回营地的途中，他突觉右腿根部有疼痛之感。后来他才知道这是他即将获得的魔法精灵带给他的。他的腿很酸痛，这种疼痛持续了一周多。那段时间，他天天躺在营地里，盖着树皮来保暖。他的一位妻子睡在他身边。晚上，给他带来疼痛的魔法精灵，一个小男孩和一个小女孩，开始在树皮底下对他说话。只听他们有规律地吟唱着："嘟！嘟！嘟！特！特！特！"

威利德姜果说："那声音就像是百合花中的小青蛙一样。"

他叫醒妻子："你今晚最好和她们一起去睡。"妻子起身离开了他们的棚屋，搬回娘家去住了，她被那两个魔法精灵吓坏了。那两个精

---

[1] 威廉姆·劳埃德·沃纳：《一种黑色的文明》，第210页。——原注
[2] 威廉姆·劳埃德·沃纳：《一种黑色的文明》，第210页。——原注

*灵继续说着话，他们回到了灌木丛，威利德姜果紧跟着他们……*①

我一直听着他们弄出的噪音。我就那样听着，跟着他们，却没有看他们。他们俩回到了营地，我也随着回来了。他们在我的火堆前坐下交谈。到了黑暗的夜晚，他们就飞到树顶上去了。他们有着飞行的鹌鹑的声音。他们坐在我头顶上，或是坐在我肩膀上。他们有着白色的羽毛，但我那时却没意识到，我只能感觉到他们在我的头顶上。

他们没有再回来，但我去找他们了。在灌木丛中，我第一次看见了他们。他们的身体似鹳，眼睛似玻璃，脸、肚子和腿都很像人类。他们有着儿童般鼓鼓的肚子。他们的胳膊很像翅膀，上面还有很多细小的羽毛，他们的翅膀上则长着粗大的羽毛。他们站在树上。我拿起投矛杆，将有弯钩的那一端夹在我胳膊底下，在上面抹了点汗水。接着，我把它拿出来，伸向那两个精灵。我抓住了他们，把他们夹在了我胳膊下。我用手抓着他们，就像你抓住一只小野鸟一样。但是，他们却在我回到营地之前逃脱了。离开前他们还对我说："你有妻子在家呢，还是你一个人回去比较好。"

"不，我不想那样做……你们叫什么名字？"我说。

"我们是两个魔法精灵。你尝试过给人治病吗？如果有人生病，你不要管他们，让别的医生去治疗他们吧。"

随后，我回到了营地。道恩（Dorng）的女儿生病了。我看着她，什么也没做。她的胸口裂开了，出现了一个大窟窿。我继续看着。一位老医生试图治疗她，但他也无能为力，而我什么也没做。过了一会儿，我把她裂开的肉推挤在一块，在我第一次这么尝试后，她立刻就好多了。就在她半死不活时，我拯救了她。之后那两个精灵对我说："第一次尝试你表现很出色。下次有人生病时，你就去治疗他们，这是你的工作。我们赋予你这一能力，它将帮助你。但有一些事你须谨记：你一定不能涉入咸水，并被之覆盖；你必须独自去海滩附近；如果你走到咸水之下，我们俩都将死去。"

如果我踏入海水，这两个精灵将死去。他们通常在午夜来找我。昨天我把一只袋鼠放在我的肩膀上，结果挤压了我的胳膊。我把一个精灵弄伤了，我的胳膊下面也有些伤痛。昨晚那个没有受伤的小精灵离开了我，去灌木丛寻找另

---

① 威廉姆·劳埃德·沃纳：《一种黑色的文明》，第 212 页。——原注

一个精灵，而另一个跟着他回来了。受伤的那个说："我们的主人像我一样受伤了，你来，我们一起治愈他。"

没受伤的那个从另一个精灵身体里拿出了某些东西，他们一起回来了。他们在我的胸腔里发现了一些硬硬的东西，并把他们取了出来。

当我有了这两个精灵以后，我四处走动却不说什么。我不常抽烟，只吃蔬菜食物，并且只待在一个地方。我和一位老医生交上了朋友，我给他食物和烟草。一个精灵离开他追随了我。

* * *

当我给人治病时，这两个精灵就进入病人体内。病人体内卡着一根骨头，我不停地在病人身体表面揉搓，而这两个精灵就在病人体内抓住那根骨头，当我吮吸病人时，他们也就拿着那根骨头跳了出来。有时，我可以看穿一个人的身体，发现他体内已腐烂，这两个精灵可以进入他体内，但却无能为力。有时，一些人的灵魂会在灌木丛中丢失，这时他们就来找我，我查看以后发现他们体内已变得空虚了。于是就说："我不能治好你，一切都过去了。你的心脏仍会在那里，但它已经空了。我不能治好你。"然后我告诉别人这个人会很快逝世。

有时，一些人会沿着海岸大老远抬着病人来找我。我先对他们说："你们分别站在他两边。"然后我就看穿那个人的身体。很快，把那人害得半死的两个灵魂就跳了出来。当我看见这一幕，我就叫出了偷走病人灵魂的那两人的名字。

而在所有这些事发生之前，男人和女人一起去灌木丛嬉戏玩耍，为人妇者与为人夫者玩在了一起。他们说："我们去猎袋鼠吧。"男的于是就去打猎，之后又去和女人会合，一起回来。我的精灵这时跑来告诉我："那个男人和那个女人在丛林中偷情，你去告诉女人的丈夫。"我回答："哦，算了，我不会那样做的。那会引起很多麻烦的。"我不告诉他们的丈夫和妻子，是因为那会在营地引起太多的麻烦。

偶尔当我和一个男人坐在一起时，我会看着他的头，然后说："你是这么想的或那么想的。"那人惊讶地反问："你怎么会知道呢？"我说："我能看穿你的心啊。"

穆恩－依赫－依赫
澳大利亚/默宁族

在被三个"治病小精灵"中的一个推进水坑之后,穆恩－依赫－依赫(Mun-yir-yir)便开始了他的巫医生涯。在有过几次启蒙仪式经历后,他慢慢地开始发展他的治疗术。以下就有他对启蒙仪式经历的描述。

尽管穆恩－依赫－依赫是一个出色的巫医,曾治愈了很多病人,他却在违反了一项禁忌之后,失去了疗伤治病的能力。依据传统,那些有治病疗伤能力的人若掉进了盐水,就会毁灭他们的治疗精灵。当一条独木舟撞向穆恩－依赫－依赫的小船时,他正在米林金比岛的哥伊德河畔,他就这样掉进了大海。他那袋貂一样大小的魔法精灵也从他头上掉了下来,随他一起落入海水中。他因此失去了他的精灵助手和治病能力。[①]

我在我的家乡蛇村找到了我的治疗精灵。记得当时我正在捕猎袋狸,还抓到了一只,于是就在火堆上烘烤它。我想大概那些精灵闻到了烤袋狸的香味。在我去小河边喝水那会儿,我侧着身,在一个水洞里喝着水。正在此时,一个治疗精灵捏住了我的鼻子,把我拉入水中。跌入水中后我就没有了意识。而那些精灵,一个小女孩和两个小男孩,把我的手放到了一块干燥的地方……在我昏迷时,他们治愈了我,从我体内取出某种东西。他们掰开了我的眼睛、鼻子和嘴,让我恢复。他们还向我的嘴巴里吹气。我站起身,拿起石斧。向其中一个小男孩的鼻子砸去,之后还打了另外两个精灵。他们看起来很像袋貂。当我抓住他们时,其中一个男的治疗小精灵说:"你治愈了我们。"

我砸了他的鼻子,他竟然说我治好了他,于是我又砸了另外两个精灵的鼻子,治好了他们。他们对我说:"现在你回营地去吧。不要再吃狗肉了,也不要在火堆边睡觉,但是你可以吃冷的食物。"

当我回到营地时,这几个精灵大声叫我,弄出很大的噪音。人们就说:"看,穆恩－依赫－依赫找到了几个治疗精灵。"只听精灵们手击身体两侧,弄

[①] 基于威廉姆·劳埃德·沃纳《一种黑色的文明》的讨论,第217—218页。——原注

出"砰砰"的响声。我回到营地坐下，睡了一会儿。夜里，我出去了，两个精灵带我去了灌木丛，我并没有试图给人们治病。

我去了纳拉达尔（Naladaer）乡的埃扣（Elcho）岛，之后又再次回到了大陆。一些人对我说："我们不舒服，胸口很痛，穆恩－侬赫－侬赫，请帮助我们。"我答应了。我先拿出一个大贝壳，倒满水洗了手。接着检查了他们的胸口，从里面拿出一根骨头，并展示给他们看。接着一个异乡人又来找我，他的背很痛。"我不能行走。"他说。我仔细检查了一番，发现他体内有一个小小的硬物。我一敲他的背，那个硬物就飞了出来，我给他看了那个硬物。他从此可以去猎袋鼠了，他的背不痛了，他因此很高兴。

两个精灵坐在我的肩膀上，有时他们也会坐在我头上。我把他们当作自己的孩子。有时，他们会在夜间来找我，说道："那里有人生病了。"

清早我就会问他们："那个人在哪儿？"他们就会带我去找那个人，并说："他体内有东西。"接着，他们就给我指出具体位置。有时，我会用树枝，或轻拂病人的背，或敲击他，接着他体内的硬物就从身体中掉出来。

在我最初治疗病人时，一些人会说："你说的不是真的！你说谎！"于是我就回答："你们看着我的嘴巴。"我张开嘴，让他们看清楚，里面并没有任何东西。

* * *

在米林金比岛的哥伊德河畔，我掉进了大海。事情是这样的：我的治疗精灵们坐在我的肩上或头上，我站在我的小船上，而就在这时，一条独木舟向我们撞来。我掉进了海里，全身被咸咸的海水浸透了。我听见我的精灵们在叫喊。我伸手摸我的头，我浮起来了，他们却沉入了水中。不久之后一位老人生病了。"我这儿不舒服。"他说（他指着自己的胸口）。我尝试检查是什么东西在他体内，但我却看不见。我的眼睛太模糊了，我失去了我的治疗精灵。现在，我再也不能看见人们体内的任何东西。人人都说我失去了天赋，这也太糟糕了。于是我向人们宣布："我再也不能给你们治病了，我掉进了大海，盐水浸透了我的身体，我再也不能治病了。"如果我是掉进淡水中，我的精灵孩子们就不会受到伤害了吧。

奥阿

因纽特/伊格鲁利克族

  这篇不同寻常的叙述向我们讲述了伊格鲁利克族萨满教的起源，尤其是出体旅行（out-of-the-body travel）的起源。叙述者向我们介绍了这一神话的起始部分：

  在最早的时候，人们生活在黑暗当中，没有什么动物可猎获。那时的人类是那么的无知，那么的贫穷，远远比不上现今的我们。他们四处游走以寻找食物，过着犹如现在的游荡者的生活，但方式却大为不同。当他们停下安营扎寨时，他们就用一种现在早已不为人知的镐来掘地。他们在土地里找寻食物，并以此为生。他们对我们现在流行的所有游戏都一无所知。因此，他们也不用时时提防我们现代人所面临的危险——那些因打猎、猎杀别的灵魂所导致的危险。也正因此，他们没有萨满。然而，他们却躲不过疾病。正是由于对疾病和苦难的恐惧才迎来了有史以来的第一位萨满。与萨满相关的历史之来源，古代人讲述如下：

  "人们一直以来都很害怕疾病。追溯历史，早就出现过很多智者，他们尝试去弄清凡人所不能理解的一切。那时并没有萨满，人们对生命的法则，即那些教他们如何防备危险和疾病的法则也是一无所知。史上的第一个护身符是一小片海胆壳，壳上面有一个小洞，因此它被称为'门'。事实上，它之所以被推为史上第一个护身符，是因为它使人想起一种能治愈人的神奇力量。如果一个人生病了，就会有人坐在他身旁，接着，这人指着病人的生病部位，从背后向他吹风。再后来，他就到门外去了，而另一个人则用手掏空病人的生病部位，同时，在远离病人的方向，向另一只手掌吹气。当地的人们相信，风和呼吸共同构成人体内部所产生的一切能量，这种能量是那么的神奇与强大，足以治愈一切疾病。

  "这样，人人都是医师，萨满就没有存在之必要了。不幸的是，苦难与饥荒一度席卷了伊格鲁利克人。很多人死于饥饿。人们开始恐慌，不知所措。一天，人们在一个房子里集会，这时有人请求大家允许他到睡房的皮质帷幔后面去，没人知道为什么。他说他将要去拜访海洋巨兽的母亲（the Mother of the Sea Beasts）。房子里没人听得懂他在说什么，也没人相信他。他只管往前，穿过帷幔。他向众人宣布，他将施展一项法术，这法术日后将有益于人类；但是却没有人看他。然而，不久后，由于怀疑和好奇心的驱使，人们拉开了帘子。使人惊讶的是，他已经钻进泥土里去了。他潜入得很深，人们能看见的只有他的脚掌。没有人知道他究竟是如何有这个想法的。他自己说，是精灵帮了他：他与世隔绝时得到了精灵的启示。于是，人类有了第一个萨满。他拜访了海洋巨兽的母亲，给人们带回了猎物。富足取代了饥荒。人们重新快乐起来。

"之后，萨满们扩展了他们关于隐秘事物的知识，以众多方式帮助人类。他们还形成了自己的神圣语言，但仅限与精灵交流之用，不用于日常交流。"①

只有最伟大的萨满才能出体旅行到"白日圣地"（the Land of the Day），也就是来世之境，它面朝东方黎明。② 通常，萨满们飞行到这个死者的天堂，纯粹只是为了享受飞行的愉悦。而这一恍惚的精神之旅的准备过程却非常复杂，涉及一系列的辅助过程。首先，萨满会坐在他房子后面的睡凳上，这时，一个皮质的帐幕会将他与众人隔开。接着，他被反手绑住，而他的头则被压向膝盖。绑住他的人接着会在刀尖上燃起炙热的火舌，并在他头顶上空画出戒指似的图形。在他们这样做的时候，还会发出呼唤："请带走这个拜访者吧。"③

接着房子里的灯就熄灭了，所有在座的人都紧闭双眼，保持安静。过了一会儿，房子的各个角落响起了奇怪的唑唑声与低语声。只听萨满大声呼唤："哈啦啦，哈啦啦嘞，哈啦啦，哈啦啦嘞！"而他的朋友则回答："啊嘞，啊嘞，啊嘞！"

当听见响声时，所有参加仪式的人就知道萨满的灵魂已离开了他的躯体，飞往了白日圣地。在他那狂喜的飞行中，有众星做伴，而它

---

① 克努德·拉斯姆森：《伊格鲁利克爱斯基摩人的知识文化》，第110—111页。——原注
② 据说，在白日圣地居住的人们，那些溺死或被谋杀的人们，在圣地里开心地生活着。他们欢笑，唱歌，还用海象的头盖骨当球打。那些没有经过惨死来净化灵魂的人，必须先去接受处罚，以惩戒他们曾犯的罪过。克努德·拉斯姆森：《跨越极地美洲》，第28页。——原注
③ 克努德·拉斯姆森：《伊格鲁利克爱斯基摩人的知识文化》，第129页。——原注

们也曾是人类。

萨满离开后,他的朋友们开始唱起欢快的古谣。而当那萨满回来后,尽管已筋疲力尽,他仍会向他的同伴们讲述他的天堂之旅。[①]

然而,出体旅行也不总是为了取乐。有时,萨满须离开他的躯体去收回一些丢失的灵魂,这些灵魂被巫师的精灵所吸引而带走;又或是,他必须飞行去别的世界以寻找那些生病或受伤的灵魂。如果部落被不幸困扰,萨满还必须潜入海底去安抚海洋巨兽的母亲。[②]

无论是去追求快乐,去举行治疗仪式,去给死者送终,去服务诸神,还是在启蒙仪式的危机考验中,萨满去往神秘世界的灵魂之旅都是世界各地萨满文化的一个共同点。与雷蒙所讲述的故事(第108—110、136—139、196—200页)、非洲昆族人所讲述的巫医克考斯奥老人的故事(第43—50页)和塞利普泰叙述的故事(第30—38页)相比,奥阿的如下叙述特别有趣。

我们部落的伟大萨满经常独自去拜访白日圣地的人们,仅仅是为了快乐。我们称这些萨满为能升天的人。即将飞行的萨满必须坐在他房子里睡榻的后面。但是,坐在帐幕之后,萨满还必须被绑住,他的双手被反缚,他的头则垂放在膝盖上。另外,他必须穿短裤,裸露着腿和上身。这一切就绪后,绑住他的人要把灯里的火苗引到刀尖之上,悬置在萨满的头顶,画出戒指的形状,口中还要说:"请带走这个拜访者吧。"

接着,所有的灯都熄灭了。房子里所有在座的人还必须紧闭双眼。他们就那样坐着,房子里一片寂静。这样持续一段时间后,众人会听见奇怪的响声。他们听见来自高空的呼声,那声音是那么的低沉,那么的含糊。突然之间,萨满会大声呼喊:"哈啦啦,哈啦啦嘞,哈啦啦,哈啦啦嘞!"

与此同时,屋子里所有在座的人必须喊出"啊嘞,啊嘞,啊嘞!"接着,雪屋里传出一阵响声,所有人都知道,萨满灵魂出入的洞口已经形成,那洞口就像海豹的呼吸孔一样。在那些曾是人类的星星的帮助下,灵魂通过这洞口飞向天堂。这时,为给萨满打开灵魂之路,所有在路上来去的灵魂,一些飞下去了,而另一些则飞上去了。空气里一下充满了呼啸之声:"啐,啐,啐!"

[①] 克努德·拉斯姆森:《伊格鲁利克爱斯基摩人的知识文化》,第129—131页。——原注
[②] 克努德·拉斯姆森:《伊格鲁利克爱斯基摩人的知识文化》,第131页。——原注

那是众星们为萨满的灵魂发出的呼啸。这时，屋里的人们必须尝试猜测那些星星在地球上生活时所使用的名字。当他们猜对时，会听见两声短促的呼啸："啐，啐！"然后，这微弱却刺耳的声音就渐渐消逝在空中。那是星星的回答，它们在感谢人们依然记得自己。

通常，萨满的飞行将持续一段时间，而他的客人们这时就会闭着双眼，吟唱古老的歌谣。据说，当萨满到达白日圣地时，圣地的人们会很高兴。刚开始时，他们还没察觉到萨满的到来，因为他们正在玩游戏、踢球，处在亢奋状态。接着他们会听见欢呼声在屋里徘徊："拜访者，拜访者！"顷刻间，他们就跑出了房子。这房子没有门窗和回廊，那些灵魂就从四面八方涌出。他们凭借自己的喜好，有穿墙而出的，也有从屋顶飞出的。他们穿越而出，尽管人们可以看见他们，但他们却无形无体，他们穿过房子的地方也没有任何洞口。他们一拥而上，热情地欢迎新来的人，问候着他，因为他们相信，这又是一个死者的灵魂，正如他们自己一样。然而那人却说："我仍然是一个活生生的人。"闻听此言，他们失望地四散跑开。

在白日圣地，绑住萨满的皮绳会自动脱落，而那些时刻兴致高昂的灵魂就开始用皮绳玩球了。每一次他们把球踢出去，皮绳也会飞上天空，它变换出很多形状，时而像驯鹿，时而像一只熊，时而又像一个人。一个死者的灵魂仅用一脚踢出去，就能让这皮绳创造出多样形态的生命。

萨满和那些开心的死者之魂待了一会儿后，就返回他的村庄。在那儿，他屋子里的客人们还紧闭双眼等着他。突然，他们听见睡榻之后有碰撞之声。接着，他们还听见绑住萨满的皮绳从空中掉下。这皮绳没有落在帐幕之后，却落在了屋子里等待的人们中间。萨满这时已气喘吁吁，浑身无力，但能说话。

此后，他就向众人讲述他在死者的天国的所见所闻。

雷蒙·梅迪纳·席尔瓦
中美洲/惠乔尔族

对惠乔尔人来说，疾病总是由一些神秘的超自然因素造成的。因此，为了治愈患者，除了治疗痛苦的病症，萨满还必须找出导致这一不幸的病根。皮特·福斯特进一步解释说，如果不这么做，即使不导致死亡，疾病也还是会复发的。① 因此，萨满必须再次准确地追寻那些引起疾病或使个人生命力受损的事件或环境。也只有这样，他或她才能挽回那已奄奄一息的宝贵生命。

灵魂的丢失对惠乔尔人来说是一个持久的危险。灵魂可能会在人睡觉时悄悄从身体上溜走，也可能被魔法师或动物精灵逮获，甚至，人的精魂库普里（kupúri）还会从人的头顶涌出，被魔法师指使的邪恶之灵诱拐，乃至消耗殆尽。②

如果一个人丢失灵魂之后却依然活着，那么灵魂就不是永远离开了身体，还有时间挽救这一生命。这时，萨满就必须做好寻找灵魂的准备。

在惠乔尔人的想象中，精魂库普里是一种极微小的能量体，就像苍蝇或虱子一样大小。它频繁发出"咝咝"的低啸声。在搜索病人走过的路时，为了找到灵魂，萨满认真地倾听着。在听到灵魂那回旋的声音时，像马萨特克萨满所做的一样，萨满们也会吹口哨，以此和这微小的能量体进行交流。在定位了发光的灵魂之后，萨满就向塔泰·尼韦杜克玛（Tatéi Niwetúkame），也就是儿童守护女神祈祷。这时，守护女神就会指导萨满拾起灵魂，使它免受饥饿的动物或魔法师的迫害。接着，萨满用棉布卷包起灵魂。当他回到病人身边时，他就将灵魂和棉布卷一起塞入病人的大脑。③

这个叙述与很多其他文化以及惠乔尔文化的其他部落的出体旅行都有很多相似之处，尽管雷蒙没有告诉皮特·福斯特，是他亲身还是他的灵魂走出身体后重访了病人所走过的路。④

人的一生当中，灵魂始终居于头部。在头顶处是人的天灵盖，天灵盖与生命其实是一回事。我们称之为"库普里"。库普里，即天灵盖，灵魂的生命所在。

男人的灵魂之生命，居于脑部，女人也同样如此，因为这是人类思维之所在。若一个人脑受重击，他将无法思考，陷入昏迷。因为我们接触的一切事物

---

① 皮特·福斯特：《惠乔尔人的灵魂概念》，第46—47页。——原注
② 皮特·福斯特：《惠乔尔人的灵魂概念》，第51—52页。——原注
③ 皮特·福斯特：《惠乔尔人的灵魂概念》，第54—55页。——原注
④ 关于该领域详细的讨论，详见皮特·福斯特《惠乔尔人的灵魂概念》一文。——原注

都需要经由大脑进行思考。失去思维的人不知道他自己在做什么，也不知道他的生命已离他远去，从他的脑中消逝了，就是从他头顶的天灵盖处跑掉的。他仅剩下一个行尸走肉般的躯壳而已。

人与他的生命力像是通过一条细线连接的，这细线细如蛛丝。在人入睡时，生命可离开身体，四处漫游，以这样或那样的方式游荡。然而，它不会飘离太远。但即使如此，它也可能被魔法师或其指使的邪恶动物捕获。如果这样，失去灵魂的人第二天清晨就会生病，不知发生了何事。这时，人们就会请来萨满。接着，萨满就会四处寻找并带回灵魂。如果找不回灵魂，病人就会死去。

在我们家乡有很多峡谷。人们出去砍柴或清理耕地时，不小心就会被石头绊倒，跌下峡谷。

在滚落峡谷时，头会撞到石头。这时，灵魂就从身体最柔软的地方，也就是头顶滑出。人头顶的天灵盖就是灵魂的生命力所在。灵魂一旦掉出体外，就会受到惊吓。

这时人就躺在那儿，停止了思考。他没有死，却也没有睡觉，就那样躺着，一动也不动。过了一会儿，他爬起来了，感觉却很糟糕，像是生病了。他不知发生了什么，也不知道大脑经历了什么。他不能正常思考，没有思路，就像他自己所说的，他已精神错乱了。他走路七拐八拐的，而这都是因为那一摔，一切都错乱了。

过一会儿后，他爬起来了，却感觉很不舒服。走啊走，他终于爬出了峡谷。他带着头痛回到家，不能做任何事。他就躺在那儿，感觉生病了，很严重。

接着，亲戚们就去求助萨满。他们说："我们的亲戚发生了意外，从某个地方摔下峡谷，他摔倒在什么什么地方了。"

萨满接着就出发了，试图找到灵魂丢失的地方。灵魂被惊吓后就那样躺着，处境很危险。萨满沿着病人经过的路线寻找着。他用自己的羽毛箭倾听着，一路寻找着灵魂。他边走边听，要找到灵魂摔落之处。

萨满一路倾听着，查看着，寻找着。终于，他找到了病人不慎摔倒掉进峡谷的地方。即使这个地方危险四伏，险石林立，怪物丛生，到处都是危险的动物，到处都是蝎子和毒蛇，萨满也不会害怕。他继续下去寻找，不断地寻找。

即使他可能会摔倒受伤，即使下面怪物丛生，萨满都不应感到害怕。他继续寻找着，用自己内心的神箭倾听着。

他到自己能听见灵魂哭喊的地方寻找。只要我们叫喊，灵魂也会附和，就像掉进峡谷找不到归路的人一样，灵魂也会叫喊："啊，我在哪儿？我在这儿干什么？我该怎么办呢？我该去哪里呢？我在这里迷路了。"

迷路的人会叫喊，会哭泣。丢失的灵魂也会如此。

萨满聆听着这一切声音。他越来越接近。灵魂开始啜泣，并发出"咝咝"的声音，像一阵微风。这声音是那么的轻柔，就像塔特瓦瑞（Tatewari）火苗，在初次被点燃时所发出的"咝咝"之声，也就和木头还没干燥，初次点燃时发出的声音一样。

萨满拿着羽毛和箭倾听着。接着，他小心谨慎地走过去。也许，他会发现灵魂躺在树枝下、树叶下，或是他脚下的小石子下。它是那么的小，犹如最小的昆虫或最小的虱子。

萨满慢慢靠近灵魂低呼的地方。与此同时，他也轻轻地吹着口哨，好让灵魂听见他。这就是他们彼此联系的方式。无论灵魂在哪儿，萨满都要去寻找它。

萨满用他的羽毛和能量呼唤着守护女神塔泰·尼韦杜克玛，以询问灵魂是否能被拾起。他呼唤着她，因为她是儿童守护之神，也是她将灵魂赋予了人们。

女神回答："当然能。"她接着说："在饥饿的动物还没吃它前，在邪恶的魔法师还没来逮获它之前，快点拾起它吧！"因为，一旦动物吃了灵魂，它的主人就会死去，一旦魔法师逮获了灵魂，它的主人也会生病，日渐虚弱，直至死亡来临。

萨满拿出了一些棉布卷，用以提起灵魂并保护它。他用羽毛的顶端，谨慎地、慢慢地拾起了灵魂。它是那么的微小，人们几乎看不见它。萨满获取了那个灵魂，并且用棉布卷包住了它。

萨满有一个空心竹子做成的小竹筒。他把灵魂放进了竹筒里面，并用棉布把两端塞住了。然后，他就把竹筒放进了随身携带的如响尾蛇般的椭圆形工具箱里，合上盖子，再仔细地绑住它。就这样，他把灵魂带了回来。

经过长途跋涉，萨满终于回到了病人的居所。接着，他把病人带进部落里的神庙，让他平躺着。之后，萨满从竹筒中取出灵魂，把它放在了病人的头上，即头顶的天灵盖上，那里正是人身上最柔软之处。他把灵魂连同裹住它的棉布卷一起放进了人的大脑，然而，棉布卷进入大脑后却消失了。奇迹般地，病人又恢复了健康。

皮塔咖·宇哈·玛尼

北美洲/苏族

皮塔咖·宇哈·玛尼（Petaga Yuha Mani）是苏族巫医，他能在炭火上行走。曾师从于他的阿瑟·阿米奥特这样描述他：

> 虽然经过了岁月的洗礼，经历了辛苦的工作与变幻莫测的天气的考验，他的脸上布满了皱纹，但正是这样一张面孔表现出高贵、智慧与为实现自己的理想而永不妥协的态度。
>
> 他那粗糙的大手告诉我们，他的青春是在劳作中度过的；然而，在他的一生中，他用自己那祥和与自我牺牲的精神，既接触到众多圣徒，又引导了罪人走向启蒙。[1]

皮塔咖·宇哈·玛尼也被称作皮特·凯奇（Pete Catches）。雷霆之精灵选择了他，使他成了一名巫医。"我无法选择，我被迫以这种方式生活，因为他们选择了我……我的一生都在为雷霆之灵，为我的同胞们服务。此外，我还按照祖辈们的指示关心那些该关心的人和事。"[2]

皮塔咖跳了无数次传统的苏族太阳之舞，在朝拜感谢太阳神时，他的皮肉被晒出了条条裂痕。他教育、引导并治愈了很多族人。在认清了自己身体和灵魂的源泉后，他效仿古人，喜欢上了离群索居的独处生活，渴望从中吸收温和的荒野气息。[3]

我的生活方式已经过时了。我过着五十年前，或许更久如一百年前的生活，我喜欢这样，我喜欢尽可能地靠近大地，虔诚地生活。这样，我就接近了那些我用作药物的植物、种子以及花朵。伟大的圣灵告诉我们，人们可以这样生存，可以以自己的方式生活。因此，我就和妻子住在一个小木屋里，那里没有电，没有自来水，更没有水管设施和道路。这就是我想要的生活。虽然简单，但木屋却给人以宁静祥和。这就是我们余生所要的生活。我要远离现代城市，远离那些钢筋水泥，尽可能比我现在更接近大自然。

我不想被称作医师，我只是一个能治病疗伤的人，这是我的宿命。我不要

---

[1] A.阿米奥特：《鹰飞过》，第29页。——原注
[2] A.阿米奥特：《鹰飞过》，第29页。——原注
[3] 雷姆·迪尔和理查德·俄德斯：《雷姆·迪尔：幻象追求者》，第126—127、137—138页。——原注

求任何回报。白人的医生要收取费用，牧师也要，而我不收任何费用。病人完整健康地从我这走出去就是对我的回报。有时，我的法力消失，这使我很伤心；当我重拾法力时，我的心情就变得很好。一些人总想着钱，想着如何去挣钱，我却从来没有这种想法。

我和妻子在自然中生活，几乎不缺任何东西。伟大的圣灵造就了花朵、溪流、松树和杉木，并呵护着它们。他让微风吹拂它们，给它们呼吸，浇灌它们，让它们成长。即使是生长在悬崖之下、岩石之中，他也细心地照管着它们。当然，他也照管着我，给我水喝，给我东西吃，让我生活在动植物当中，使我成了它们中的一员。这也是我，作为一个印第安人想要的生活。但这并不代表我就与世隔绝了。很多人也曾找到我的木屋。我喜欢这样，我想和来自各地的人们接触，和他们交流，并向他们讲述一些我们印第安的灵魂之旅。

同时，我又想远离一切，像古代的隐士一样生活。在高速公路上，你也许会看见浑身是血的印第安人请求搭车，我却从不那样。当我在路上行走时，我会一直走下去，这也是我内心深处的某种骄傲。某一天，我会把木屋建在更遥远的山林中。或许，我根本就不要木屋，而成为大森林之中的一分子。在那儿，伟大的圣灵也造就了很多值得我们去发觉的东西：草药、小树枝，也可能是极小的花朵。你可以花很长时间去想着它，它不是玫瑰，不是黄色，亦不是白色，不是人工的，也不大。我听说有人在种植黑玫瑰，那不仅不自然，还违背了自然规律。这样做还会削弱我们。我憎恶这样做。

年龄越长，我就更深入山林。伟大的圣灵为我们、为我造就了群山。我渴望与它们融合，成为它们中的一员，并最终消融于其中。正如我的兄弟雷姆·迪尔所说，自然就在我们当中，我们也在自然当中。这是理所当然的。

雷云
北美洲/温纳贝戈族

作为伟大的治疗师和施毒师，雷云（Thunder Cloud）深知祖先流传下来的那些方法。他能以惊人的清晰程度记起他的过去——"生命存在期间"的状态和他出生的经历。对于这位神圣而强大的萨满，人们既爱戴、尊敬又害怕、恐惧，因为他作为施毒师的盛名和他作为治疗师的非凡能力。

他的姐夫冲撞之雷（Crashing Thunder）认为他是个品德高尚的好

人，虽然他不喜欢其他任何人。雷云从来不偷不抢，并坚持履行作为神圣医学礼仪成员的职责。冲撞之雷说："到达耄耋之年……雷云自然离世。他一生都沿神圣的礼仪之路适时而又谦逊地前进，现在，他到达目的地了，在天上。那里也有所有人都需要遵守和注意的仪式和禁令。他生活在新家里，并在那儿成了婚。

"在那儿生活了一段时间以后，他准备返回地上。斋戒期间，所有的大地造物主所创造的各种精灵，都会给他祝福。随着时间的推移，他获得重生，转世为人。在地球上，他又一次斋戒，居住在造物主所在的天堂上的精灵们又一次送出他们的祝福。因此，他成为圣人，一位萨满，事实上，是控制北部的精神化身。"①

作为一个传统主义者，雷云是医学舞蹈秘密社的成员。据说其成员具有杀害又赋予彼此生命的能力。这种死亡与再生仪式给予那些经历过此仪式的人以力量，并让他们对死亡有了独特的理解。在温纳贝戈族中，只有杰出的人和医疗舞蹈者才可以转世。雷云死亡与转世的经历，显示了他在这个群体中的特权地位。②

我曾同一群大约有二十个成员的印第安人居住在一起。我长大成人后，但还没有大到足以使枪，一个战斗团体攻击并杀害了我们。不过，我不知道我已被害。我像往常一样奔跑，直到看见煤堆里自己的尸骨。没有人掩埋我们，我们只有躺在那里等待着腐烂。

我的鬼魂被带到日落的地方，我在那里同一对老年夫妇生活。那块万灵的土地是一片乐土，人民幸福快乐。只需许愿，你可到达你想去的任何地方，于是我许愿能再次返回大地。和我一起生活的那位老年男子却说："孩子，你可以不说你要返回大地吗？"事实上我别无他求，这他也是知道的。于是，他对我说："你可以去，但你必须先征求我们酋长的意见。"于是我就把我的愿望告诉了村里的首领，他说："你可以回去并为你被害的亲人报仇。"

回到大地上，我没有进入一位妇女的子宫，却进了一间屋子，在那里我一直神志清楚。有一天，我听见小孩子的哭声，我想我可以走出这间屋子了。然后我好像穿越了一道门，但是我确实是通过妇女的子宫获得再生，来到这大地

---

① 保尔·拉定：《冲撞之雷：美国印第安人的自传》，第2—3页。——原注
② 保尔·拉定：《冲撞之雷：美国印第安人的自传》，第6—7页。——原注

上的。因为在走出那道门时，我呛了一口冷气，于是我有了婴儿的啼哭。

在我长大的地方，人们教导我要经常斋戒。之后，我不做别的，只是打仗，当然为我和我的亲人报了仇，也算为我再次来到这块大地找到了合适的理由。

我一直生活在大地上，直到寿终正寝。那一刻我的骨头散开，肋骨脱落，我第二次死了。我觉得这次的死亡并不像第一次那么痛苦。

这次死后我按照当时的仪式被埋葬——裹上毯子放入事先挖好的坟墓里，直到腐烂，我注视着埋葬我的那些人们。

我躺在那里，有人对我说："走吧，我们离开这里。"于是我们朝着日落的地方走去。来到一个村庄，我们见到了所有的死者。我被告知必须在此停留四个晚上，实际上，我在那里待了四年。那里的人们过着快乐的生活，他们跳各式各样活泼欢快的舞蹈。随后，我们来到了造物主（Earthmaker）生活的地方。正如我和你这样，我可以和他面对面交谈，我也看到了那些灵魂，事实上，我正如他们其中一个。

后来，我第三次来到了这大地上，并且生活下来。我的经历同以往的一样。

* * *

一开始上苍便教我：居住在云彩上面巫医之村的所有精灵会指示我该做什么。他们告诉我："来，我们试试这个。"小屋中间有一本朽烂的日志，上面杂草覆盖，他们让我对这本日志施法。于是我对它吹了口气，屋内所有精灵也对它吹了口气，第二次他们也和我一起对它吹气，然后第三次，第四次时，那本朽烂的日志升起来，并且开始走动。精灵们对我说："你确实是个非常圣洁的人。"

那些来自海洋中心和萨满村庄的精灵跟随我，保佑我。他们让我试试法力：浩瀚的大海波涛滚滚，我按照精灵的要求对大海吹气，顷刻间万顷波涛犹如碟中水般安静。我一连试了三次。第四次时，为了再次考验我，精灵们施法让海水巨浪翻滚，惊涛骇浪，然后让我再次吹气。我照做了，这一次大海又变得异常平静。"人啊，你现在该做点事情了，"他们对我说，"你已经所向披靡，无论多严重的病人，你都能治愈。"

地球上所有的精灵都保佑我。"任何人遭到痛苦并送烟草给你时，你若需帮助，我们定会有求必应。"精灵们对我说。

在蓝克雷河畔（圣保罗）住着一个神奇的生命，那是一只会跳舞的灰熊精灵。遇到大麻烦时，我会拿出很多烟草，它就会帮我。这只灰熊给我唱歌并赋予我看到圣物的神力，并给了我它的熊掌。那是神圣的掌。灰熊边跳舞边表演，以显示其神圣：一只灰熊撕开它自己的腹部，然后自己愈合，这样重复了好几次。一只灰熊用一只爪子抓伤另一只爪子，使其严重出血，随后它又治愈了自己。它们就这样使自己变得神圣。它们的一个前爪不见了，掉在地里。随后，它们从地里拿出草原萝卜。最后，它们抓住一棵小李树，对它吹了一口气，摇摇它，许多李子开始落下。

向精灵祈祷

哦，火焰，这是给你的烟草。你要答应，我给你烟草，你满足我提出的所有要求。现在，如你所愿，我用烟草为你祈福，在我禁食的四天里，你也保佑过我。我有个病人，他希望活下去，给你这些烟草，希望你祈福病人会在四天内恢复健康。

哦，野牛，我给予你烟草。有位病人给你带来烟草，祈求你赐予他健康。因此，我禁食六天期间，你让你的精神跟随着我，并赐予我法力，现在，请加强我的能量。那时，他们把我带到大地中心你那白色的小屋里。在那里，你以四种不同颜色的野牛保佑我。现在，我真正需要你当时给予我的祝福；现在，我真正需要你赐福我呼吸时的力量。实现你的诺言，让我增强法力吧。

灰熊，我也给你带来烟草。在一个叫作彭迪山的地方住着一个精灵，他掌管着仪式小屋，其他灰熊均归属于这仪式小屋。你们都保佑我。你说只要愿意，我能杀死任何人，也能救活任何人。现在有一个人需要我的帮助才能活命，我也愿意帮助他。这里是一些送给你的烟草。记得我禁食十天后你把我的灵魂带到你家，并保佑我。我现在请求你赐予我你曾用来保佑我的那些能量。先祖，这些烟草是人们给你的。

哦，生活在海洋中心的鳗鱼之王，我给你烟草。当年我禁食八天后，你用你呼吸的能量和你取之不尽的水资源保佑我。你告诉我，若想医治病人可以使用你的祝福；你告诉我，我可以使用海水和所有海里的东西为我祈福。现在，一个人来到我跟前，祈求活命。正如你给我生命一样，我也想给他生命。我希望我的唾液能像你的那样，具有法力，能医治我的病人。这是我给你的烟草。

哦，海龟，你掌管着萨满小屋，在我禁食七天时你来保佑我，你将我的灵魂召唤至你的家园，那是鸟类祈祷的家园。为此，我要给你烟草。你保佑了我，并告诉我能够在任何时候解救遭受痛苦的人类，你给我命名为"痛苦的驱除者"。现在，我面前有一个身受剧痛的病人，我想解救他。那些在我重生之前为我祈祷的精灵告知我有能量解救那位病人。这是给你的烟草。

哦，响尾蛇，你有着洁白完美的身躯，你掌管蛇家族小屋，我向你祈祷。你缠绕在我的葫芦上摇着尾巴保佑我。你告诉我禁食四天后会帮助我，你说过我想做的事情必会成功。所以，现在我给你烟草并摇动我的葫芦，愿我的病人能够生还，愿生命之门向他打开。先祖，这是你所答应的。

哦，夜精灵，我向你致敬。我禁食九天后你祝福我。你把我的灵魂带到东部村庄，并给了我你那神圣的长笛，你告诉我它有圣力。现在，我想要你的长笛，你知道我是认真的。有个病人来找我医治他，我想救他所以来求你。你答应何时都会接受我的烟草，这不，给你！

对于你，哦，疾病的给予者，我也提供烟草。我禁食两天后你告诉我你传播疾病，如果我对你祈祷，我便可以轻易治愈任何需要救治的人。因此，疾病的给予者，我送你烟草，希望你能让我这位病人恢复健康。

啊，太阳，我给你烟草。这是你的。在我禁食五天后你为我祝福，你告诉我若我遇到什么困难，你会随时帮我。现在，我这里有个人祈求生命。他给我带来了上好的烟草，因为他知道你曾保佑过我。给你吧！

对于你，大地祖母，我也给你提供烟草。你保佑了我，并答应当我需要时帮助我。你告诉我可以使用你所养育的所有的最佳草药，我永远都能用它们治疗疾病。现在，我恳请你赐予我草药来帮我治愈这位病人。

迪克·马赫威
北美洲/帕维奥佐族

像许多帕维奥佐萨满那样，迪克·马赫威（Dick mahwee）直到五十岁才获得他的法力。这个来自内华达州金字塔湖畔的男孩，小时候也曾梦到过自己救死扶伤的场景，但他那时从未把这些梦境当作神给他的暗示。长大后，他决定独自去一个神圣的洞穴，以求获得能够救死扶伤的法力。

萨满马赫威曾经讲过，要想获得法力必须只身前往能够获取知识的山洞，那里以知识的宝库而闻名天下。于是，带上足够的食物做晚饭和第二天的早餐，他来到了山洞里。简单的仪式过后，他直接要求赐予他所要的那种特殊的法力。他打算在此过夜，以真诚的请愿和全身心的投入来获取法力。

马赫威的治疗法力来自原始的夜之精灵。他也能从太阳、鹰和乌鸦，甚至匹特河印第安部落的鬼魂那里获得能量。他和其他的帕维奥佐萨满只在漆黑的夜晚举行治疗仪式，因为只有这样，在"第二个夜晚"，这个看不见的黑夜精灵们的世界才会出现。

作为一个通神者，马赫威的治疗歌曲能通过系在魔杖上的鹰的羽毛传递给病人，这根魔杖就插在地上，紧挨着病人的头部。因为具有能够进入深度出神状态并到精灵世界展开漫游的能力，迪克·马赫威被认为是一个法力强大的萨满医师。[1]

年轻时，我梦想医治人类，但当时并不是认真的。我叔叔是位印第安医师，他知道我以后的道路，他告诉我注意自己的言语，说话不能太苛刻［以免得罪超自然的精灵］。我没有成为一名医师，我并没有因为那个梦想而成为医师。于是，我决定去代顿附近的山洞。那年我大概五十岁，叔叔没要求我，是我自己决定这样做的。

夜晚时，我走进山洞，开始祈祷，并要求获得医治疾病的能力。我对洞里的精灵说："我的人民生病了，我想通过医治营救它们，请帮助我！请帮我拯救他们，请赐予我让他们起死回生的力量［返还失去的灵魂］。"那一刻，我不是只身一人，我与黑暗同在，我向深夜祈祷。

随后，我准备睡觉，却发现很难入睡。我听到来自不同动物，熊、美洲狮、鹿和其他动物的声音，它们都在山上的洞穴中。入睡后我听到人们举行医治仪式，就在山脚下，我能听到他们说话和唱歌的声音：病人的呻吟声，巫医医治时的歌声。一个手持山艾树嫩枝的女人，围绕着篝火跳舞。她每跳一步就喊道："嗬，嗬，嗬！"萨满就用山艾树枝蘸水洒向病人。歌舞持续了很长时间，后来就停止了。病人已亡，人们开始大哭起来。

过了一会儿，我身下的岩石像断冰一样出现裂痕，一位男子从裂缝中出现，他又高又瘦，手持鹰的尾翼，对我说："你在这里啊！我实现你的愿望，但你需遵照我的要求，否则你会有麻烦。你必须按照动物的指示去做，它们会告诉你如何治愈疾病。我手里有根羽毛，你也要有根这样的羽毛，还得找个东西配它。取个黑珠子，用长条鹿皮把它绑在羽毛管上，拿上它，再拿个鹿蹄，你就可以救死扶伤了。同时，你还必须拿着这三卷烟草，它们是对抗疾病的武器，有了它们，你就可以告诉病人他们为什么患病，然后你就能治疗他们。你在吸走疾

---

[1] 基于威拉德·帕克《北美西部的萨满教》的讨论。——原注

病时，唾液凝结可能会使你窒息，这时，烟草便可以帮你。这样，你就成了一名医生。你医治时可以有自己的歌曲。现在，歌曲已经备好［可供使用］。在悬崖脚下的水中沐浴，并给自己涂上伊比［白色涂料］吧。"

一觉醒来，天已大亮，我环顾四周，空无一人。那位男子走了，没有任何动物或人被歌唱和医治的迹象。我按照精灵的旨意等待着成为一名医生。在大约六年的时间里，我得到足够的指示，可以开始医治病人。

* * *

印第安医师从夜精灵那里获得能量，这种精灵无处不在。但人们不知它叫什么，也没有一个词可以描述它。印第安人非常敬仰这种精灵，他们害怕精灵会因为没有名字而生气，但从来没人敢给它取名。

鹰和猫头鹰只是信使，传达夜精灵的旨意，它们并不能赋予萨满能量。有些巫医把水宝宝作为他们的信使。萨满医师施法时召唤自己的信使，虽不能带来能量，却能传达夜精灵的旨意。因此巫医在治疗病人时，召唤他的水宝宝带来精灵的指示。

当夜精灵赋予巫医施法的能量时，它告诉巫医可以从水宝宝、鹰、猫头鹰、鹿、羚羊、熊及其他鸟类或动物那里获得帮助。

萨满的能量通常来自黑夜，他们只能在晚上施法，但这种能量与月亮或星星无关。我知道一个女人从太阳、月亮、星星那里汲取能量。我看见她装好烟斗，太阳出来时便开始抽烟，好几次我都看她这样做过。我紧紧盯着她，发现她并没有使用任何点火工具，是她的能量点燃了她的烟斗。

* * *

我抽着烟进入出神状态，那时没有任何噪音，我四处看看便知病人的状况：当我看到一股旋风，可以知道它就是疾病的元凶；如果我看到病人在花草上行走，那意味着他将会好，能很快站立起来行走；病人在鲜花丛中采摘花朵意味着他们将恢复；花朵枯萎或像被霜打了一样，病人就会死亡。有时，我在出神状态看见病人在走路，如果有脚印，表明他能存活，如果没有脚印，那我也无法医治。

当我从出神状态醒来时，我开始唱歌，唱的声音越来越大，直到我完全清醒。然后，一位男子让我站起来，我继续施法医治。

艾萨克·特斯

北美洲/基特卡汕族

　　一位名叫艾萨克·特斯（Isaac Tens）的基特卡汕（Gitksan）印第安人三十岁时，发现自己多次进入深度的和不安的出神状态。他的脑海里出现了一些可怕的幻象：巨大凶猛的动物精灵；追赶他的巨蛇般的参天大树；苍蝇爬满脸部；追捕他的喧闹人群。有一次，他觉得自己在一个旋涡漂流。还有一次，他觉得自己的肉要被煮熟了。这些恐怖的场景就这样反反复复地出现。他从出神状态中醒来时，总会发现自己已受伤并流了血。

　　后来，他意识到自己即将成为一名萨满，由于内心有许多歌曲在唤醒他，他有一年时间都处于半隐居状态。在这一时期结束时，他的父亲叫其他医师给儿子以援助，为他下一阶段的启蒙仪式之旅增加能量。

　　他在斋戒与梦想中又过了一年。一直以来，哈莱特医师们（halaait doctors，即巫医）专门培训中年的学徒。经过这几年的训练，他终于准备就绪，可以开始作法医治。他做得很成功，因此在当地名声大振。

　　像特斯那样的巫医通常都有十五至二十首歌曲，而特斯却有三组歌曲，总计二十三首。这些圣歌是治疗活动的关键，只有在萨满进入通神状态下方才出现。

　　当马里乌斯·巴比亚乌（Marius Barbeau）在1920年收集了这篇令人惊讶的叙事时，年老的特斯已经放弃了他的巫医职业，并且改信了基督教。[1]

　　三十岁那年我成为一名斯瓦纳苏（巫医）。一日，我上山砍柴，不觉天色已晚。我刚要砍完最后一段柴火，听到了一声巨响——"唰——"一只大鹰出现在我面前，抓住我的头拖起我。后来我就失去了意识。我醒过来时，躺在雪地里，头上覆盖着白雪，嘴角满是鲜血。

　　我爬起来背上柴火，沿着小路，飞快下山。一路上，有些树看起来要倒向

---

[1] 基于马里乌斯·巴比亚乌《太平洋海岸的医药师》的讨论。——原注

我，还有些高树如蛇般匍匐前行追赶我。我能看见它们。到父亲家后，我告诉亲人所发生的一切。刚一进屋，我感到奇冷无比，为取暖，入睡前我穿得很厚。后来我进入虚幻状态。隐约感到两名哈莱特（医师）给我作法，但我记不清具体细节。醒来时，我感到苍蝇爬满我的脸庞。看脚下，发现自己并没有站在坚实的地面上，而是漂在激流旋涡中，我的心怦怦直跳。

给我施法的那位医师叫作克劳印那（Kceraw'inerh，初生的太阳），他和陆特酷兹（Lutkudzius）、杰尔德莫兰得（Gyedemraldo）还有米凯（Meeky）是一家人。当我进入出神状态时，他们中有一人告诉我可以像他们一样做一名哈莱特。但我不愿意，就没有接受他的建议，那件事也就过去了。

另外一次，我去河那边的狩猎场，就在特姆拉汉姆（昔日好地方）对面，罗舍得布雷山脚下。到那后，我抓了两条鱼，扔掉肉和骨头，只拿鱼皮。我沿着大树丛走了好久，寻找熊穴。抬起头时，我看到雪松之巅有只猫头鹰。我朝它开枪，它被击中跌落在我身边的灌木丛中，但我弯腰去捡时，它却蹊跷地不见了，连根羽毛也没落下。我走到河边，踏着冰过了河，回到吉特马克斯村落。我刚到我的钓鱼地，就听到烟熏室附近一群人的喧闹声，他们似乎被人追赶着，但我不敢往后看。我转身往后看时，却发现除了大树以外，别无他人。我又一次陷入出神状态，全无知觉。那时，我的头埋在雪堆里。我爬起来，踩着河面的冰走回村子，遇到了父亲，他因为挂念而出来找我。我们一起回到家。随后我的心跳剧烈，像刚才一样。我开始颤抖，哈莱特便开始医治我。我的肉似乎要煮熟了，我能听到簌簌的声音。我的身体在颤抖，在这种状态下，我开始唱歌，圣歌就这么唱出来了，我无法让它停止。很多事物都呈现在眼前：大鸟和其他动物。它们开始召唤我。我看到了一只梅斯凯瓦德（一种鸟）和一条梅斯加戈威克（大头鱼）。这些只有我能看见，家里其他人不行。这种情景只有在一个人即将成为哈莱特时才会发生。这些就这样发生着。那些歌曲自然唱出，无须编写。我在反复咏唱中学会并记住了它们。

第二年我编了很多歌曲，花了很多精力在我新的经历上，没做其他事情。我躺在父亲的屋子里，因为我生病了。为了听我的新歌，四个人轮流照看我，直到他们也学会那些歌曲。

我的侍奉者包括卡尔德杰尔特（Kaldirhgyet，分裂人）、安德勒萨姆劳尔·佩斯塔伊（Andawlerhsemhlorhs pistaei，太阳中自生的热量）、瓦拉萨瓦尔（Waralsawal，或疯或傻，那哈诺，亦称精灵），以及阿考兹艾姆·兹艾特斯（Arhkawdzem Tsetsauts）（兹艾特斯比较粗心，也是一位那哈诺）。他们都是我的表兄，像我一样，他们四个都是狼氏族的成员。一直以来他们都在照看我。

　　一年后的一天，父亲召唤村里的哈莱特来给我施法。他们做的第一件事就是使我变强壮，他们让我下床并绕着屋子行走。我确实变强壮了。作为酬谢，我父亲把大笔财产分给在场目睹整个过程的所有人。

　　后来我就成了一名斯瓦纳苏（巫医）。而要成为哈莱特则还需要斋戒。在施法前我需要有梦想。就这样，我在父亲的居所隐居了一年，除了那四个侍者外我不见任何家人。

　　巫医给我的指示是这样的："我们看着病人并诊断他们的疾病。但有时，他/她体内可能会有不好的歌曲，比如一个那哈诺（精灵）。"

　　后来，我第一次亲自医治病人，便有了新的体验。哈莱特医生一直培训我，教导我，带我参加所有的斯瓦纳苏活动。学成以后，我会在指示者的帮助下，通过梦境（瓦萨克：入睡，或者科斯瓦克：做梦）自己诊断病情。我得到了法力，那是我能梦到的东西：郝格维斯特（捉熊的圈套）、赫劳尔斯（月亮）、安格哈图（温暖的房子）。除此之外，我也梦到了法力：水貂（奈斯恩）、水獭（沃特瑟尔），以及木舟（马勒）。

　　当我施法照顾病人时，我便获得了法力。我先将法力（爱迪尔）置于我身上，然后转到患者身上以驱除疾病。这并非一件真正的实物，它只出现在梦境中。有一次我梦见自己越过小山，看到独木舟（马勒）。这种情景在梦中出现了好多次，木舟有时漂在水上，有时飘在云端。不管何时何地，只要有麻烦，木舟就会出现。

　　我的第一个病人是位女士，吉特姆拉尔多（Gitemraldaw）酋长的妻子，叫作尼斯卡奥-罗姆拉奥斯特勒杰斯（Niskyaw-romral'awstlegye'ns，这个名字的意思是：盛浆果的小木盒，像灰熊的膀胱）。她病入膏肓，好多哈莱特轮流医治都无效。我被召见去，看能否为她做点什么。到她屋子后我要那里的人先点亮火堆。我对她唱歌，周围的很多人用棍子敲打着木板、击打他们的肚皮为我助兴。幻境中，我的木舟出现了，上面坐了很多人。木舟其实是一只水獭（沃特瑟尔）。我施法的那个女人和其他人一起坐在水獭木舟里。那时，在场的还有屋里其他二十多位哈莱特。我给他们讲述我所看到的，并问他们："怎么办呢？女人坐在木舟里，木舟就是水獭。"

　　他们答道："把她拉出来。"

　　我告诉他们："把火分成两堆，中间留一条通道。"我在这条通道上来回走了四次，而其他的哈莱特一直在歌唱，直到筋疲力尽。随后我走到女人躺着的长凳边，歌唱声、击鼓声连同棍子在木板上的敲打声顿时变得激烈。我把手放在她肚子上，然后转动长凳，同时试图将她从木舟中拉出来。我设法从胸部把她拉出木舟。我抓住了木舟，把它抽出，放在我的胸前。这便是我所做的。

就这样，两天之后，这个女人能下床了，她已经痊愈了。作为哈莱特，我赢得了很高的荣誉。因为其他人没有成功医治她，而我做到了。一时间，各地甚至远在吉兹诸科拉的人，都来请我。而我作法也每每顺利。医治的费用一般都是十个篮子，病人都会预先支付，有时也有可能是一个篮子。但如果被医治的人随后死了，篮子要如数退还。如果要求服务的人家富裕或病人家属祈盼及早医治，就医的费用便会高一些。如果哈莱特或者斯瓦纳苏拒绝医治病人，就会被认为是疾病传播者或杀人凶手（如果病人死掉）。那样的话，病人家属就会复仇，并杀掉那个所谓的嫌疑犯。这是这个国家很严明的法律。但医师是不会拒绝为需要帮助的人服务的。

医者圣歌

第一首：

……当我做……时鲑鱼精灵变弱。

……当鲑鱼精灵游动时整个大村庄都会得到拯救。

……鲑鱼的首领在我脚下的峡谷里游动。

……女罗宾带着我飞翔着离开。

这歌词的内容不能用理性来解释，因为这只是幻象。幻象并不总是可以理解的。在我的幻境中，我生病了，我的精灵同我一样生病了，它就如同一个人，却没有姓名。同样的梦中，我看到鲑鱼首领带着鲑鱼迅速游动。这将给遭受饥饿的人群带来福音。梦境中，那只大鲑鱼出现在我眼前，尽管现实中它是在很深的峡谷里。女罗宾走到我跟前，救治我，使我脱离疾病，我就这样被治愈了。

第二首：

哇赫哈拉……唧呀 幺哎嗬（负担）：

……天宇之下，那只灰熊要从这里走好长一段路。

实际歌唱时是没有话语的，只有沉重的毫无意义的音节。但这些意思都被记在心里，虽然那并不是秘密。

……哈莱特……在其幻象中看到了地面上普通人的火焰。

准备好唱歌，我感觉进入了幻象，看到一大片美好的领地，中间有一栋房子，走进屋我看到叔叔茨戈威，他曾经是位医师（哈莱特），在几年前已经去世。另一个叔叔也出现了——古克斯瓦图，他们在那个年代都红极一时。上面几首歌都是我听他们唱的，他们歌唱的时候，那只大灰熊跑进门，径直向右拐去，然后直上云端，升入天空，在云端转了一圈，回到屋子。两位叔叔各手持一个拨浪鼓，放在我手上，所以我后来作法时都会使用两个拨浪鼓。梦幻中我看到屋子下面燃烧的熊熊大火。我走出屋子时，出神的梦境刚好结束。从此我就学会了幻境中听到的那些圣歌。

第三首：

……巨大的喷泉将我的脚缠得牢牢的。

……是贝壳咬住了我的脚。

在这首圣歌的幻境中，我看见一个湖或是一个大水池，我踩进去，身体便开始下沉，水浸过我的膝盖，我无法走出。

第四首：

嘿咿哇　嘿……哈呀哇　内哇啊……唉咿哇！（感叹词）：

……蜜蜂精灵叮了我的身体。

……祖母养育我成长，在我的幻象里。

她似乎在照管一个小男孩。幻境里，我行走在一片难以描述的土地上。在那里，我看到了一个巨大的蜂巢，一群蜜蜂向外急飞，蜇咬我的全身。

第五首：

……在我行走时，大山在交谈。

……汩汩流水声，响彻峡谷间。

……只身一人行走在陡坡边。

在这部分的幻境里，我站在峡谷的边缘，不能离开，因为身后是陡峭的山体。随着峡谷中一声巨响，我掉入水中，但恰好落在一只木舟里。我漂流了一段时间，来到了两边都是高山的水面上，这些山峰发出了钟鸣般的声音，我知道它们在彼此交谈。现在我发现自己站在一个山体的陡坡处，我纵身一跃跳入山底。

第六首：

……我同陌生人站在谁的木舟上？

……在旋涡中它随波逐流。

在我的幻象里，木舟带我去了很多地方，穿梭在我离开的那片树林里，木舟下那些树木渐渐远去。我的木舟一直漂动，不管在陆上还是在水中。

每当我被叫去医治病人，进入一种近似出神的状态时，就要创作一首歌曲，或者临时想起记忆中的一首歌。

作为最后的手段，我要使用只有在巨大困难面前才会用的法力（郝格维斯特，即模拟捉熊）：我穿上熊袍，戴上熊爪帽，在脖子上套上一个圈套，把自己吊起来。事实上，我不能被吊起来，倒是这个衣领可以把我系住，在场的人们要抓住那根绳子。我们可能会并排倒下，因此我必须去掉挂在脖子上的重量。四个哈莱特各站一方，共同用力。首领哈莱特端来水浇在我头上。我们四个人便站在池水中开始磋商，这叫作西林。那时，其他的哈莱特开始对病人施法。我们走出池水，裹上毯子。如果病人很虚弱，首领医师要捧着他的精灵，轻轻吹气使其呼吸。如果还是虚弱，哈莱特就从火中取来一块热石，将精灵置于石上。可能小块脂肪会放在石上融化，两手交替互换，喂养生病的精灵。之后，哈莱特让精灵坐下，将其置于患者脑中。

当哈莱特本人生病的时候，治疗过程就叫作"还魂""还身"（*guksmugu'e*，古科斯姆谷）或者"恢复"。生病的医师的脖子上围着雪松树皮的衣领（雷尔），其他的医师围在一起吟唱圣歌。歌曲唱到一半时，他们拽着雷尔（红色雪松树皮衣领），把病人拖起。一时间，病人可以自己唱歌，到他完全康复时，所有的医者终究都得死去，而且要经历痛苦地死亡，因为他们不是真的人类，而只是邪恶的精灵。

现在我用另一种方法医治我的病人——从教堂里学来的祈祷法。像牧师一样，我诵读上帝的经文，此经已被基特旺加的来福·珀莱斯先生翻译为基特卡汕语。我已完全摈弃哈莱特法式。我的两个孩子——菲利普（Philip，皮亚乌苏）和玛丽（Mary，斯库姆那戈）生病了，亲人都鼓动并敦促我用哈莱特为他们施法，我不愿意，他们便责备，并声称要是他们死了我要负全责。于是我试着唤起我之前的法力——太阳或者月亮（赫劳尔斯）。但我的身体已与之前完全不同。我确信自己已经失去了巫医的法力，不能为孩子作法。由于虚弱，我不得不放弃，于是我花了五十美元找了个医师（哈莱特）协助我作法，但他们也法力全无。我最终把孩子送到了白人医生那里进行救治。其中一个已经康复，另一个还在住院治疗中。

第七章　歌唱生命

根据六百年前的犹他州屏障峡谷岩画改制的图画：奇幻的人形巫师及其动物精灵的形象。

（引自道格拉斯·马佐诺维奇：《石器时代的声音》，纽约：托马斯·克劳公司，1974年，第181页）

玛丽亚·萨比娜
中美洲/马萨特克族

1958 年 7 月 12 日的晚上，玛丽亚·萨比娜①为一个十七岁的生着重病的叫彭凡特·乔斯·加西亚（Pefecto José Garcia）的孩子做守夜仪式。为了能够完全记录这个真实的使用采自神圣蘑菇的裸头草碱治疗的仪式，R. 戈登·华生（R. Gordon Wasson）、托马斯·戴维斯（Thomas Davis）和艾伦·理查森（Allan Richardson）带着彭凡特去了萨满巫师那里。这场蘑菇仪式中的咏唱及互动过程，被翻译成多达一百多页的文本。其歌词被编成一首持久吟唱的圣歌，篇幅则大大压缩，并删去了仪式助手们的评语。你可以在 R. 戈登·华生的巨著《玛丽亚·萨比娜和她的马萨特克奇幻蘑菇治疗仪式》中找到这首圣歌的完整文本。②

两百多年的天主教信仰在这种古老的中美洲本土神圣颂歌形式中留下了深深的烙印。马萨特克人的宇宙观和基督教的象征主义融合为一个多层次的神秘隐喻。这两种传统并不构成对立。那些吞下神圣蘑菇的人一定能理解两种宗教传统最基本的一致性。亨利·芒恩（Henry Munn）写道："古代的中美洲人把蘑菇看作是上帝的肉体，正如她［玛丽亚·萨比娜］的朋友所称，是基督的血液。印第安人说，基督曾穿越他们光与雨的山脉行走，——这是印第安羽蛇神话的主人公盖查尔柯亚托尔（Quetzalcoatl）传说的变形。基督在那里流血了，那是生命的精华，那里长出来神圣蘑菇，那是精灵的觉醒，是有见识者的食粮。"③

圣歌欣喜若狂的语言就来源于这种神圣的药用食物。听说蘑菇会说话，萨满仅仅是传递语言的工具。此外，蘑菇种类众多，有很多东西都被视为蘑菇的化身。基督，他的唾液，他的血，主教，修女，小丑，矮人，小孩，晨星的孩子，月亮的孩子。"十三种超级旋风。十三种大气旋风。十三个小丑，说。十三种个性，说。十三束白光，说。十三座高山，说。十三只老练的鹰，说。十三只白色的鹰，说。十三种个

---

① 人物介绍见本书第五章注释①。——译注
② 戈登·华生、乔治·考温等：《玛丽亚·萨比娜和她的马萨特克奇幻蘑菇治疗仪式》。——原注
③ 亨利·芒恩：《语言的蘑菇》，第 90 页。——原注

性,说。十三座大山,说。十三个小丑,说。十三座山峰,说。十三颗晨星,说。"①所有这些都是蘑菇,所有这些都是蘑菇化身的标志。

蘑菇知道彭凡特的病情起因,蘑菇也预示着他的命运。蘑菇轻声唱:"现在没有解药了。""是真的,[蘑菇]说。"② 现在真的是无能为力了。大概六周之后,彭凡特死去了。

我是玛丽亚的女儿,

我是谦逊的女子,

我是可怜的女子,

我是谦逊的女子,

我是清白的女子,

我是有着纯洁灵魂的女子,

我是有着善良心地的女子,

我是晨间的女子,

我是日间的女子,

我身着十三③件短裤,

我身着十三件衬衫,

我是有着纯洁灵魂的女子,

我是心地善良的女子,

是啊,耶稣基督啊,主父耶稣基督啊,

赞颂圣洁的玛利亚,赞颂圣母,

---

① 亨利·芒恩:《语言的蘑菇》,第109页。——原注
② 戈登·华生、乔治·考温等:《玛丽亚·萨比娜和她的马萨特克奇幻蘑菇治疗仪式》,第93页。——原注
③ 科恩斯:玛丽亚·萨比娜说,te^3jan^2这个词就是数字13,是个巫术数字,能带来幸运的数字,如好运或权力;相反,数字53意味着厄运、霉运,其他巫医常使用这个数字做好事,同时也制造伤害。作为一名萨满巫师,玛丽亚·萨比娜说,她只会做好事。

R.戈登·华生:博尔海吉(Borhegyi)和维拉耐尔(Weitlaner)都强调数字13的暗含意义。博尔海吉指出:古代中美洲万神殿有十三位神,居住在由十三位天神掌管的天堂。维拉耐尔从十三的暗含意义中看出,古代的日历系统在纳瓦特语中叫作 *tonapohualli*,在马萨特克占卜者或者知名人物中,至少下意识地在一些知识人(curanderas)心中,古代的日历系统仍然起着作用。维拉耐尔注释说:"我并不清楚为什么将裤子和衬衫与13联系起来。咨询了阿方索·卡索(Alfonso Caso)博士之后,我们一致同意数字13会带来好运。数字52(=4×13)在阿兹特克人的日历中也相当重要,也同样会带来更多好运。53,紧接着的数字,跟52恰恰相反,是个不吉利的数字……对于中美洲印第安人而言,日历享有神奇的威信。"

R.戈登·华生:这里玛丽亚·萨比娜开始向神灵展示她的"资格证书"。这一行为间断地反复地持续了很长时间。(洛佩兹先生提到17世纪早期一个相似的习俗,称为"自我展现"。)——原注

赞颂圣洁的玛利亚，哦，耶稣基督啊，

赞颂玛利亚，哦，耶稣啊，

我是等待中的女子，

我是预测未来的女子，

哦，耶稣基督啊，赞颂圣母玛利亚，

因此，我会被告知……

因此我会被告知，上帝之子如是说，是的，

是你，基督……基督这样说。

* * *

你是天堂的圣父，

我是基督的女儿，

耶稣……

我是公正的女子，

我是法律的女子，

上帝了解我，

圣人了解我。

我是如南十字座的女子，

我是如第一颗晨星的女子，

我是如神星的女子，

因为我将升上天空［天堂］，

我是如闪亮明星的女子，

我是如南十字座的女子，

耶稣……

我是基督的女儿，圣母玛利亚的女儿，

我是公正的女子。①

---

① R. 戈登·华生：此处及后面玛丽亚·萨比娜将自己称为女律师、女实业家、墨西哥女子；她大声颂扬墨西哥。她坦率地告诉我，这些只是自我提升的说法。在她看来，外面广阔的世界就是"法律"和律师，以及她用结结巴巴的西班牙语所称的手续（对她而言就是政府事务的"公文"），还有墨西哥国旗的相关事件。她自己甚至也不理解她支离破碎的西班牙语，对此，她那些只讲单一语言的印第安委托人却着实震惊了。阿尔弗雷多·洛佩兹·奥斯汀（Alfredo López Austin）依据洛佩拉阿拉尔孔（Ruiz de Alarcón）的文本，宣称早在17世纪早期，那瓦特萨满就开始求助于基督教的宗教术语了。

这种叠句在文本中以多种变体反复出现，在这个夜晚，玛丽亚·萨比娜的施法不能达到最佳状态，她与"敌人"战斗时被敌人抢占了先机。我认为她会求助于法律，即墨西哥的法律。——原注

162

我是事务型的女子，

我是墨西哥女子，

我是如时钟的女子，①

我是如大雕的女子，

我是如负鼠的女子，

我是负责调查的女子，

我是如猎狗的女子，

我是如狼的女子，

我是如猎狗的女子……

我将展示我的能力。

* * *

我是公正的女子，

我是法律的女子，

我是整洁的［纯洁的］女子，

我是公正的女子，法律的女子，

我是公正的女子。

* * *

法律是纯洁的，

我们依靠法律生活，

法律是合理的，

我是位女律师，

我是位女文秘，

我去往天上［天堂］，

我是能让地球停止转动的女子，

我是能治愈②伤痛的传奇女子，

主父基督耶稣啊，

---

① 科恩斯：在记录的过程中，据玛丽亚·萨比娜所言，她继续她的咏唱时所声明的那些身份，都是她自己在幻象中所目睹的。——原注

② R. 戈登·华生：贺琳达（Herlinda）和科恩斯都不认识这个词，即"我是能治愈伤痛的传奇女子"一句中的"治愈"。这个词现在已经不用了。从一位年长的提供消息的老者那里得知，它的意思是说"一位知晓如何治愈病人的传奇女子；是她指引着娴熟医师的操作"。这位传奇女子经常被反复提及。——原注

我真是一位法律的女子，

我真是一位公正的女子，①

我可怜的孩子，我亲爱的卑微的孩子，

我可怜的孩子，我亲爱的卑微的孩子，

我的圣母，孕育万物的母亲，

我是可怜的女子，我是卑微的女子，

圣父耶稣基督啊，圣父耶稣啊，

我是法律的女子，

我是纯洁的女子，

圣父耶稣啊，

可怜的孩子，亲爱的卑微的孩子，

我是公正的女子，

我是法律的女子，

我是纯洁的女子，

我是一个好女子，

我的思想多么纯洁，

我的心地多么善良。

我的思想如此奇特，如此有价值，

我是公正的女子，

我是法律的女子，

可怜的孩子，卑微的孩子，

我将用我的双手为你揉擦，

我与纯洁的医师同行，善良的医师，

我是勇敢的女子，

我是美丽的女子，

圣父耶稣基督啊，圣父耶稣啊，

---

① 科恩斯：经询问，玛丽亚·萨比娜提出这样一个事实，她将公正的观念和治愈病人的现象联系在一起。——原注

我是女圣人［男性］,①

且我是女圣人［女性］,

我是有着纯洁灵魂的女子,

我是有着善良灵魂的女子,

我将会遇见,

我将会使人清醒,

我将会带来气息,

因为我是一位女医师,

我是懂医术的女子,

我是医术高明的女子,

圣父基督耶稣啊,

我是女律师,

我是女实业家,圣父基督耶稣啊,

* * *

圣父耶稣啊,

我是等待的女子,

我是尽心尽力的女子,

我是随处流浪的女子,

我是背井离乡的女子,

我是女医师,

圣父耶稣啊,

我可怜的孩子,我亲爱的谦卑的孩子,

我可怜的孩子,我亲爱的谦卑的孩子,

我是公正的女子,

我是女律师,

---

① 维拉耐尔:此处及此后多处玛丽亚·萨比娜将自己称为男性神和女性神。这让我想起了洛克西查(Loxicha,即萨波特克文明 Zapotec*)日历中崇拜的众神中的某些神也是双性同体的神。——原注

* 萨波特克文明,古代中美洲文明,其范围集中在今墨西哥瓦哈卡州(Oaxaca)附近的山丘地带,时间为公元前5世纪至公元1500年。至今仍有其后裔约35万人居住在这一地区。虽然萨波特克文明不如玛雅文明那样著名,二者也没有直接关系,但在文字和历法方面,萨波特克文明与玛雅文明有相似之处,因为二者共同受到"墨西哥文明之母"奥尔梅克(Olmec)文化的影响。——译注

那里他被告知，他将被救治，他将得到解药，

我将会让自己变得贫寒和卑微，

可怜的孩子，亲爱的谦卑的孩子，

圣父耶稣啊，

安静地，小心翼翼地，我将会消失

在你的视线中［眼前］，在你的荣耀下，

在你眼前，圣母，

在你眼前，在你唇际，

我的圣母，孕育万物的母亲，

圣父耶稣基督啊，哦耶稣啊，

［那里］走来［一个］年轻男子，①［一个］发育良好的年轻男子，

一个逗留、站立的男子，

圣父耶稣基督。

* * *

一个逗留、站立的男子，

我是根茎生在水下的女子，

圣父耶稣基督啊，

我是有着柔嫩根茎的女子，

我是有着奢华［叶茂］根茎的女子，

我是如秋海棠的女子，

我是有着纯洁灵魂的女子，

我是有着善良灵魂的女子，

我是如空气的女子，如白昼的女子，

圣父耶稣基督啊，

---

① R. 戈登·华生：很明显，用来修饰耶稣基督的形容词看起来非常不一般，他"年轻"且"发育良好"。但是我们或许不会发现这里的宗教融合的例子？玛丽亚·萨比娜或许谈及的是一个前征服时期的本土神，即埃尔·约文（el Joven）。洛佩兹先生认为此神是那瓦特人万神殿中的泰兹卡特里波卡（Tezcatlipoca）*。——原注

*泰兹卡特里波卡，意为"烟雾镜"，他是阿兹特克神话中最重要的神之一，是至上神和人类命运的操弄者。代表世间的无常，像"夜晚之风"一样无所不在，但却捉摸不定。其形象是黑身、黑脸、黄头带，以镜代足，持有箭、盾、投矛器。——译注

我是如鹰般的女子,

我是如负鼠的女子,

我是负责调查的女子。

我是如猎狗的女子,

圣父耶稣基督,

我是某个神圣迷人之地①的女子,

我是如负鼠的女子,

我是如时钟的女子,

我是纯洁的女子,

我是善良的女子,

圣父耶稣基督,

因此正如你站着,圣父,

因此正如你站着,爸爸,

圣父耶稣基督,哦耶稣,

我是女圣人[男性],

我是有着纯洁灵魂的女子,

哦耶稣,哦耶稣基督,

哦,圣洁的玛利亚,哦耶稣,

我是传说中的治疗女神,

我是卑贱的女子,

我是可怜的、卑贱的女子,

耶稣,哦耶稣基督,

我是女圣人[男性],

我是有着纯洁灵魂的女子,

我是有着善良灵魂的女子,

我是如鹰般的女子,

我是如鹰般有权威的[圣洁的]女子,

我是如时钟的女子,

---

① R.戈登·华生:"神圣迷人之地"这个词的用法已经被淘汰,不管是玛丽亚·萨比娜还是我们的翻译贺琳达,都不认识。从瓦乌特拉(Huautla)一个年长的妇女那里,我了解到它意味着"一个神圣的地方,非常迷人,位于石奥克拉(Chilchotla)前面"。石奥克拉是塞拉·马萨特卡(Sierra Mazateca)的一个小镇。这片神圣的净土将会被反复提及。——原注

我是如旋风般①舞动的女子，
是的，耶稣基督说，
我是女圣人［男性］，
我是有着纯洁灵魂的女子，
哦耶稣，我是如时钟的女子，
我是如鹰般的女子，哦耶稣，
　　　　　　　＊　＊　＊
现在我们的儿子死了，因为狮子吃掉了他，
他的天命被吞没了，
狮子将他吃掉了。
我是女律师，我是女实业家，
没有人会恐吓我们的儿子，
没有人会恐吓我们的子民，
我是女律师，我是女实业家，
我是纯洁的女子，
我是善良的女子，
狮子吃掉了我们的儿子，
他的天命被吞没了，
他的天命被吞没了，
狮子吃掉了我们的儿子，
　　　　　　　＊　＊　＊
现在没有解药。［什么也不能做］
　　　　　　　＊　＊　＊
静静地，小心翼翼地，
乳汁，露珠的滋润，
清新，温柔的眷顾，

---

① R. 戈登·华生：" 旋风般"（$tso^1 tji^3$）这个词已经不再使用，玛丽亚·萨比娜也不认识这个词，虽然在她的咏唱中也用到这个词。据贺琳达说，它的意思是"身着圆形（tji^3）连衣裙（tso^1）的女子"，即一个跳舞时旋转得像旋风的女子。这种连衣裙是外衣类的衣服，韦拉克鲁什（Vera Cruz）、瓦哈卡（Oaxaca）、格雷罗（Guerrero）、恰帕斯（Chiapas）和尤卡坦半岛（the Yucatán peninsula）的印第安妇女或许会穿它。这个词也反复出现。——原注

乳汁，露珠的滋润，

圣彼得，圣保罗，

呼喊吧，你！叫出声吧，你！

我将大声呼喊，我将放声颂扬，

即使我在水下，即使我在深海，

没有人会恐吓你，没有人是两面派，

没有人插在中间，没有人经过，

* * *

没有人插在中间，没有人经过，

没有人恐吓我们，没有人是两面派，

主圣彼得，主圣保罗，

公正是合理的，法律是圣洁的，

法律是美好的［风气］……

高兴起来吧！

永久地……

乳汁，露珠的滋润，

清新，温柔的眷顾，

没有人会恐吓我们，没有人是两面派。

我将主持公道，即便是面对上天［天堂］之屋，

即便是在您的眼前，即便是在您的荣耀之下，

我的圣母，王妃，耶稣的心，

她会永生！

我是法律的女子，我是女实业家，

没有人来阻挡，没有人经过，

我是公正的女子，我是法律的女子，

我是纯洁的女子，我是善良的女子，

我是空间的女子，

我是日间的女子，

我是阳光下的女子，

没有人会恐吓他，

没有人对我是两面派，
我是女律师，我是女实业家，
我向主解释，
我向法官解释，
我向政府解释，
我向圣父耶稣基督解释，
还有王妃，我的圣母，哦耶稣，圣父耶稣基督，
我是危险的女子，我是美丽的女子，
他有我的书，
我亲爱的主教，善良，圣洁，
我善良的圣洁的祈祷者，
我善良的圣洁的修女，哦耶稣基督，
没有人会恐吓我，没有人对我是两面派，
我是女律师，我是女实业家，
我将飞上天空［天堂］，耶稣基督，
法律认识我，政府认识我，
法官认识我，上帝认识我，圣父耶稣基督，
我是女律师，我是女企业家，
我将飞上天空［天堂］，那里有我的"文章"，
那里有我的书，
即使在您的视线中，在你的唇际，在你的荣耀下，
哦耶稣基督，哦颂扬圣母玛利亚，哦耶稣基督，
没有人会恐吓我，
没有人对我是两面派，哦耶稣基督，
我是有天赋的女子，我是享有特权的女子，
我是如猎狗的女子，
我是能调查的女子，
我是如旋风般舞动的女子，我是神圣迷人之地的女子，
我是如鹰般的女子，我是如时钟的女子，
难道现在不是这样吗？

＊　＊　＊

乳汁，露珠的滋润，

可以让这个世界高兴起来，让我们高兴起来吧，让我们变得开明通达。

让主父来到我们身边，让耶稣来到我们身边，

我们等待着主父，等待着主父，等待着耶稣，

静静地，小心翼翼地，

乳汁喂养的男子，露珠滋润的男子，

清新的男子，温柔的男子，

我是公正的女子，我是法律的女子，

我是纯洁的女子，我是善良的女子，

我是法律的女子，

法律是美好的，公正是合理的，

哦耶稣基督，哦圣洁的玛利亚，哦耶稣基督，

哦赞颂圣洁的玛利亚，哦赞颂玛利亚，

哦赞颂圣洁的玛利亚，哦耶稣，

我向善良清纯的［纯洁的］主教解释，

我善良纯洁的主教，

我善良纯洁的祈祷者，

我善良纯洁的修女，

我将向你们解释，［蘑菇］说，

在那里我向他面对面解释，在您的荣耀之下，［蘑菇］说，

在那里我向他解释，［蘑菇］说，

耶稣说，因为我有主人，［蘑菇］说，

是的，耶稣基督说，那里我有主人，［蘑菇］说，

耶稣基督说，

政府管理我们，［蘑菇］说，

法官支配我们，［蘑菇］说，圣父耶稣基督说，

我是"小丑"的女上主，［蘑菇］说，

我是圣洁的小丑的女上主，［蘑菇］说，
是的，耶稣基督说，是的耶稣说，
我是如时钟的女子，他说，
我是鹰的女上主，他说，
我是女耶稣基督，他说，
是的，耶稣基督说……［重复］
是的，耶稣基督说，耶稣说，
它是圣洁的，他说，圣父耶稣基督说，说。
* * *
它是个圣洁的男子，［蘑菇］说，它是个圣洁的女子，［蘑菇］说，
这是真的，［蘑菇］说，
这件事情是真的，［蘑菇］说，
* * *
我是等待中的女子，我是尽心尽力的女子，［蘑菇］说，
圣父耶稣基督说［这样］
* * *
高兴起来，高兴起来，高兴起来……
高兴起来，别担心。
看看这个世界，
世界如此美好。
我的圣母，孕育万物的圣母……
我的小处女娃娃，圣玫瑰，母亲马萨特兰① (*Mother Mazatlán*)，
我的圣玫瑰父亲，
我是湖中旋风般②的女子，我是等待中的女子，
我是尽心尽力的女子，我是圣洁的女子，
哦耶稣，我的圣母，看看这个世界，

---

① 马萨特兰，地名，今为墨西哥西部太平洋沿岸最大港口和游览胜地，位于锡那罗亚州西南奥拉斯阿尔塔斯湾的半岛上。——译注

② R. 戈登·华生：在马萨特克人和奇南特克人的民间故事中，有很多关于哈拉帕德迪亚兹（Jalapa de Díaz）的拉翁山（Cerro Rabón）山顶湖内生灵的信仰。在这个湖中，有一种人们设想的如鲸鱼般的海洋生物。湖周围常年刮着很强的旋风，人们根本不可能靠近它。水面上漂浮着如彩虹般七色的葫芦。——原注

看看它是什么样子的，危险的世界，黑暗的世界，

我将使它自由，［蘑菇］说，我将在阳光下将它晒干，［蘑菇］说，

我是如猎狗的女子，

我的圣母，孕育万物的母亲，

我的处女抹大拉（Virgin Magdalene），母亲瓜达卢普（Mother Guadalupe）……

用你的脚跟，用你的双手，圣父基督，

我将到达你吐唾液的地方，基督，

那就是我怎样到达那儿，到达天堂，

那里在您的眼前，在您的唇际，在您的荣耀下，

耶稣的心肝，万岁，我是女律师，

我是女实业家，我是墨西哥女子，

我是主星般的女子，我是神星般的女子，

我是［南］十字座的女子，我是［南］十字座的女子，

我是圣洁的女子，我是如时钟的女子，

我是如鹰般的女子，我是如鹰般的女子，

我是女律师……

我是女实业家，

我是超越他人的女子，圣父耶稣基督说，

我是主星般的女子，我是［南］十字座的女子，

我是神星般的女子，我是等待中的女子，

我是流星般的女子，我是女律师，

我是女实业家，我将飞上天堂，

是的，耶稣基督说。

文章在那里，书在那里，

圣洁的书，教化世人的书，

我将去追寻，因为它于我是如此圣洁，是的，耶稣基督说，

文章在那里，书在那里，

我是圣洁的女子，我是善良的女子，

我是如猎狗的女子，

是的，耶稣基督说，哦耶稣基督说，
我的圣母，王妃，
我有很好的想法，
我的小小的祈祷者，我的小小的修女，
我善良圣洁的修女，我善良圣洁的基督，
我是主星般的女子，我是神星般的女子，

我是［南］十字座的女子，是的，耶稣基督说，

我是可以让世界停止转动的女子，我是可以治愈伤痛的传奇女子，
我是如烟雾如纸张的女子，是的，耶稣基督说，
我的小小的祈祷者在那里，
我的小小的修女在那里，
我要飞上天堂，是的，耶稣基督说，

我是这样出生的女子，
我是这样来到世间的女子，
我是如时钟的女子，是的，是的，耶稣基督说，
我是这样出生的女子，
我是敏捷的女子，
我是上层女子，是的，耶稣基督说，
我是女将军，是的，耶稣基督说，
我是女圣人，
我是有着纯洁灵魂的女子，
我是有着善良灵魂的女子，［他］说，
我只能到处游走，我只能流浪，［蘑菇］说，

我只能到处游走，我只能驱散所有的污浊、所有的无用，［蘑菇］说，
我向族长解释，［蘑菇］说，
我是这样出生的女子，［蘑菇］说，
我是这样来到世间的女子，［蘑菇］说，

是的，耶稣基督说，女子，耶稣基督说，

是的，耶稣基督说［这样］

我是女鼓手①，他说，

我是女音乐家，他说，

是的，耶稣基督说，

我是大声怒斥的女子，他说，

我是背井离乡的女子，他说，

我是女医师，他说，

是的，耶稣基督说，

我是主星般的女子，他说，

我是［南］十字座的女子，他说，

没有人可以恐吓我们，他说，

没有人对我们是两面派，他说，是的，耶稣基督说，

我随处流浪，他说，是的，耶稣基督说，

我是如时钟的女子，他说，我是如鹰般的女子，他说，

是的，耶稣基督说……［四次］

我只能随处游荡，我只能到处流浪，是的，耶稣基督说，

我是女将军，他说，是的，耶稣基督说，

我是女音乐家，他说，

我是女鼓手，他说，是的，耶稣基督说，

我是女［男性］圣人，他说，我是女［女性］圣人，他说，

我是有思想的女子，我是给人启迪的女子，他说，

我是日间的女子，他说，是的，耶稣基督说，

我将要飞上天堂，他说，

且将飞到您的面前，您的荣耀下，

没有人可以吓倒我，他说，

我是超越他人的女子，他说，

我是女律师，他说，

---

① R.戈登·华生：正如博尔海吉和维拉耐尔指出的，打鼓和响雷之间有某种联系。我将添加另外一种联系：它们和蘑菇之间的联系。——原注

我是女实业家，他说，是的，耶稣基督说，

是的，耶稣说，我只能游荡，我只能流浪，他说，

我是普埃布拉（Puebla）① 的女子，他说，

我是负责调查的女子，

我是如鹰般有权威的女子，他说，

我是如时钟的女子，他说，

我将向您展示我的英勇，他说，我将向您展示我的气魄，他说，

甚至在你的目光前，在你的荣耀前，他说（我是等待中的女人，
　　他说），

当我显示出我的英勇时，他说，

我是超凡脱俗的女人，他说，

是的，耶稣基督说，是的耶稣说，

没有人可以将我吓倒，他说，

在我面前没有两面派，他说，

是的，耶稣基督说，是的耶稣说，

我是音乐的女人，他说，

我是鼓的女人，他说，

我是女小提琴家，他说，

是的，耶稣基督说，

我是首领之星，他说，

我是如神星的女人，他说，如［南］十字座之星的女人，他说，

我是推动［小舟］的女人，他说，是的，耶稣基督说，

我是"小丑们"的女首领，他说，是的，耶稣基督说，

没有人可以将我吓倒，他说，在我面前没有两面派，他说，

我是超凡脱俗的女人，他说，

我是律师的女人，他说，

我要去往空中，他说，是的，耶稣基督说，

我是女［男性］圣人，他说，

我要燃烧这个世界，他说，是的，耶稣基督说，

---

① 普埃布拉，地名，墨西哥中部的一个州及其首府名，源于西班牙语的 pueblo（村庄，居住区）。1531 年，方济各会修道士下莫托利约兴建此城，并命名。——译注

我要燃烧这个世界，他说，是的，耶稣基督说，
我是流星的女人，他说，
我是圣彼得女人，他说，
我是旋风中旋转的女人，他说，
我是神圣迷人之地的女人，他说，是的，耶稣基督说，

我是女［男性］圣人，他说，我是精灵的女人，他说，
我是点化的女人，他说，是的，耶稣基督说，
我要燃烧世界，他说，是的，耶稣基督说，
我是审视中的女人，
没有人可以将我吓倒，他说，
在我面前没有两面派，他说，
我不会惊异，他说，没有人可以将我吓倒，他说，
我向法官报告，他说，我向政府报告，他说，
我向我的主教报告，他说，
善良的、纯洁的主教，他说，善良的、纯洁的修女，他说，
是的，耶稣基督说，是的，耶稣基督说，
是的，耶稣基督说，是的，耶稣基督说，

我四处散播、播撒，他说，
是的，耶稣基督说，是的，我要在主干道［康庄大道］上展开，
　他说，
只有盎司，只有英镑，他说，是的，耶稣基督说，
我仍然是那个天生的女人，他说，我仍是那个
刚刚来到这个世界的女人，他说，
……我是时钟的女人，他说，
是的，耶稣说，我要燃烧世界，他说，
我是圣彼得女人，他说，我是在旋风中旋转的女人，他说，
我是神圣迷人之地的女人，他说，是的，耶稣基督说，
我是猎狗的女人，他说，
我是狼的女人，他说，
我是发出雷鸣声的女人，他说，是的，耶稣基督说，

没有人可以将我吓倒，他说，

在我面前没有两面派，他说，

是的，耶稣基督说，

是的，我要将［它］扔到此处，他说，

是的，我要将它扑灭干涸于此，他说，

只有盎司，只有英镑，他说，是的，耶稣基督说，

我是女［男性］圣人，他说，我就是来到世界上的女人，他说，

我就是发出雷鸣声的女人，他说，是的，耶稣基督说，是的，耶
   稣基督说，

我是女［男性］圣人，他说，我是神灵的女人，他说，

是的，耶稣基督说，上帝仍存，他说，

圣人仍存，他说，上帝仍存，他说，

是的，耶稣基督说，我要燃烧这个世界，他说，

是的，耶稣基督说，我是等待中的女人，他说，

是的，耶稣基督说，圣彼得……说，

我要指责一切，他说，是的，耶稣说，

是的，耶稣基督说，……

* * *

我确定无疑地告诉你，他已被狮子的利牙吞食……他被狮子吞食，
   我不会对你隐瞒。

他已被狮子吞食，在他的运气中被吞食。

* * *

他不能留下吗？

只有圣彼得，只有圣保罗，

只有执行正义的上帝，知道他所为的上帝，

如果他不知道上帝，就让他四处寻觅。

他只是在他的运气中被吞食，他只是被

狮子所吞食……

* * *

为什么我要告诉你他被施了魔法？

他只是被狮子的利牙所吞食。

这个人没有被施魔法。

　　　　　＊　＊　＊

饮母乳，饮甘露。

有效果了！［萨满施法术！］……你不会有什么事的。

他知道如何去思考发生在这些人身上的事情。

现在就是他方便的时候。

只有通过执行他的必行之事和必需之事①，这种疾病才能明显地在
　　他的躯壳中排出。［真的吗？］

只是执行他的必行之事和必需之事，这个并不危险。

基督……耶稣……

我是圣彼得的女人，你的神父基督，

最神圣的玛利亚，我的守护神圣母，圣母的孕育，

正如你所做，是你的神父，

正如你所做，是你的基督，

我也正在做，用我的脚跟，用我的双脚，神父，

用脚跟，用双手，

用脚跟，用双脚，

正如你所做，是你的神父，

正如你所做，是你的基督，

最神圣的母亲，母亲神圣的玫瑰经，我们的神父圣堂。

母亲大人，我的小处女玩偶、神圣的玫瑰奥特兰，

神父……这就是我的状态，基督，

用脚跟，你，用双手，你，

正如你所休息的那样，你，神父，

正如你所休息的那样，你，基督，我也要学着那样

在此有光明和白昼，我要去，神父，

来到你的面前，来到你的光辉之下，

我的守护神母亲，母亲的孕育……

---

① 博尔海吉：通过小便传播疾病在北美印第安人中广泛存在。——原注

我是前辈的女人，我，我的守护神母亲，
因为我负载着你的心，守护神母亲，
母亲大人，因为我负载着你的心，母亲，
因为我负载着你的心，神父，
因为我负载着你的面貌，

正如我的思想是纯洁的，
正如我的心虽小，但是充满伟大的想法，
正如我的情感和我的心感受到了这种伟大，
正如我的思想是纯洁的，
在此我与你相伴，母亲，
在此我就在你的眼前，在你的嘴边，母亲。
我不要吃许多圆饼，母亲，是的，
我不要吃许多圆饼，母亲，还有那些重物，
我不是两面派，母亲，[我不是摇摆不定的]
我不要吞食过多，不要负载太重，我，哦，基督，
因为我已经很满足，我，
因为我心中无芥蒂，
我的守护神母亲，母亲大人，阿多查（Atocha）圣洁的基督之子，
母亲瓜达卢普，母亲孕育，
因为我负载着你的心灵，耶稣的心，

有许多，我的小小的修女，
我的圣洁的修女，我纯洁的祈祷者，

我的心灵得到了满足，
它是你圣洁的经书，
它是你洁净的笔，
那是我所有的，神父，那是我所有的，神父，
在你的目光前，在你的嘴边，直到你的荣耀，
看，我感觉我要去空中，

我是终结海洋的女主人，我感觉，
我是来祈福的女人，我感觉，
我是犯了错误的女人，我感觉，
我是犯了错误的女人，我感觉，
我不要吞食太多，
我不要狼吞虎咽，神父，
正如你的休息，你，基督，

神父，
看，我有你圣洁的手杖，你鲜活的手杖，你，
我的保护神母亲，看我是多么可怜，
看我是多么谦卑，
我是可怜的女人，我是谦卑的女人，

我是温柔的女人，我是丰富的女人，
我是有着坚实的根的女人，我的根深植水下，
我是发芽的女人，我是秋海棠般的女人，
我要去往空中，在你的视线里，在你的光辉前，
这是我的文章，我的圣书还在，①
我是停止世界的女人，我是传奇的女医治者。
我的感觉得到了满足，
我的心灵得到了满足，
因为我负载着你的心灵，我，
因为我负载着你的心灵，基督，
因为我负载着你的心灵，神父。
　　　　　　＊　＊　＊
我是发出雷鸣声的女人，我是发出声音的女人，
我是蜘蛛女人，我是蜂鸟女人，

---

① R.戈登·华生：我们再一次读到这份文件，这圣书。这份纸书是前哥伦布时代用打碎的树皮造纸的产物。这样的树皮纸现在仍然为印第安人所生产和使用。——原注

我是雄鹰的女人，我是首领雄鹰的女人，
我是在旋风中旋转的女人，我是神圣迷人之地的女人，
我是流星的女人，是的，耶稣基督说，
我是时钟的女人，是的，耶稣基督说，
* * *
我们会移走抱怨。
我是谦卑的，他说，我在土地下面穿过，他说，
在土地之下有我的小修女，他说，
有我的小修女，耶稣基督说，
看现在，难道不是这样吗？
* * *
我是律师的女人，他说，我是女实业家，他说，
我燃烧这个世界，他说，神父耶稣基督说，
我善于分辨并将其四处运用，他说，是的，耶稣基督说，
我是"上千个孩子"的女首领，他说，我是"上千个神圣的孩子"的
　　女首领，他说，
我是"小丑"的女首领，他说，我是神圣"小丑"的女人，他说，
我是湖中"旋涡"的女人，他说，我是等待中的女人，他说，
是的，耶稣基督说，我在土地之下穿过，他说，
是的，耶稣基督说，我的话与圣多明哥河共在，
是的，耶稣基督说，我是巨[晨]星的女人，他说，
我是如神星的女人，他说，我是如[南]十字座之星的女人，他说，

是的，耶稣基督说，我纯洁的小修女，他说，
是的，耶稣基督说，我的月亮之子，星星之子，他说，
是的，耶稣基督说，我圣洁的[纯洁的]孩子，他说，
我的期望中的[善良的]孩子，他说，
看现在……难道不是那样吗？
* * *
耶稣哦玛利亚，圣洁的孩子，世界之主的双臂和双手。
正在做危险的事情，正在产生着悲剧。
我们只剩下困惑，我们母亲。

              * * *

谁能承受所有的这些事情呢?

这里是一样的,这里是一样的。

真的,这件事很重大。

白露·颂恩·高
美拉尼西亚/肯雅亚克族

白露·颂恩·高(Balu Asong Gau),一位肯雅亚克族(Kenyah Dyak)的巴利大勇(*bali dayong*,一位进入出神状态寻找精灵的人)是通灵活动中的萨满头领。此种萨满仪式法事至今仍然存在于本地的长形屋之中。尽管她在中年的时候,曾经遇到过并投身到新兴宗教耶稣基督,但是自从她童年时候起,她的萨满经历就已经根深蒂固了。在她还是个小女孩时,远古的精灵附体到了她的身上,并且借她来说话,而她自己也不清楚为什么会这样。尽管她后来皈依了基督教,但那些精灵却未曾离开过她。在1972年,她告诉美国诗人卡罗尔·鲁本施泰恩(Carol Rubenstein)她承受着很大的痛苦,她在她的族人的旧宗教和耶稣的新宗教的冲突中挣扎。

基督并没有以有生命的形象出现在她的治疗性的歌唱中,相反,流动的河流和茂密的绿色丛林中的古老精灵们——捕蛛鸟、化为人形的鹰、老虎、云的精灵、河流中年轻的龙精灵、鳄鱼的精灵——都要通过她来喊叫和歌唱。当她歌唱时,还有许多许多的精灵都附在了她的身上,随着她的歌声来移动。

我是蓝(*Laeng*),

普拉吉鸟儿来此盘旋,

化为人形的鹰进入了我的身体。[①]

一位大勇只有通过召唤才能进入他或她的通灵状态。通常,这种召唤是在梦中进行的。在大勇的召唤中通常伴有身心痛苦和精神迷狂的表现,因为他们是代表萨满来到这个世界的。这种痛苦不一定会减轻,但是大勇会控制并指挥那种附在他或她身上的强有力的能量。

[①] 卡罗尔·鲁本施泰恩:《肯雅亚克原住民的诗歌》,第1305页。——原注

尽管白露·颂恩·高出身贵族家庭，长形屋的人们还是认为她是令人惧怕的，需要对她小心提防。鲁本施泰恩写到，孩子们慌忙从她身边走过，妇女们"晒干和舂打稻米或者编篮子，在她们看来，她们要小心对待她，对她怀有一种复杂的心情，嫉妒、提防和讥讽，也包括对她的最低限度的友好"①。

这位婆罗洲的萨满，六十多岁的寡妇，对鲁本施泰恩诉说了她的痛苦。她因为基督对她的不悦而感到绝望，这种情绪是如此强烈，以至于她甚至希望自己死掉。②

哦——！
我是年轻的拉贡，
最轻巧最敏捷的鸟儿
幻化成人形进入了我的身体。
我年轻而且勇敢——
敏捷，光就是这只鸟儿飞跃这条小径的迹象。
我是捕蛛鸟，这只敏捷的鸟。
普拉吉鸟（plaki）的精灵已经来到，鹰
冲入云间变成了雨，
随即云朵消失，
我是蓝，
普拉吉鸟来此盘旋，
鹰幻化成人形进入了我的身体。
我只是短暂的到来。
我是文翁高原上的老虎蓝，
老虎跳跃着，轻快地跃起，
在文翁高原的雨中轻快地跳跃、跃起。
我来了，芭东·阿桑（Batong Asang），
云的精灵，
现在以人形进入我的身体，
云散开了，变成了雨。

---

① 基于作者和卡罗尔·鲁本施泰恩个人交流的讨论，1977年。——原注
② 基于作者和卡罗尔·鲁本施泰恩个人交流的讨论，1977年。——原注

我是强壮的龙，
巴利河流，河流的精灵——
在我的能力内将河流流干。

我亲爱的子民，人类，所有人，
你们为什么要来参拜我呢？
我最热爱的爱人在呼唤我，
他用他洪亮的声音召唤我回来。
我感到虚弱之感压制着我。

我是巴利河流，是龙，是这条河流的精灵。
在人类中间，我是文翁高原的领导者，
所有人效仿的榜样——
在世界上，我是上升之物的主要来源。
现在我是老虎，他可以阻挡狂风——
我是可以终止气流的老虎，
甚至可以使得河流中的水停止流动。
我们老虎的后代在这个世界上到处漫游。
你为什么来寻找我呢？

现在我来了，英甘·雅隆，
白昼的明亮的精灵——
我，英甘·雅隆，
白天待在普永高原之上，
我是灵媒巫师（spirit mediums）的精灵——
沿着小路我舞蹈着前行。

哦！以老虎的速度，
全力向前猛冲并抓紧，猛冲并抓紧，
最好的动作就是猛冲和抓紧，我总是第一个完成。
但是现在和以前不同，现在不是以前那样了。
我喜欢旋转着舞蹈，我喜欢旋转

在楞树制成的地板上，
在楞树制成的地板上，
楞树的果实吃起来很苦。
以老虎的速度，以老虎的速度
我来了，雅隆，跳跃越过月亮。
我，雅隆可以击败十个人，把他们落在后面。

哦——！
是的，你，我的爱人，
你进入了我的声音里。
我是丽安（Lian），沉默的精灵，
虽然不能说话，但是却可以传播声音。
没有人可以战胜我，正如我以前所为。
来，让我们旋转、舞蹈
在楞树制的地板上，
它的果实吃起来很苦——
舞蹈、旋转在坚石制的地板上。

我来了，我，拉维（Lawai），鳄鱼的精灵，
在河流的流动中可以将其终止的人。
我只会过来一小会儿。
我来了，带着疲倦，带着疲倦，
我，雅隆·芭兰（Jalong Balan），一直是最出色的老虎。
我们谷物精灵发出的预兆。
我是拉维，鳄鱼的精灵，
穿着我的坚强的外衣。
我们的外衣是世界上所有种类中最坚强的。
文翁高原一直孤独着——
有许多串珠子
就在文翁高原的尽头。
我是卡伦（Kareng），出来，带着蓝·英甘，
鹰幻化成人形进入了我的身体。

我们是谷物精灵的主要神父。
我是多么遗憾啊，对你的遗憾啊！

我们溪流的人们发出嘹亮的乐音；
溪流的我们发出了如此之大的乐音
声音不断在头脑里敲击。
我是沙庚·拉维（Sagon Lawai），青蛙之王。
我，青蛙之王，驻足于河口，
穿着特殊设计的衣服，随处可见。
所有我们这些精灵都是朋友，分享着同样的感情，
有着同样的出身。
这就是塔玛·沙庚（Tama Sagon），青蛙的神父，
总是祈求着下雨，
呼求着厚厚云层的人
转而成为大雨。
我是依让·塔佳（Irang Taja），戒律之精灵，
我是依让·塔佳，戒律之精灵。
我是依让·塔佳，居住在光明的高原之上，
我是依让·塔佳，居住在光明的高原之上。
这光明的高原一直是一种可爱的幻象，
这光明的高原一直是一种可爱的幻象，
这高原是完全赤裸的，
不允许任何人去看。
生活在文翁高原的兰焦·蓝（Lenjau Laeng）过来了，
我亲爱的朋友来自河口。
没有人可以战胜我，没有人可以使我落后。
我想要探望我的母亲，明亮的月光。
他一直都是我的朋友——
然而你又是残忍的，
年轻人，谷物的精灵，哦——！
你住在月亮河的河口，
我正走在去看望兰焦·蓝的路上，

他就驻足于文翁高原,在雨的源头附近。
在敌人进攻的途中我可以将他们击退。

哦——!
亲爱的人们团结起来,所有的人,
不要表现得麻木不仁。
我真的很同情你们,
旋转中的你们,
旋转得最厉害的首领。

今年一直干旱,
恶毒的精灵使一切枯萎。
我是巴丹·雅隆(Padan Jalong),居住在
泡沫覆盖的河口,
那条河流永远牵引着生命。
我是年轻的豹,
衣服设计得如雨点。
我等待着那些人的到来
等待着居住在河畔小岛上的人的到来,
由于大雨,那些人被河水包围着。
你的子民居住在云层之下
那是眼中滴落的泪水的源头。
是的,我同情你,因为我看到了你的目光,
居住在地球上的我亲爱的朋友。
我们是龙,河流的精灵,
我们可以引发干旱。
通常是由我们来发出长期干旱的咒语,
我们是延长季节和干旱的精灵。

要小心,我的孩子,
敌人正向马瑞地安(Maradian)河流逼近。
现在我可以看到标志——

这是要打到月亮的主战派。
我是卢萨特·雅隆（Lusat Jalong），这是卢萨特·雅隆，
我驻足于河流最深的水中，
孩子，我的孩子，
不要表现得麻木不仁。
我们担心你，我的孩子。
长久以来，我一直想见你，
我年轻的朋友来此摇摆，旋转着舞蹈——
在河池的最深处的卢萨特·雅隆。

卡布·蒂利蒂利（Kabon Tiri Tiri），卡布·蒂利蒂利——
你们所有这些年轻的朋友——
卡布·库加库加（Kabon Kujan Kujan），卡布·库加库加——
所有的年轻女孩都可能被抓住，
铲起那线绳上散落的一串珠子。
拉维，鳄鱼，穿着坚强的外衣，
外衣完全由珠子制成。
不要表现得麻木不仁。

我们是灵媒巫师的精灵，我们数量众多。
是的，这些都是给我运气的精灵。
我们来自赤裸的高原，没有人可以去看那片高原，
在赤裸的高原之上我们有很多敌人。
我们没有可以和你分享的东西，
没有和你分享的东西，我年轻的长子，
我那失去了父亲的儿子。
你，来自中国的访客，来自河流下游；
你，名门闺秀，你有着高贵的皇家血统；
我们没有什么可以与你分享，
和你一起共餐，
在我的指尖没有可以与你们分享的食物。
这就是我们的精灵，我们那些通灵巫师们的生活的方式，

通灵巫师们的精灵沿着小路舞蹈，
沿着下着雨的高原舞蹈。
雨点落入河口之中，
就像一只铁鼓发出的声音。

很遗憾我们只能短暂驻足于此。
我们是通灵巫师的真正精灵——
这就是送给我的礼物，这种被禁的礼物。
通灵巫师的精灵有时会舞蹈
在赤裸的高原之上，就在这片禁地之上，
在这片赤裸的高原上居住着许多敌人。
我们彼此分开居住，
我们每一个都住在不同的河流中。
我是那么地同情你们！
渐渐地我们要回去了，回到我们的云层之中。
巴利·凌盖（Bali Lingai），影子的精灵，渐渐地，渐渐地
我们要回归到你的怀抱，我们的母亲。
是的，这就是通灵的方式——
这被禁的礼物就是我的份额，
精灵会完全进入我的身体。
但是现在还不是时候。
我们只能停留一小会儿。
我的母亲是明亮的月亮。

我焦急地净化你身体内的感受，
在夏奥（Sio）的帮助下，那精灵赋予了所有希望。
我只是一粒尘埃——
我，梁（Liang），墓场的精灵，
主要是尘埃，
确定要堆积到头顶之上，没过我的膝盖。
我的孩子，我要慢慢回归我的母亲——
那就是我的离别时的话语。

我的孩子，你们所有人，
渐渐地，渐渐地我们的精灵们必须回来，
好似飞一般快速消逝。

对你们年轻朋友的咒语！
我是丽安，沉默的精灵，
只是传播没有意义的声音。
当你们还年轻的时候就夭折了。

哦——！
我们离开了，又回来了，
我们在飞行中分散了，一群黄蜂，
许多黄蜂分散开来并且旋转。
回来了，我们回归我们的母亲。

我们是通灵巫师的真正精灵，我们数量众多。
在白昼之光下，我们自然地睁开双眼。
因为我们数量众多，成千上万人聚集在我们中间，
因为我们数量多得如同老棕榈树的叶子一般。

第八章 梦之屋

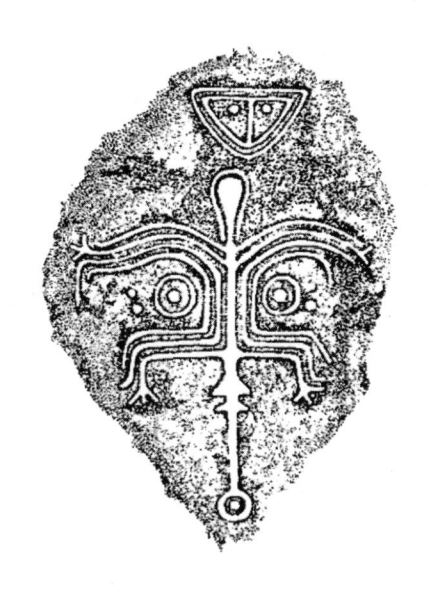

　　这一形象取自一名艺术家在哥伦比亚沃佩斯（Vaupes）境内靠近尼伊（Nyí）的梅余（Meyú）瀑布附近找到的石头。该瀑布位于赤道区域，那是一个与星座升落有关的垂直区域。人类学家赖歇尔－多尔马托夫认为，这些怒吼着的充满泡沫的瀑布，正是太阳之父与大地之母交配而产生人类的环境。这名人类学家称，沃佩斯的印第安人将三角形的面孔解释为女阴，位于其下的人类躯体解释为垂悬的阳物。

　　（引自杰拉多·赖歇尔－多尔马托夫：《萨满和美洲虎》，费城：天普大学出版社，1975年，插图26）

德萨纳萨满
南美洲/德萨纳族

德萨纳的萨满获得他们的能量需要一个漫长而系统的学习过程。不同于世界其他大多数地区的萨满，这里的萨满通常不是通过心理上、精神上及身体上的危机来接受神圣使命的召唤的，而是让巫医"缓慢而稳定地完善他的性格"。人类学家赖歇尔-多尔马托夫说："他的动力是对未知产生的真正的认知兴趣，而不是为了从他的同胞那儿获得别人所不能抓住的能力以达到'知道'事情的自我满足。"①

巫医还是人文主义者，他对其人民古代的传统极为感兴趣。他也很关心团体的社会动态，以至于他经常充当神圣的政治家来解决社会冲突。通常由强烈的迷药引起的萨满式的出神状态，展示了一些规则的神圣起源，这些规则是用来调节社会关系的。② 这正是萨满巫医们借以恢复社会团体和谐的方法。

德萨纳神话所关注的核心在于神药降神会制度，而且给祭祀用的植物和吸食强烈鼻烟的仪式赋予了一种深沉的秩序感和统一性。

接下来讲述的是亚杰（Yajé）神话的起源。亚杰女人似乎是出现在大地上的第一位女性，她走进的"水之房"也是第一个马洛卡（maloca）。③在生育亚杰孩子后，她出现在男人们中间，这个孩子之后被粗暴地肢解，这场景极富戏剧性。当男人看到她时，他们会觉得像被"淹没"。德萨纳人用"淹没"这个词来形容性爱过程中所经历的感觉。对于德萨纳人而言，产生幻象，淹没，陷入昏迷，混淆自己，感到饱和，都是与性爱活动相关的条件。④

亚杰女人使人产生强大的幻象。亚杰是女性⑤。赖歇尔-多尔马托夫解释说："在性爱过程中的人感到'淹没'和'产生幻觉'。这种行为被称作是一种兴奋和痴醉的状态，是一种悲喜交加的狂喜状态，将

---

① 杰拉多·赖歇尔-多尔马托夫：《萨满和美洲虎》，第107页。——原注
② 杰拉多·赖歇尔-多尔马托夫：《萨满和美洲虎》，第133页。——原注
③ 德萨纳人住在很大的公用房里，这种公房叫作马洛卡。——原注
④ 杰拉多·赖歇尔-多尔马托夫：《萨满和美洲虎》，第147页。——原注
⑤ 杰拉多·赖歇尔-多尔马托夫：《萨满和美洲虎》，第148页。——原注

男性传送到另一个物质和精神的意识……对于塔卡诺来说，这种性与恍惚沉醉的密切联系是很自然的。这两种经历，由于其强烈和狂喜，有许多共同点，而神话只是简单说明它们是如何产生的。"①②

那是个女人，她的名字是加匹·马索（gahpí mahsó）或亚杰女人。故事发生在时间的开端。在时间的开端，当"蟒蛇之舟"浮上河流表面，将人们安置在各地时，亚杰女人出现了。那只独木舟到达一个叫迪阿维（dia vii）的地方，这就是"水之房"。当亚杰女人抵达时，男人们正坐在第一个马洛卡里。她站在马洛卡前面，在那里她生下孩子。是的，那正是她分娩的地方。

亚杰女人拿了一枝叫作吐卡（tooka）③的植物，用来清洗自己和孩子。这是一种叶子背面是血红色的植物。她取下这些叶子，用来清洗孩子。叶子是亮红的、鲜红的，脐带也是这种颜色。它是红色的、黄色的、白色的，闪闪发光。这是一条很长的脐带，很大一块。她是亚杰藤的母亲。

在马洛卡内，男人们坐着，他们是人类的祖先，所有德萨纳族群体的祖先。德萨纳在那里，还有图卡诺人、皮拉-塔普雅人（Pira-Tapuya），以及乌纳诺人（Uanano），他们都在那里。他们是来接受亚杰藤的。对每一个男人来说，亚杰藤是给予的，他们聚集在那里，等着接受赠予。

那女人走向公屋，男人们都坐在那里。女人抱着孩子从门口进来。当男人们看见女人和孩子，他们变得麻木和混乱。当他们看着那个女人和她的孩子时，他们仿佛淹没在水中。

她走到公屋中央，站在那里问道："谁是这孩子的父亲？"

男人们坐着，他们感到恶心和麻木，他们没有意识思考了。在场的猴子们也是如此。是的，猴子们也坐着，嚼着一种草药。那是一种叫作巴亚匹亚（bayapia）④的植物叶子。猴子们也承受不了这种景象。它们开始吃自己的尾巴。那些貘也在吃自己的尾巴，那时它们的尾巴还很长。松鼠们也在吃自己的尾巴，还嚼着同样的草药。当松鼠嚼着东西时，它们发出一些"啾——啾——啾——"的声音。"我不正常了，"松鼠说，"我在吃我自己的尾巴。""这是怎

---

① 杰拉多·赖歇尔-多尔马托夫：《萨满和美洲虎》，第148页。——原注
② 基于杰拉多·赖歇尔-多尔马托夫《萨满和美洲虎》的讨论。——原注
③ 吐卡，一种有圆形黑色浆果的不知名小植物，常在宗教仪式中提及。——原注
④ 巴亚匹亚，一种不知名的植物，很可能是一种迷药，看似与德萨纳语单词 bayí（拼写）或 bayarí（舞蹈）有关。——原注

么了?"猴子们说，等到摸自己的尾巴时，尾巴已经不见了。"我们不正常了，"猴子们说，"可怜可怜我们吧!"其中一只猴子说:"我再这样吃自己的尾巴会疯的! 可怜可怜我吧!"

亚杰女人站在马洛卡中心问道:"谁是这孩子的父亲?"

一个男人坐在角落里，口水从他的嘴巴里滴出来。他站起来抓住孩子的右腿说:"我是他的父亲!""不!"另一个男人说，"我才是他的父亲!""不!"其他人说，"我们才是孩子的父亲!"然后所有的男人都转向孩子，把他撕成了碎片。他们撕下了他的脐带、手指、胳膊和腿。他们把孩子撕成碎片。每个人拿了其中的一部分，与他和他的族人相对应的那部分。自此以后，每组男人都有了他们自己的亚杰。

[讲到这里，故事被打断了，有人问那个女人是怎么怀孕的。]

是那个老男人，太阳之父，他就是那个阳物。她看着他，从他的外表，和他看她的方式中，种子就被播种了。①因为他是亚杰人。太阳之父是亚杰之主，也是性行为的主人。在"水之房"里她通过眼睛就怀孕了。她是通过看太阳之父而得以受孕的。一切都是通过眼睛发生的。

那个亚杰女人是和男人们一起来的。当男人们正在准备 cashirí 时，这个女人离开了公屋并以孩子的形式生出了亚杰藤。那是在晚上。男人们都尽力找到喝醉的方法。亚杰小孩就是在男人们努力找醉的时候出生的。他们刚刚开始唱歌，他们的歌声拒绝了这个孩子。他们用一根塞弥②木（sëmé）的棍子来拒绝他。那些吃自己尾巴的动物们也加入了男人们，因为他们已经醉了。亚杰只应该产生快乐的幻象，但是有些变得很恶心，所以他们拒绝它。

女人已经走到了公屋的中央。那里有一个装满羽毛头饰的箱子，也有一个炉灶。当她走进来时，只有一个男人保持着清醒的头脑，没有眩晕。男人们在她生孩子时都在喝酒，所以他们立刻就醉了。刚开始时他们觉得眩晕，然后出现了红色的光，他们看到了红色，孩子出生时血的颜色。一会儿她和孩子走了进来，她一踏进门，所有的男人都失去了知觉。其中只有一个人抵制住了，他的手中紧握着第一枝亚杰藤。正是那时候，我们的祖先充当了窃贼。他摘下自己的一只铜耳环，把它掰成两半，并用其锋利的边缘切断了脐带。他切下了很大一段。这就是为什么亚杰是以藤状成形。男人们都把孩子撕成了小碎片。最

---

① 通过看的方式受孕的故事，在图卡诺族的神话中不乏其例。——原注
② 塞弥，一种种子能够食用的豆科植物。——原注

后，我们的祖先波利卡（*boréka*）①终于拿到属于他的那部分时，其他男人已经拿走了属于他们的孩子身体的碎片。我们的祖先并不知道怎么利用亚杰，因为他醉得太厉害了。

瓦劳萨满
南美洲/瓦劳族

委内瑞拉东部的一万五千个瓦劳人住在迷宫般的水道和难以接近的奥里诺科河三角洲的沼泽区。由于住处偏远，他们某种程度上保留了自己的文化和基因，没有与其他种族和部落混合，而且他们的传统也保留得异常纯净。

据约翰尼斯·威尔伯特——这个神话的收集者说，关于"烟草之房"的神话成了瓦劳人民"意识的历史"的起源。黎明创世鸟是一只神圣的鸟精灵，在古老的神话讲述的往昔，他是一位来自东方的光芒四射的青年。他只是想到一个房子，这只 *Domu Hokonamamana Ariawara* 即"黎明之鸟"就显现出一个房子。那是一个圆形的、白色的、由烟草构成的房子。正是在这样的房子里，光萨满（*bahanarotu*）诞生了。②

光萨满主持着叫作哈比散努卡（*habisanuka*）的生产仪式。在梦里或由烟草引起的出神状态里，光萨满行进到宇宙苍穹的东部。他踏着烟草构成的天上桥梁，到达了东方至上的巴哈纳（*Bahana*，精神）面前，这座桥确保了大地上部落里所有人富足的生活。一个凶恶的光萨满可以给他的敌人带去疾病或死亡。一个仁慈的光萨满可以射出神奇之箭来避免这些灾难，或是用烟草来治愈受难的人。③

威尔伯特接着说："这个神话讲述的是光萨满传统的起源。它是人们用来控制意识的存在与超自然经验的图表。它也是他的师傅在长期辛苦的启蒙仪式训练中传授给他的。这个神话因此将深植于他的心里。当人们认为他已经准备好进入启蒙仪式的烟草迷狂状态时，这位萨满新手才能在想象中重温原初的萨满经验。"④ 因此，神话是萨满们在她

---

① 波利卡，德萨纳亲属系统中阶级最高的名字。——原注
② 约翰尼斯·威尔伯特：《委内瑞拉瓦劳人中的烟草和萨满狂喜》，第65—66页。——原注
③ 约翰尼斯·威尔伯特：《委内瑞拉瓦劳人中的烟草和萨满狂喜》，第58—60页。——原注
④ 约翰尼斯·威尔伯特：《委内瑞拉瓦劳人中的烟草和萨满狂喜》，第70页。——原注

或他的生命过程中实现转变之旅所依赖的地图。①

烟草之房

一天,一个青年从东方站起,伸展开他的双臂,宣布他的名字:*Domu Hokonamamana Ariawara*,意为"黎明创世鸟"。他的左翼握着一张弓和两支颤动着的箭,右翼则拍打着自己的尾羽,发出"嘎嘎"的响声。他身上的羽毛不停地唱着只有在东方能听到的新歌。

他具有一种心想事成的特殊本领。当这只黎明之鸟想到一个房子——这个房子立即出现:一个圆形的、白色的、由烟草构成的房子。它看起来像是一朵云。这只唱着歌的鸟摇着他的响尾走了进去。

接着他想要四个同伴,四个男人和他们的配偶。于是,沿着烟草之房东面的墙,为每对夫妻而建的屋子就准备好了。

"你,黑蜂,"黎明之鸟说,"来和我享用我的地方吧。"于是黑蜂带着他的妻子来了。他们变形成烟草,并唱着黎明之鸟的歌。

"接下来是马蜂。"这只黎明创世鸟又说。于是马蜂带着他的妻子来了,他们也变形成烟草,加入了歌唱。

"白蚁,现在是你。"黎明之鸟说。白蚁和他的妻子身体都是黄色的。他们占用了马蜂旁边的屋子,变成烟草,开始学唱那首新歌。

"蜜蜂,你是最后一个被叫到的。"蜜蜂的身体是蓝色的。他们占用了白蚁旁边的屋子。像其他几对一样,他们变成烟草,加入了歌唱。

"我就是这间烟草之房的主人,"创世之鸟宣布说,"你们都是我的同伴。黑蜂是首领,马蜂是警卫,白蚁和蜜蜂是工匠。"每个同伴都赞成创世之鸟的分配,他们走近他们的主人,抚摸他的头、肩膀和手臂,以便更好地了解他。他们唱歌并吸烟。因此,他们变成了能吐烟的光萨满。

黎明之鸟的思想现在落到了一个用白布遮盖的桌子上,桌上并排放着四个盘子——这些东西就位于房子的正中央,并且都是由烟构成的。鸟把他的武器放在上面然后说:"现在让我们完成巴哈纳游戏吧。"

黑蜂的盘子里出现了一个闪闪发光的水晶石;马蜂的盘子里的是一个白毛

---

① 基于约翰尼斯·威尔伯特《委内瑞拉瓦劳人中的烟草和萨满狂喜》的讨论。——原注

球；白蚁的盘子里出现了白色石块；蜜蜂的盘子里则盘绕着烟草的烟雾——这就是巴哈纳游戏的四部分。①

这就是黎明创世鸟的烟草之房。这也是该房子成为巴哈纳诞生地的过程。巴哈纳是萨满们吹出烟雾并驱走疾病的行为。烟草之房位于东方，在大地和天空交界的中间，宇宙苍穹的最顶端。它发生在瓦劳人出现于此之前很久。

然后有一天，在大地的中央，出现了一个男人和一个女人。他们是好人，只是他们的自我意识还没有成形。但是他们有一个四②岁的很聪明的儿子。他总是思考很多事情。就这样他想到了西方一个叫作厚波（Hoebo）的地方，那里弥漫着人类尸体的臭气，充满鲜血和黑暗。"在东方也一定有某些东西，"男孩分析道，"轻而吸引人的东西。"他决定出发去探索宇宙。

现在，尽管男孩的身体相对较轻，可是还远不足以飞起来。男孩苦思冥想，直到有一天，他让他的父亲在他的吊床下面堆起柴火。他绝食绝饮四天，到了第五天的晚上，他点燃了柴火后就去睡觉了。然后在新燃起火焰的强烈热量和烟雾中，这个男孩的灵魂升到了天顶。有人对他说道："跟我来。我将带你去通往东方烟草之房的桥。"

不久，男孩发现他到了由烟草的烟雾做成的绳索组成的桥上。他跟随着那个隐形的精灵指导者，直到距天空穹顶只有一小段距离，他来到了一个有奇妙花朵蜿蜒地围绕着明亮彩虹的地方——分别有一列红花和一列黄花在左边，许多列蓝花和绿花在右边。微风吹拂，它们轻轻摇曳。就像它们装饰的桥一样，那些花也是由凝固的烟草的烟雾做成的。

这座桥直通烟草之房的门。男孩到了那里，听着美妙的音乐，他如此沉醉，只想马上进去。

"你是谁？"里面的一个声音问道。

"是我。瓦劳人的儿子。"

"你多大了？"

"四岁。"

"你可以进来。"创世之鸟同意了。询问男孩的，正是至上的巴哈纳。"你很纯洁，而且没有和女人接触过。"他说。

---

① 水晶、白毛球、石块及烟草的烟雾，每件都由一种具体的昆虫和颜色象征，是萨满能量的主要代表。——原注

② "四"是瓦劳人的神圣数字，他们与众多的南北美洲的印第安部落都有这一观念。——原注

男孩踏进了烟草之房。他向黎明创世鸟和走出住所的他的四个同伴问好。男孩站在桌子前面,打量着桌上巴哈纳游戏的四部分和武器。他想知道所有这些东西。

"你想拥有哪件东西?"至上的巴哈纳想知道。

"我所有的都要。水晶、白毛球、石块、烟草以及弓和箭。"男孩很聪明。

"你会拥有它们的。"

"现在请教我你们美妙的歌吧。"

男孩看到一条毒蛇的头从烟草之房地下出现了,它有着四种颜色的羽毛:白、黄、蓝、绿。它们吹奏着像钟声一样和谐的乐章。这条蛇吐着叉状的舌头,制造出了一个发着白光的烟草雾团。

"我知道巴哈纳了!"年轻人喊道。

"现在你拥有它了,"巴哈纳说,"你已经成为一个光萨满了。"

毒蛇退下了。昆虫同伴们也回到了各自的住所,男孩从狂喜的出神状态中醒了过来。他拒绝他母亲的食物长达四天,甚至更久。

"你会死的。"母亲警告说。

但他只是看起来死了。他不再需要马里奇(moriche)面粉、鱼和水。他需要的是巴哈纳的食物:烟草的烟。

到第五天,年轻的光萨满经历了一次奇怪的变形。他的手、脚和头开始发光,接着是他的手臂和腿,最后是整个身体都变成了明亮的白色。然后人们出现在他的房子周围:十对黑蜂夫妇、十对马蜂夫妇、十对白蚁夫妇和十对蜜蜂夫妇。他们中还有很多小孩。

"他活过来了。"他们说。

"我的名字叫光萨满。"年轻人说。这是巴哈纳这个名字第一次在大地上被说出来。这个光萨满建了个小房子,把他的巴哈纳游戏的四部分放进一个篮子里,他的弓和箭放在旁边。他吸的烟草产生的烟雾形成了一条路,由大地中央通向苍穹顶端,那个通往东方烟草之房的桥开始的地方。

这个光萨满几乎不吃东西以使自己身体保持轻盈。烟草的烟雾仍是他的主食。他的父母已经去世,他在地球上没有瓦劳人同伴。他娶了一个漂亮的、像他一样的蜂女孩。他们住在一起,但是从来不在一起睡觉。

年轻的光萨满在他掌心上发现每根手指下面都有四个黑点。从那里,通过他手臂的肘弯处,烟一直到达他的胸内供给他的四个儿子。他们是那些昆虫同伴,他们正在逐渐成形。哥哥黑蜂在弟弟马蜂上面,他们同住在他坚实的胸腔右侧。哥哥白蚁在弟弟蜜蜂之上，他们同住于左侧。随着萨满不停地喂他们烟雾，他们长得越来越强壮。在他的烟管里，他卷着四份烟草，每个儿子一份。当他的儿子们还虚弱的时候，他如果与他的妻子同房，这些精灵孩子就会死去，巴哈纳也就会从地球上消失。

于是这对年轻的夫妇一直节欲，长达十六年之久，直到巴哈纳的儿子们靠着丰富的烟草食物长得足够强壮。

"我的儿子们，"他说，"我将给你们一个母亲。不要受惊。今晚我让你们见到你们的母亲。"

当光萨满与他的蜂妻子第一次同房时，他很温柔，他只让他阳物的头部进入了她的阴道。四个精灵儿子见到了他们的母亲，而且很喜欢她。同时，他们的母亲在梦里也见到了她四个白色烟雾构成的儿子，并发现他们很讨人喜欢且很英俊。在此后的每个晚上，光萨满进入得更远更深。就这样，第一个巴哈纳家庭成立了。

曾住在光萨满家的昆虫人现在回到了烟草之房。

"我们也应该去那里，"光萨满对他的妻子说，"这里太孤单了。"

他们开始禁食，为的是使他们的身体变轻。他们一直吸烟，八天后，光萨满升天了。他的妻子在后面跟随着，但是当她进入烟草之房，至上的巴哈纳突然疾病发作了。

"我知道怎么帮助他。"这个女人说。她走近至上的巴哈纳，将自己变形成一只漂亮的黑色海鸟①。她展开她的双翼，像摇响尾一样震动着，同时她把烟草的烟雾吹向颤抖着的病人，用她的羽毛温柔地安慰着他。这样，至上的巴哈纳就恢复了。

"原来你是光萨满，"他说，"待在这里，Sinaka Aidamo，占有之魂。"

于是，光萨满与他的妻子，吸烟、摇摆，与巴哈纳和谐地唱歌。

时间流逝，当很多人出现在大地中央时，他们对于巴哈纳和由他们村庄通往烟草之房的桥一无所知。因此，光萨满就将两个巴哈纳卷在烟中并射向在他们中被选中的那个人。他把烟放到那个年轻人的胸腔右侧，把石块放到左侧。烟变成了哥哥，石块变成了弟弟。当烟和石块击中年轻人时，他倒在地上，似乎死了。巴哈纳的灵魂进入了他的身体，变成他的帮手。但是当他醒来展示他

---

① 黑色海鸟，很可能就是"重要的护舰鸟"，*Fregata magnificens*，也被称为"战争之鸟"，翼展长达七或八英尺。——原注

的武器和烟草环时，人们从眼前消失了。他们被变成了"蟹河"之人类，成了"大地的主人"。

最后，许多瓦劳人出现在地球的中央。一个年轻的光萨满，曾经也是瓦劳人，从烟草之房将一对相同的巴哈纳精灵击落到大地上。被巴哈纳精灵眷顾的年轻人便因此存活下来并学会通过烟草之桥升上天空。在那里，他收到很多关于如何保留他的巴哈纳精灵及如何使用这些精灵的建议。

这就是巴哈纳在大地上至今继续存在的原因。现在它已不如很久以前第一个光萨满收到四个灵魂帮手时那么完美或强大。虽然如此，巴哈纳仍很盛行，在瓦劳人中依旧很强大。

雷蒙·梅迪纳·席尔瓦
中美洲/惠乔尔族

惠乔尔萨满的工作极其复杂，需要有广博的知识、审美能力、丰富的物质资源和敏锐的社交能力。神话本身就是分歧的和错综复杂的，那些古老故事中出现的吟唱和仪式是惠乔尔人当代生活中经常出现的元素。健康的身体、充沛的精力，要由本地的萨满，即当地人称为马拉·阿卡米（mara'akáme）的巫医来给予。他要主持一场又一场的仪式，每个晚上，夜复一夜，在歌曲或叙事中讲述着有关生命的起源和意义的神圣故事。

巴巴拉·梅尔奥夫的经历与雷蒙关于神话材料所做的表达，都说明了那些古老故事在当地人的生活中所占有的特殊地位："起初雷蒙只用西班牙语听写文本，但过了段时间，他给他们惠乔尔文本，附随着西班牙语版本。前者总是更长，更紧密，包括手势、哭泣、喜悦、跳动、抽出物体来做说明等等内容。通常是用小提琴伴奏的歌曲来表达。当记录惠乔尔文本时，他会穿着仪式的服装，并在没有窗户的小屋或空旷的乡间有些黑暗的环境下听写。"[1]

神话代表着文化科学的一方面。它们是给人们的生活赋予条理和方向的引导图。神话教会每个男人、女人和孩子，"如何成为惠乔尔人"。神话是文化的神圣历史的宝库，同样，神话也是真理的国度。它

---
[1] 巴巴拉·梅尔奥夫：《追寻仙人掌》，第20页。——原注

们是神话化的事实。

"当萨满击鼓并带领孩子们飞到佩奥特仙人掌之地"是击鼓仪式上咏唱的神话地图。正如西伯利亚萨满的鼓变成了幻想中的非肉体，即灵魂飞行的工具，惠乔尔萨满和他的助手所打的鼓则指引孩子们踏上宇宙地理的征途，这征途曾是佩奥特仙人掌朝圣者所走过的，通往佩奥特仙人掌的圣地，天堂的所在。这就是众男神和众女神，我们的母亲们和我们的父亲们，在原始时代第一次来到的地方。那里也是他们有待于发现之处。神圣之旅的危险，再现着神圣仙人掌的成年追寻者们最努力克服的方面。正如人类学家巴巴拉·梅尔奥夫指出的，这是一个"实际的、魔幻的、象征的和有预见性的事物的微妙融合。它给人留下极为深刻的印象"①。

萨满击鼓并带领孩子们飞到佩奥特仙人掌之地

"看，"他告诉他们说，"是这样的。我们将飞过这座小山。我们将一直到达委瑞库塔，那里是圣水的所在，佩奥特仙人掌的所在，是我们父亲出现的地方。"

从那里他们起飞，像蜂一样，就像他说的一样，一直乘风飞。尽管只是一群鸽子，他们非常漂亮，像唱着歌的斑鸠一样平稳地飞着。你可以看到他们变得像小蜂一样，非常美丽。他们飞过一座又一座山峰。他们按萨满告诉他们的从一个地方飞到另一个地方。萨满和考俞马利（Kauyumari）②在一起，考俞马利告诉他一切事情。他保护他们所有人。一个小女孩失去了一只翅膀，因为她的父亲或是母亲犯了很多罪。如果他们失去了一只翅膀，萨满会给他们重新安上。然后她和其他人一起继续飞。

就这样，他们继续行进。每当他们到达一个地方，萨满就指出来。这样他们才会知道这个地方，才能知道当我们的祖父、我们的父亲、我们的曾祖父、我们的母亲们到达委瑞库塔时，当鹿尾兄长和马萨·瓦西·考俞马利越过这里时，当最初的惠乔尔人的孩子们到达这里时，这个地方是什么样子。这样他们就被治愈了。

---

① 巴巴拉·梅尔奥夫：《追寻仙人掌》，第184页。——原注
② 考俞马利，鹿之精灵，简称鹿灵。详后。——译注

这是我们棚屋中的萨满之鼓讲述的故事。鼓只要被击打，鼓声就复述这样的故事。孩子们继续飞着。萨满在风中带领着他们。当他们落到一块石头上时，他们就像是紧贴在石头上面，十分危险。萨满告诉他们："看，孩子们，你们不熟悉这些道路。这里有很多危险，有很多吃小孩的动物，它们威胁着人类。你们不能分开，必须紧密地待在一起，你们所有人。"孩子们听到这些很高兴，很幸福。

他们继续飞到图卡瑞，那是神箭所在的地方。他们飞过那里。"休哇，休哇，休哇"，这是他们飞翔的声音，他们羽翼的声音。他们到了兹卡塔，一个火山地带。在这里，古时的第一个萨满——"我们的先祖"将山洞中的水化为神圣，这样每个人都能到达那里，我们的亲人，惠乔尔人，每个人。萨满用葫芦碗把圣水洒在孩子们身上。他对他们说："我赐予你们'四风'，右面、北面、南面和上面的风。"于是他说给他们听。他祈祷道："让我们来喂养这四方的风吧。这里是我们的祖父，在南面，在北面。你们，我们的姑妈、我们的母亲在这里。你们，库木吉特，聚拢过来吧。你们，作为水晶石而留在我们房中的我们的先祖们，聚拢过来吧。你们的供奉碗已经准备好了，就在这里。"

他从他的右侧供奉给他们，他从他的左侧供奉给他们，他从他的东侧供奉给他们，他从他的上面供奉给他们。同时，他从他的西侧供奉给他们。这里是我们的母亲哈拉马拉居住的地方，是我们的母亲哈木夏马卡居住的地方。最后他说："让我们继续飞吧。"他们落在瓦卡纳瑞西帕。这里是个可怕的山国。在这里，萨满对他们解释说："那是我们的必经之路，也是我们必须追随的象征。为此，我们必须前赴后继，别无选择。"然后他继续飞行。孩子们继续飞到星星居住的地方。然后他们飞到一个叫胡库塔（Hukuta）的地方（松树林，长有可燃木的地方）。现在他们说："萨满请告诉我们，怎么才能越过那条河流？""好吧，"萨满说，"我知道怎么过去。"然后他带着他们安全地越过河流。

"最后，"萨满祈祷说，"我们的母亲们，我们的父亲们，所有在委瑞库塔被当作佩奥特仙人掌吃掉的人们，我们踏上了飞往委瑞库塔之路。"他对孩子们说："像鹰一样行动和感觉吧。你们将用自己的羽翼飞到那里。"他挨个给他们指导。他们学习，彼此相互告诉说："点燃你的蜡烛。"他回答说："对的，很好。"萨满带着火绒，带着打火石，还带着生火用的钢块。他们这样点了五次火，他们点燃蜡烛祈祷，然后继续前进。他们行进到一个叫"十字"的地方，交叉口在这里。他们呼喊道："噢，看哪，我们已经走了这么远，是的我们走了很远。但是我们怎么才能继续前进？"他们又说："好吧，因为我们要去委瑞库塔，佩奥特仙人掌生长的地方，我们的祖先曾到过的地方。我们要克服我们的罪恶和一切。"

萨满骑在考俞马利身上。考俞马利幻化成一只鹿，是萨满之鹿。塔特瓦瑞（Tatewarí），是领导者。他带领着他们所有人，他保护着他们所有人。他们到了一个叫"铁石起飞"（Irons Flying Up）的地方，之后他们经过那里到达提帕里。在白天，他们开始认识这里。在这里，考俞马利嚼着一种植物的根，惠乔尔人则用它们在脸孔上涂上颜色。这是佩奥特仙人掌颜料，他们从长有佩奥特仙人掌的土地上找到的黄色根上的颜料。为了认识这个地方，这就是为什么我们的祖父、我们的父亲、我们的母亲哈拉马拉紧紧抓住它们的原因。原来这是他们画脸的地方，那样他们才能越过这里。在这里他们拾起根，带在身上，好带回他们家里。我们的先祖在古时经过这里。是他把它种在这里的，是古时当我们的先祖经过这里，当考俞马利经过这里时给它命名的。这是个非常美丽的地方，非常庄严，非常神圣。这些情况都是从萨满那里听到的。

现在，遇到了旅途中所见的所有重要事情中最神秘的事情。他们抵达一个叫"女阴所在"的地方，西班牙语叫 La Puerta，是门或门户的意思。考俞马利用他的鹿角把那座门打开，然后告诉萨满："好了，道路开通了，我们可以继续前进了。"这是一个非常神圣的地方。佩奥特仙人掌就散布在我们的先祖周围，紧挨着我们的先祖。这时萨满让他们叫出他们经历过的所有女人的名字，一个挨一个。他们必须用她们正确的名字去叫她们，尽管其他一切都已改变，名字不能变。在这里，结要被解开，罪恶被我们的先祖带走了。①

他们继续到了一个叫"阳物所在"的地方②。在这里，萨满对"我们的母亲们"和"我们的祖父母们"说："让我们看看鹿尾绒会说什么。"

他们紧拥着彼此下降到一个叫作"乳房"的地方，这是古时候的命名。从那里，他们继续前进。他们到了一个叫"立箭"的地方，然后到了维茨续卡（Witsexuka），他们在这里围坐成一个圆圈。"这个地方叫什么？"他问孩子们。于是他们学会了回答。他就这样不断地问，直到所有人都在那里睡着了。

我们在旅途中没有吃值得一提的东西。只有几个西瓜、南瓜和干玉米粒，如此而已。噢，我们背负着多么沉重的生活负担！如果我们的母亲如此，我们

---

① 这正是迷药之旅中发生的情况。"尽管其他一切都已改变"，指的是在求取仙人掌迷药之时，发生了逆转的情况。在这个版本中，"忏悔"发生得要比在实际仪式中看到的晚许多。他们在讲话中很关注"正确的名字"的必要性。——原注

② 对于这个地方没有任何可能的解释和确认。——原注

的父亲如此，他们会把食物给我们的，他们会喂养我们的。然后他继续，到了委瑞库塔所在的地方，他们把那里叫作"真正的卡托斯"。他们从那里继续前进。萨满击打着鼓。

他们到达了叫委瑞库塔的地方，我们的佩奥特仙人掌母亲所居住的地方。当他打鼓时，当他站在圣水池旁边时，当他对母亲们、父亲们，对我们的父亲、我们的祖父、我们的曾祖父母讲话时，当他把供礼摆好、当他们把供奉碗放好、当他们把箭放好、当他们把袖口弄好、当他们把草鞋放好时，一切准备就绪，然后我们将拥有生命。

孩子们很高兴，他们所有人都很满足。因为现在他们是受保佑的。供礼已经做好，鹿尾绒就位了，朝南、朝北、朝东、朝上的箭也已经摆好。他把这些供品都拿了出来。鹿角也就位了，不管是哪一种。[①] 萨满说："噢，我们的父亲、我们的祖父、我们的母亲们，以及住在这里的所有人，我们来此是为了拜访你们，来这里看你们。我们安全抵达了。"当他们到达后，他们跪下来，我们的父亲、我们的祖父、我们的兄长拥抱住他们。

"你们来到这里是为什么，我的孩子们？"他们问道，"你们走了这么远，为什么要走这么远？"

孩子们回答说："我们来拜访你们，这样我们才能知道一切，这样我们才能拥有生命。"

"好的，"他们说，"这样很好。"于是他们赐福给他们。他们在那里只停留了十分钟，很短很短的时间，来与我们的父亲、我们的祖父以及那里的所有其他人谈话。随后，在母亲赐予他们祝福后，他们就离去了。

普雷姆·达斯
北美洲/惠乔尔族

我在加利福尼亚州的大索（Big Sur）遇到普雷姆·达斯（Prem Das）、卢普（Lupe）、玛丽亚、乔思（José）和另外两位惠乔尔人。那是我们的第一次聚会。我们参加当地的佩奥特仙人掌圣礼，并举行了一个仪式，该仪式对我的生活产生了强烈的影响。惠乔尔萨满雷蒙·

[①] 这里指的是在塞拉（Sierra）逐渐稀有的鹿，这种鹿经常需要替代品。这里明确说明，在仪式中，位置和用途决定什么是合适的。因此，牛角也可以"变成"鹿角的一种。只要"它们在那里，在合适的位置上"。——原注

梅迪纳·席尔瓦对人类学家巴巴拉·梅尔奥夫和皮特·福斯特解说了佩奥特仙人掌礼仪活动的意义："它是独一无二的，它是一个整体，它也是我们自己。"在大索的那天，当我凝视着普雷姆·达斯和他两个惠乔尔朋友的眼睛时，我忽然意识到我的生活即将以一种我从未想象过的方式进行改变。

即便是多年后经历过很多仪式的今天，我仍旧很难找到一个恰当的词来形容我的朋友普雷姆·达斯。我们曾如麋鹿一般飞快地在高山上奔跑，攀爬到卡考雅里希山（*Kakauyartxi*，古代的神灵或是能量之点）的顶端；我们也一起教书，一起旅行。他，如同我的小兄弟一般，检验着我的身体素质、心灵和意志的承受能力。若没有他，我对萨满教的兴趣仅仅只会停留在学术上的理解而已。

普雷姆·达斯在九岁时曾自愿参加斯坦福大学实验室欧内斯特·希尔加德博士（Dr. Ernest Hilgard）的一系列催眠实验，那时他便有了第一次幻觉意识。因为他是十分合适的被试者，每过几天就会被邀请回去继续参与实验，这样的情况年复一年地重复着，直到他长到十五岁。

不久，普雷姆·达斯开始学习自我催眠，特别是回返童年技艺（the technique of age regression）。这让他穿越时空，甚至超越了诞生之门，来到对前世的体验之中。但是他所遇见的前世生活对他并没有多大的吸引力，他反而被存在于前世和现世之间的空间所吸引，那个空间也就是藏传佛教中所说的"中阴"（bardo，指灵魂在死与重生之间时的状态）。

十八岁时，普雷姆·达斯遇见了传授给他王者瑜伽的拉姆·达斯（Ram Dass）。经过半年的深入探索，他忽然被激活的生命力（一种瑜伽教理）所诱发的狂喜所淹没。拉姆·达斯意识到他需要一些指导，便把普雷姆·达斯送到他在印度的老师巴巴·哈里·达斯（Baba Hari Das）那里学习。从这位八支分瑜伽大师那里，他不仅获得了名字（达斯，意为"爱的仆人"），也获得了对王者瑜伽和八支分瑜伽更深一层的理解。

从印度回来之后，普雷姆·达斯去了墨西哥。因为在那里，他可以潜心修行他在印度学到的瑜伽技艺。在墨西哥，他出乎意料地遇见了惠乔尔萨满雷蒙·梅迪纳·席尔瓦，并且和他成为朋友。随后，他便跟随雷蒙前往位于墨西哥中西部一座高山上的村落。就在那里，他遇见了一位启发他进入惠乔尔萨满之路长达五年之久的老萨满马苏瓦。[①]

在一整夜的仪式中，我们一边围着篝火跳鹿舞，一边静静地聆听着我的"祖父"唐·乔思（马苏瓦）神圣的吟诵。仪式结束之后，我拖着疲惫的身躯回到我的草屋，想睡个好觉。我把毯子拉上来好遮住我的头，因为晨光已然能照亮半个草屋。我仍然可以听见庭院中孩童的嬉笑打闹声以及穿过岩石和竹林呼啸而过的风声，还有起初只是微弱的而随后越来越大的乔思的吟诵声。那吟诵声至今也依旧回荡在我的脑海中：

听，我的孩子们，我们是一体的，
前方的路已明晰，危险已不再，
鹿灵考俞马利会引领我们，只有他知道方向，
点亮手中的蜡烛，诸神便会到来。

他们是人类，尽管他们也是神，
跟随着老鹰，看她飞向何方，
从那里他们便会到来，路也会随之显露，
因此万事俱备，我们只需跟随。

仰望天空，在天上的是我们的祖先，
我们都是他的孩子，跟随着颂歌一起跳舞，
正如上古之神所了解的，时机已到，
幻象正在开启，而我们即将登上太阳。

不知为何，穿过草屋的微风似乎和颂歌的韵律一模一样。我的身体已入睡，而我的灵魂正随着微风和颂歌在不断上升，以至随着高速气流上升到了天空中。从那里，我可以看见地上的草屋和村落。那时飞翔的我是自由的，同时又是如此欣喜和欢乐，以至于想要哭出来。现在我才确切地体会到唐·乔思颂歌的真实意义。我相信这是我的死亡，我活在躯体里的生活已离我越来越远。因为高速气流加速着我的飞升，下方的村落再也看不见了，同时不见的还有关于我是

[①] 基于作者和普雷姆·达斯个人交流的讨论，1977年。——原注

谁和我是什么的所有记忆。我一点儿也不在乎我为什么能在没有身体的情况下看见和飞行，其实我都没想过，因为所有的想法也都消失了。意识和澄明状态仍然保留着，就好像因为急速的加速让所有的一切都变得清晰。

各种各样的光和形状从我面前一晃而过，它们看起来像明亮的光。是我在做梦吗？只有现在我才能问自己。但我从未在梦里如此清醒过。不同形状的云在歌唱，而我在它们的歌之上。每一首歌都将我带向更高处，朝着一团温暖的、幸福的、闪亮的光而去。当我越来越接近那个闪耀的球体时，时间慢到近乎停止。从直觉上来说，我知道我已经死了，而且完全不知道自己是谁，从哪里来。然而，我却感觉我回家了，就像我从一个很远的地方旅行回来一样。我知道自己的这种认识是古老的，并且一直存在的，因为它的住所便在永恒处，在一颗恒星里，在太阳上，在我的宇宙的中心。

不幸的是，我能回忆起来的经历只有这么一点。当我接近伟大太阳神的时候，我完全消失了。这又让我怎么能说清楚我在上面待了多久呢。似乎又是永恒的。我能记得的最后一件事只是围绕着太阳的轨道而行，然后就忽然消失了。

当我醒来的时候，唐·乔思坐在我的床前，看着我微笑。他从他的包里拿出一包香烟递给我。我坐起来，点燃了一支给他，放在他的嘴里，然后又点燃了一支给我自己。

"你享受我的咏唱吗？"他故作无知地问道，但又调皮地咧嘴笑着。

"我能说什么呢？嗯，咏唱……"

但是当我正要说点什么的时候，其实我也正准备说简直难以置信的时候，他开口说了句"我们一起吃晚饭吧！"

我一整天都在"漫游"，殊不知天已黑了。不论是我只出去了一天还是一个月，抑或是多年，它仍然会带我回到这一天。这种带我去往太阳国度的力量会把我带回到我离开的那一年的那一个月的那一天，也会带我回到我离开的地方。我甚至不知道我是如何降落的，因为我根本不记得我第一次旅行的归途。

第二天，我跟随唐·乔思来到山坡上，和他一起清理丛林，利用炙热的太阳光来加热大刀，砍掉那些在旱季结束之时会引燃的小灌丛。这是一份苦差事，因为干活的时候会汗如雨下。唐·乔思相信出汗能够清除身体的杂质，因此可以用来提升健康，从而获得长寿。他说这跟你做了什么没有多大关系（吃饭、做爱、吸烟、喝咖啡等）。相反，是你不做什么决定着你的健康和安乐（锻炼、步行朝圣去卡考雅里希山①，举行仪式并献祭于诸神）。任何人或者几乎所有人都能享受第一个种类的事物，但是第二个种类要困难得多，以至于很多人不会去做或者完成不了。疾病便会趁机侵入虚弱的身体和意志薄弱的灵魂。

在我们第一次休息的时候，我叙述了昨天飞升遨游的过程。他听得非常仔细，因为我把我能记起的所有细节都一一讲述给他听。

"那些发光的云，"他说道，"那里存在的是圣灵（urucate）②，它们可以自由地改变形状和大小，这也是为什么你看到它们的时候是云的形状。当我咏唱的时候，这些云就在我的身边围绕着我，是它们在唱歌，而我只是聆听和重复我所听到的。"

他掏出他精美的刺绣的小包（kutsiuri）③，拿出一包香烟，递给了我一支。"注意看，"他说道，然后当香烟的烟即将消散飘扬的时候，他做出上升和扩展的手势，让看不见的气流变得明显，"当萨满巫医穿过幻象（幻境的隧道）的时候，他开始移动，就如烟的移动一样。隐藏的气流立刻带着他向各个方向升起。正如从你我的香烟中冒出的烟，升起，融合，相互穿过，萨满巫医也如此，流动到别的气流中，这些其他的气流就是精灵。这些精灵不断地歌唱，教导人类未知的事情。当这些萨满开始下降并要穿过幻象回到他所在家园的时候，他对这些精灵及其世界的记忆便开始消失，只留存他这次奇异之旅的些许微光记忆。"

"为什么我们记不住呢？"我问他。

"非常可惜，"他眨了眨眼，然后用水瓢舀起水准备给我喝，"这都要怪鹿灵考俞马利吧。"这时他放了个屁，我们都笑出声来。

"回到最开始的时代，在太阳神塔尤帕梦想着创建一个新世界之后，他让鹿之精灵考俞马利前去寻找。鹿灵被太阳神告知存在着一个旋转着的光的隧道，穿过它便进入幻象。他被太阳神塔尤帕、伟大的祖父火和众多精灵所引领。他们一同穿越幻象，来到了荷瑞帕（Heriepa），也就是我们现在所居住的世界。他们创造了世间万物，山脉、河流、植物、动物、男人和女人。当然，这个故事非常非常长，而我说的只是一个大致的情况。这个新世界如此美丽，以至于太阳神都穿过幻象来到天空找到他的位置。

---

① 大自然的遗迹，比如瀑布和高山，这些都是神的居所。——原注
② 精灵一类的生命。——原注
③ 惠乔尔人多数携带的包或者手袋。——原注

"首先竞争的是人,尽管他们也是神。他们几乎知道所有有关精灵的事情,而且也能够凭意愿自由地穿梭于幻象之中。全世界都在不断地举行着圣礼,庆祝太阳神发现的一直梦寐以求的新生活和新世界。如今的舞蹈、音乐和歌唱的仪式都是从我们遥远的祖先(神)那里传下来的。这是世代传承中最为重要的传统。"

当唐·乔思持续地讲述着创世的故事,他和我都变得出神。我们都忘了清理丛林的事情,也忘了我们是如何和为何开始谈及这个关于时间之开端的传说故事的。没有比一边休息一边抽烟让我的"祖父"唐·乔思更为惬意的事情了。这时,他望着山下蜿蜒曲折的河流和郁郁葱葱的山脉,重新思忖着在我们之前曾经发生的事情,也思忖着这些过往之事是如何把我们带到当今状态的。

"在首批仪式的一个仪式中,"唐·乔思继续说,"考俞马利在饮用过多玉米啤酒(nawá)之后醉了。这也就是所有麻烦开始的时候。当他引领众人跳鹿舞的时候,他被一个在他旁边跳舞的惠乔尔美女所吸引。他摸了摸他毛茸茸的尾巴,便对她发出一个咒语。那个晚上的稍晚时候,在仪式还在进行的时候,他们就溜出去,搂抱在一起了。因此他违背了太阳神制定的有关仪式的行为法则,即在仪式之前和进行中的时候严禁这样的行为。"

"喝醉酒的考俞马利控制不住他自己。那个女孩的美色让他沉醉,那种欲望是如此强烈,以至于他想要溜进黑暗中偷情。"唐·乔思一边笑着解释,一边摇摇头。

"他在这不久之前就已经养成了这个习惯。他在仪式上喝醉酒后,在跳舞时用他自己软软的小尾巴挠女孩们的痒痒。他发现那些女孩很享受他发出的咒语,甚至想要追求他。然后那些女孩也会喝醉,然后她们就为谁能和考俞马利厮混并拥抱而争风吃醋,大打出手。"

当我的"祖父"唐·乔思继续说的时候,他脸上的笑容已不见了:"鹿的精灵变得声名狼藉,因为他在塞拉这个地区把咒语用在女人身上。他在白天用萨满的巫术来治愈人们,而在晚上却用它来引诱女人。不久之后,参加仪式的萨满们就开始变得嫉妒考俞马利和他的风流韵事。他们也决定用他们神圣的羽毛和圣歌来迷惑更多的女人。

"就这样,庄严的仪式变成了偷摸别人妻子的绝佳机会,而女人们也学会用巫术来得到她们想要与之发生关系的男人。在嫉妒的争斗没过多久之后,只要喝了玉米啤酒和龙舌兰酒,这些不堪的行为甚至会发生在仪式上。"

"那真的很可怕。"唐·乔思说道,"根本没人在意这些仪式,而他们也变成了醉酒的斗殴者。男人们的'小辣椒'热得发烫，他们唯一想要做的便是把它们挤进任何他们能找到的洞里面，包括动物。女人们也是一样，变得欲火中烧，一心想去尽可能多地拥抱不同的男人。

"这个神圣、仪式性的盛典不复存在，而变成了一种以啤酒和龙舌兰酒预热的大派对。嫉妒的争斗愈演愈烈，人们开始互相杀戮。"

唐·乔思从他的包里拿出一些墨西哥玉米豆卷薄饼，然后我们坐在卡珀冒（capomal）树下面的阴凉的大卵石上开始吃午饭。我们并没有清理多少丛林，但是他的几个儿子干了不少活，随着他们离我们越来越近，他们用大砍刀砍断枯干藤蔓和高的灌木丛的声音也越来越大。

"太阳神塔尤帕变得非常伤心，"他继续说道，"他的孩子已然忘却了他们的父辈。他们与配偶以外的人交媾，尤其是在仪式上，这本是一种滑稽但最终可改正的情形。但是醉酒、打架、把盛典的仪式放置一边而互相屠杀，这让太阳神心神不安。最好的办法便是解除他们的痛苦，把他们送回天空的国度，送回他们真正的家园。

"这也是太阳神所做的。他下令降了一场大雨，淹没了整个世界。只有一个惠乔尔人瓦塔卡米（Watákame）得以幸免。因为瓦塔卡米从来没有打过架，没有过度饮酒，也没有引诱过女人。因此太阳神提前通过纳卡维（Nakawé），伟大的曾祖母（Great Grandmother Growth）告知他世界即将以洪水而终结的消息，建议他收集种子，造一条独木舟来提前准备避难。因此，他成功地在那场洪水中幸存下来，成为我们今天的祖先。"

当唐·乔思继续他的故事的时候，他的儿子捡起自己的大砍刀开始磨刀。"神灵给瓦塔卡米安排了一个妻子。此后，整个世界的人类又迅速地繁衍起来。但是他发现他所有的孩子、孙子辈和曾孙辈一出生就患有严重的失忆症。他们想不起来穿过幻象的记忆，因此他们对先前在神的国度塔特泰马（Tateteima）的家园一无所知。不仅如此，他们也没有他们的祖先（神）拥有的法术。因为对此事甚是疑惑，瓦塔卡米举行了一场仪式，通过咏唱来与太阳神沟通。他这才意识到，太阳神不再想让所有的人都拥有法术。因此，只有愿意承受严苛的自我牺牲的人才能学习法术。这些特别的人被称为萨满巫医，他们只能在治病救人、保护和引领人们的时候才能使用他们的法术。一旦他们使用法术来引诱女人或者伤害别人时，他们的法术便会被收走，他们也会因此生病、发疯或者死亡。"

唐·乔思的儿子们已经清理完了从他们到我们坐的周围的丛林。大汗不止的他们坐下来，想要听故事的结尾。唐·乔思给我们每个人都递了一支烟，然后继续说。

"即使考俞马利从未与任何人打架，也没有造成任何伤害，但是他还是应该受到责备。因为他没有控制住醉酒后好色的本性而造成了大破坏。太阳之父严厉地谴责了他，并要求他树立一个更好的榜样，让人们去效仿。鹿的精灵由此开始了一个在第二世界的新工作，那就是去把守伟大幻象的入口，或者说是看守出入人类世界荷瑞帕与神的国度塔特泰马之间的通道。"

唐·乔思看着我说："对于我们前往神的国度塔特泰马的这场不可思议的旅程，我们为什么只能记住一个朦胧的小片段是有原因的。把门者考俞马利只允许那些已经达到太阳神要求的人，即愿意接受自我牺牲，帮助、治疗和引导人们的人通过。一旦到达另外一边，他们就可以自由地向精灵、神祇或者太阳神学习。他们就会找到他们自己的家园。不幸的是，在穿过幻象回来的途中，他们还会经过考俞马利那里。看不见的是，我们的兄弟鹿精灵被命令飞来并偷走了这些旅行者可能携带的任何秘密'文件'。所谓的秘密就是我们的记忆，里面包含着我们回到俗世荷瑞帕之后可以使用的法术知识。当然，考俞马利当场就会知道谁会用法术做好事，谁又只想着歪门邪道。"

唐·乔思的一个儿子朱利安咧嘴笑着看着我，然后说："那万一考俞马利是个顽皮的人，决定偷走所有的记录和记忆呢？"唐·乔思和我们听到这话，哈哈大笑起来。

"你们想想，"唐·乔思的小儿子小乔思补充道，"他不会知道他醒来是在哪个世界，也不会认出他的妻子、家人或者是农场。"

唐·乔思说我们不应该这样笑，因为它实际上是可以发生的。多年前，他曾被邀请去治疗一个连续几个月都处于这种情况的惠乔尔人。

我们又一次哄堂大笑起来。

"我们走吧，"唐·乔思说道，捡起了他的大砍刀和水瓢，"天色已经晚了。"

回位于平顶山顶上的村庄时，我们跟着他走在蜿蜒的小路上，我时不时地回头望向山谷里和绵绵山脉中的那一抹斜阳。在那里，在那个烈火燃烧的星球，在那个点燃大地上所有生命的地方，是它用温暖又明亮的光让古老的神祇和精灵有了栖身之所。根据惠乔尔人的信仰，是最古老的圣灵（the Ancient Ones）最初创立了世界，并且自从那时起，一直开心地做着引领和教导人类的工作。

第九章　提升幻象

两位萨满举起一个"入幻法镜",那法镜似乎在召唤着观者进入表象世界以外的奇幻境界。本图的要素出自一幅纱线画,绘画者为鲁特里(Ruturi),好心的借图者为拉纳·鲁本费尔德(llana Rubenfeld)。

马苏瓦
中美洲/惠乔尔族

> 萨满之路永无止境。我已是
> 垂暮老者，却又如同婴儿，
> 面对神秘宇宙，
> 满怀敬畏。[①]

马苏瓦，一位在惠乔尔人中声名远扬的萨满，居住在一个名为艾柯洛林的小村里，村子坐落在墨西哥纳亚里特州高耸的群山之中。据他说，为了成为一名真正的萨满，他学习了整整六十四年。马苏瓦这个名字意为"生命之脉动"。今天，据说他终于完成萨满的修习，可以安然享受与人生暮年一同到来的智慧果实了。

马苏瓦在祭礼中的咏唱别具诗歌的优美，他可以连续唱颂，昼夜不停，直到法事结束。当神圣的仪式开始，马苏瓦在他的萨满之椅（*uweni*）上正襟危坐，因为端坐的姿势可以使神秘的能量源源不断地赐予他歌唱的灵感。

他也拥有替人祛病的特殊能力。他先把导致疾病的不洁之物吸出患者体外，再以祈祷之箭（*muviéri*）重新调节患者体内与身体周围的能量场。与此同时，他向神圣力量祈祷，祈求它帮助患者恢复身心和谐，并增强他的生命原力（*kupúri*）。

直到二十多年前，这位八十八岁（或者九十八岁）高龄的老人经常步行二百五十英里[②]，前往墨西哥中部的委瑞库塔朝拜，那是位于沙漠中的一处圣地，那里是佩奥特仙人掌的神圣之所。如今，他一如既往，继续他的朝圣之旅，只是途中需要换乘汽车或者火车，因为前往圣地的路已被新建的农场截断。

马苏瓦有一种狂野的幽默，这是他性格中最为迷人的特点之一。一次，当祭祀仪式还在进行中，他突然大笑着撮合我和当地的巫师纳可·匹托斯（Natcho Pistola）订婚。关于他，皮特·福斯特也讲了一件

[①] 作者与普雷姆·达斯的个人交流笔录，1977 年。——原注
[②] 1 英里 = 1.6093 千米。——编者注

趣事。在一次仪式中，朝圣者被要求一五一十地讲述自己过往的所有恋爱经历。马苏瓦列举了几个名字之后，大声说："我活了这么一大把年纪，是土埋半截的人了，等我把故事一个一个说出来，明天也不够用，恐怕后天也讲不完呢！"[1] 我在仪式期间所经历的某些幻象中，常常看见这样的马苏瓦：一只年迈的雄鹰，却有着轻捷的鹿的心——是那种顽皮而狡猾的鹿！

马苏瓦情感澎湃热烈，充满活力。本民族传统正在逐渐遗失，这让他深感忧虑；他的北美洲的朋友们目前的生活也有违和谐，这同样令他不安。在1976年与1977年，他先后两次前往纽约与加利福尼亚，帮助我们"重新找回自己的生活"。在访问过程中，每当他在仪式上唱颂到一些描述眼下世界灾难频发，人们备受痛苦煎熬的诗行，他总是潸然泪下。他说：

> 古时候，当世界的和谐秩序遭到破坏，大洪水便自天而降，摧毁大地上原有的一切，以迎接新世界的诞生。如今的时代，和谐的秩序正在遭受破坏，我们逐渐忘记我们的生命之源，忘记太阳，忘记神圣的海洋，被神赐福的大地、天空，以及自然界的万物。除非我们幡然醒悟，记起我们从何而来，除非我们献上祭祀与祈祷，我们将再次面临毁灭的灾难，只不过，这一次，世界将被烈火焚烧。[2]

我的萨满修习之路走了整整六十四年。那段日子，我无数次独自进入深山之中。没错，在修炼灵魂，增长智慧的过程中，我经历过很多痛苦试炼。然而，要学会看，学会听，你必须这样做——独自走到旷野中去。因为，诸神之道不是由我传授，神之奥义只能由个人去独自参悟。

如果你也渴望踏上萨满的智者之路，那就要向火焰虚心求教。火焰，我们神圣的祖辈。侧耳，它就对你发出言辞；倾听，它便对你施行教诲。在白天，你要向太阳学习。它将教导你。太阳，我们伟大的父辈。若要学有所成，西库瑞（*hicuri*，仙人掌的一种）是最好的媒介。借着它，鹿之精灵考俞马利向我们显现，并晓谕你必须修习的智慧。考俞马利像一面镜子缓缓浮现，告诉你必须

---

[1] 皮特·福斯特：《墨西哥惠乔尔族印第安人中的佩奥特仙人掌》，见《众神之肉》第136—184页，参看第155页。——原注
[2] 作者与马苏瓦的个人交流笔录，1977年。——原注

做的功课。灵鹿通晓一切。众神对考俞马利发出神谕，他就教导、引领你。

火焰（Tatewarí）、太阳、佩奥特仙人掌的圣所委瑞库塔都会把神圣的幻象（nieríka）显现给你。萨满同样会把幻象转达给你。但是，你总要把众神牢记心间。记住，是神明将你的心灵开启，使你热爱幻象之美。正因为你对诸神殷切的爱，对天空、火焰、诸水的敬爱，你才得见神圣的真理之幻象。

当然，获得神启幻象的途径很多，不计其数。但是，我最钟爱的灵媒依然是仙人掌西库瑞。当我咀嚼仙人掌的叶片，五彩世界就在我面前闪闪发光，神采飞扬。这时候，灵鹿考俞马利走上前来，指示我诸事的奥妙。我唱颂的圣歌，其实是小鹿的歌。我唱颂，是因为我听到考俞马利在我耳边歌唱。我不过是把他教授我的歌唱给你们听。灵鹿才是真正的教导者，他指示我们万物之理。这就是我作为萨满的神圣体验。

神圣之羽已经告诉我，你们这里［加利福尼亚］为何久旱不雨。在某些地方，太阳喷吐火焰，炙烤土地；而在别处，太阳又掩面不现。不论你们这里，还是你们国家的其他地方，各种灾害纷至沓来：久旱不雨，久雨不晴，食物短缺，还有其他各种各样的问题。所有这些不幸都缘于一个原因，就是你们不够虔敬，你们没有举行祭礼，大家没有聚在一处，共同祝谢，为供养你们的土地、诸神、太阳、海洋献上感恩祭。这里的人们没有按时祭祀。没有感恩礼，诸神不悦，灾害自然降临。人们聚集起来，一起祭献，这是神所依靠的爱或能量，也是神最为悦纳的。凭借祭祀仪式，我们彼此联结，成为一体。大家要彼此同心，共同祈愿。那些心目中根本不想祭献的人，只能走向堕落。

上次的纽约之行，我们举行了敬拜仪式。我全身心地咏唱。仪式之后，大雨如期而至。早晨我们在海边祈祷，使心灵洁净；晚上，我们彻夜不眠，歌颂赞美神。于是云朵开始聚集，几个小时之后，天降甘霖。你们该早点告诉我这里的情况。早一点举行仪式，就可以早一天走出困境。

我发现，这里有很多人，被自己渺小琐碎的生活困住了，以至于忘记他们最当做的本分：对太阳、海洋、大地诸神表达感激之情。当你举行仪式，向天地五方（东西南北中）诚挚祝祷之时，生命的力量也在此刻进入你心中。天有所感，是爱带来的天降甘霖。但是，自从人类历史一开始，各人便只在自己狭隘渺小的世界里挣扎，全然忘却广大的自然元素，也全然忘却自己从何而来。

在我的国家，未等灾难发生，人们就能够有所预见，于是举行祭祀，以禳灾避凶，借着仪式与自然交流并达成和解。等这里（加利福尼亚）也开始下雨，我可要狠狠地收你们一笔费用。［他开怀大笑］这当然只是玩笑话。不过，这里的生活已经失去平衡，而且这种无序也已经持续了很长时间。若想改善目前的局面，重新建立人与自然的良好关系，不是一件容易的事。我们必须聚集在一起，为此举行专门的仪式，重新与自然环境交流，使它能够恢复从前的和平有序。海洋之灵告诉我，如果不很快恢复平衡，可怕的灾难也会随之降临，世界将被烈焰吞噬。你们这里的情形已经非常危急。这里失去和谐后的苦难让我深感忧伤。

所以，我请求你们，到海洋那里去，献供品给它。点燃蜡烛，把巧克力、糖果与钱币献给它。把这些供品献给塔太·哈拉马拉（Tateí Haramara）——我们的海洋之母，为她祈祷，试着聆听她的心声。但是，你们不会相信这些，因为你们对一切都不信任。如果我请求你，把自己的全部财产奉献给海洋之神，你会怎么做呢？如果这是唯一行之有效的方法呢？其实，你只要奉献一点点就够了。事情就是这样。

我说的话你们要用心领会，因为它让你的生命强健。你们有自己的修行，或许与我们的方式有所不同。你们在我的脸上看到了幻象的花朵，也必然知道，昼夜思考这些智慧是何等重要。因此，在未来的某一天，海洋、火焰、太阳，这些你所师从的诸神，也必将把自己的心灵向你敞开。等你们来探望我的时候，我就会看个明白。我要提升幻象，就像举起一面镜子，它将映照出你们灵魂的模样，让我看见，你们如何收获，又怎样跋涉。

故 事 出 处

Sereptie From Andrei A. Popov, "How Sereptie Djarroskin of the Nganasans (Tavgi Samoyeds) Became a Shaman," in *Popular Beliefs and Folklore Tradition in Siberia*, ed. Vilmos Diószegi and trans. Stephen P. Dunn, pp. 137-146. Bloomington: Indiana University Press, 1968.

Kyzlasov From Vilmos Diószegi, *Tracing Shamans in Siberia*, trans. Antia Rajkay Bubo, pp. 53-76. Oosterhout (Netherlands): Anthropological Publications, 1968.

Lizard's Son From Alfred W. Howitt, *The Native Tribes of south-East Australia*, pp. 406-408. London: Macmillan, 1904.

Old K"xau From Marguerite Anne Biesele, "Folklore and Ritual of Kung Hunt-ers-Gatherers," pp. 154-173. Ph. D. dissertation, Harvard University, 1975.

Igjugarjuk From Knud Rasmussen, *Intellectual Culture of the Hudson Bay Eskimos*, trans. W. E. Calvert, pp. 52-55. Report of the Fifth Thule Expedition, 1921-1924, vol. 7. Copenhagen: Gyldendal, 1930.

Lame Deer From Lame Deer and Richard Erdoes, *Lame Deer: Seeker of Visions*, pp. 11-16. New York: Simon and Schuster, 1972.

Leonard Crow Dog From Leonard Crow Dog and Richard Erdoes, *The Eye of the Heart.* New York: Harper & Row. forthcoming.

Brooke Medicine Eagle © Brooke Medicine Eagle, 1977.

Black Elk From John G. Neihardt, *Black Elk Speaks*, pp. 20-33. Lincoln: University of Nebraska Press, 1961.

Joe Green From Willard Z. Park, *Shamanism in Western North America*, pp. 16, 17, 24, and 25. New York: Cooper Square, 1975.

Rosie Plummer From Willard Z. Park, *Shamanism in Western North America*, pp. 16, 17, 30, and 31. New York: Cooper Square, 1975.

Autdaruta From Knud Rasmussen, *The People of the Polar North*, *A Record*, comp. and ed. G. Herring, pp. 305-309. Philadelphia: Lippincott, 1908.

Sanimuinak   From Gustav Holm, "Legends and Tales from Angmagsalik," in *The Ammasalik Eskimo: Contributions to the Ethnology of the East Greenland Natives*, ed. William Thalbitzer and trans. Johan Petersen, pp. 298-300. Meddeleserom Greenland Series, Bind XXXIX and XL. Copenhagen: C. A. Reitzel, 1914.

Aua   From Knud Rasmussen, *Intellectual Culture of the Iglulik Eskimos*, trans. William Worster, pp. 116-120. Report of the Fifth Thule Expedition, 1921-1924, vol. 7, part 1. Copenhagen: Gyldendal, 1930.

Gol'd Shaman   From Lev Iakovlevich Shternberg, "Divine Election in Primitive Religion (including material on different tribes of N. E. Asia and America)," in *Congrès international des Americanistes*, pp. 176-178. Compte-Rendu de la XXIe session, 2eme partie tenue à Goteborg en 1924. Xendeln (Liechtenstein): Kraus Reprint (Kraus-Thomson Organization Ltd.), 1968.

Tankli   From Alfred W. Howitt, *The Native Tribes of South-East Australia*, pp. 408-410. London: Macmillan, 1904.

María Sabina   From Alberto Ongaro, "*Interview with María Sabina*," trans. R. Gordon Wasson and A. Alexander. *L Éuropeo*, November 25, 1971.

Ramón Medina Silva   From Barbara G. Myerhoff, *Peyote Hunt*, pp. 219-220. Ithaca, N. Y.: Cornell University Press, 1974.

Desana Shaman   From Gerardo Reichel-Dolmatoff, *The Shaman and the Jaguar*, pp. 150-151. Philadelphia: Temple University Press, 1975.

Manuel Córdova-Rios   From Bruce T. Lamb, *Wizard of the Upper Amazon*, 2d ed, pp. 86-97. Boston: Houghton Mifflin, 1975.

Joel   From Stephen Larsen, *The Shaman's Doorway*, pp. 188-199. New York: Harper & Row, 1976.

Willidjungo   From W. Lloyd Warner, *A Black Civilization*, rev. ed., 212-214. New York: Harper & Row, 1937.

Mun-yir-yir   From W. Lloyd Warner, *A Black Civilization*, rev. ed., pp. 215-218. New York: Harper & Row, 1937.

Ramón Medina Silva   Peter T. Furst, "Huichol Conception of the Soul," *Folklore Americas* 27, no. 2 (June 1967): 52-56.

Petaga   From Lame Deer and Richard Erdoes, *Lame Deer: Seeker of Visions*, pp. 137-138. New York: Simon and Schuster, 1972.

Thunder Cloud   From Paul Radin, *Crashing Thunder*, pp. 5-13. Englewood Cliffs, N. J.: Prentice-Hall, 1926.

Dick Mahwee   From Willard Z. Park, *Shamanism in Western North America*, pp. 17, 27, 28, and 54. New York: Cooper Square, 1975.

Isaac Tens   From Marius Barbeau, *Medicine Men of the Pacific Coast*, Bulletin 152. National Museums of Canada, 1958, 1973.

María Sabina   From R. Gordon Wasson, George Cowan, Florence Cowan, and Willard Rhodes, *María Sabina and Her Mazatec Velada*, pp. 17-207. New York: Harcourt Brace Jovanovich, 1974.

Balu Asong Gau   From Carol Rubenstein, *Poems of Indigenous Peoples of Sarawak: Some of the Songs and Chants*, Parts 1 and 2, pp. 1305-1309. Special Monograph no. 2. Sarawak Museum Journal Series, vol. 21, no. 42, 1973.

Warao Shaman   From Johannes Wilbert, "Tobacco and Shamanistic Ecstacy Among to Warao Indians of Venezuela," in *Flesh of the Gods*, ed. Peter Furst, pp. 66-70. New York: Praeger, 1972.

Prem Das   From Prem Das [Paul Adams], "*Huichol Nierikaya*: Journey to the Realm of the Gods." Unpublished, 1977.

MatsúwaMatsúwa and Joan Halifax, 1977.

参 考 文 献

Amiotte, A. "Eagles Fly Over."*Parabola* 1, no. 3 (September 1976): 28-41.

Barbeau, Marius. *Medicine Men of the Pacific Coast.* Bulletin 152. Ottawa: National Museums of Man, National Museums of Canada, 1958.

Biesele, Marguerite Anne. "Folklore and Ritual of !Kung Hunter-Gatherers."Ph. D. dissertation, Harvard University, 1975.

Blacker, Carmen. *The Catalpa Bow.* London: Allen & Unwin, 1975.

Bogoras, Waldemar. *The Chuckchee.* Jesup North Pacific Expedition, vol. 7 (American Museum of Natural History Memoirs. Vol. II), 1904.

Brown, Joseph Epes. *The sacred Pipe.* New York: Penquin Books, 1971.

Campbell, Joseph. *The Masks of God: Primitive Mythology.* New York: Viking Press, 1972.

Curtis, Natalie. *The Indian's Book.* New York: Harper & Row, 1907.

Czaplicka, M. A. *Aboriginal Siberia: A study in Social Anthropology.* Oxford: Oxford University Press, 1914.

Diószegi, Vilmos. *Tracing Shamans in Siberia.* Translated by Anita Rajkay Bubo. Oosterhout (Netherlands): Anthropological Publications, 1968.

____, ed. *Popular Beliefs and Folklore Tradition in Siberia.* Translated by Stephen P. Dunn. Bloomington: Indiana University Press, 1968.

Dunn, Stephen P., and Dunn, Ethel, eds. *Introduction to Soviet Ethnology.* Vol. 1. Berkeley, Calif.: Highgate Road Social Science Research Station, 1974.

Eliade, Mircea. *shamanism: Archaic Techniques of Ecstasy.* Translated by Willard R. Trask (Bollingen Series 76). New York: Pantheon Books, 1964.

____. "Spirit, Light, and Seed." *History of Religions* 11, no. 1 (August 1971): 1-30.

____. "The Yearning for Paradise in Primitive Tradition." *Diogenes* 3 (Summer 1953): 18-30. Reprint. *Daedalus* 88, no. 2 (Spring 1959): 255-267.

Estrada, Álvaro. *Vida de María Sabina: La Sabia de los Hongos*. Mexico: Siglo Veintiuno Editores, 1977.

Furst, Peter T. "Huichol Conception of the Soul." *Folklore Americas* 27, no. 2 (June 1967): 39-106.

____, ed. *The Flesh of the Gods*. New York: Praeger, 1972.

____, and Anguiano, Marina. " 'To Fly as Birds': Myth and Ritual as Agents of Enculturation among the Huichol Indians of Mexico." In *Enculturation in Latin America: An Anthology*, edited by Johannes Wilbert, pp. 95-181. Los Angeles: UCLA Latin American Center Publications, 1977.

Grof, Stanislav, and Halifax, Joan. *The Human Encounter with Death*. New York: Dutton, 1978.

Hand, Wayland D., ed. *American Folk Medicine: A Symposium*. Berkeley: University of California Press, 1976.

Harner, Michael J., ed. *Hallucinogens and Shamanism*. Oxford: Oxford University Press, 1973.

Holm, Gustav. "Ethnological Sketch of the Angmagsalik Eskimo." In *The Ammasalik Eskimo: Contributions to the Ethnology of the East Greenland Natives*, Part 1, edited by William Thalbitzer. Meddelesen om Gronland Series, Bind XXXIX and XL, Copenhagen: C. A. Reitzel, 1914, pp. 86-89.

____. "Legends and Tales from Angmagsalik." In *The Ammasalik Eskimo: Contributions to the Ethnology of the East Greenland Natives*, edited by William Thalbitzer and translated by Johan Petersen. Meddeleser om Gronland series, Bind XXXIX and XL. Copenhagen: C. A. Reitzel, 1914, pp. 298-300.

Howitt, Alfred W. *The Native Tribes of South-East Australia*. London: Macmillan, 1904.

Jochelson, Waldemar. *Religion and Myths of the Koryak*. Jesup North Pacific Expedition. Vol. 6. (AMNH Memoirs, 10, pts. 1 and 2) Leiden, N. Y.: 1905-1908.

Ksenofontov, Gauriil V. *Legendy i rasskazy o shamanach u yakutov, buryat i tungusov*. Izdanie vtoroe. S predisloviem S. A. Tokareva. Moscow: Izdatel'stvo Bezbozhnik, 1930. Translated by Adolf Friedrich and Georg Buddruss, *Schaman geschichten aws Sibirien*, Munich: Otto Wilhelm Barth-Velag, 1955.

La Barre, Weston. *The Ghost Dance*. New York: Dell, 1972.

Lamb, F. Bruce. *Wizard of the Upper Amazon.* 2d ed. Boston: Houghton Mifflin, 1975.

Lame Deer, and Erdoes, Richard. *Lame Deer: Seeker of Visions.* New York: Simon and Schuster, 1972.

Larsen, Stephen. *The Shaman's Doorway.* New York: Harper & Row, 1976.

Linderman, Frank B. *Plenty-coups.* Lincoln, Nebr.: University of Nebraska Press, 1962.

Lommel, Andreas. *Shamanism.* New York: McGraw-Hill, 1967.

Myerhoff, Barbara G. *Peyote Hunt.* Ithaca, N. Y.: Cornell University Press, 1974.

———. "Shamanic Equilibrium: Balance and Mediation in Known and Unknown Worlds." In *American Folk Medicine: A Symposium*, edited by Wayland D. Hand, pp. 99-108. Berkeley: University of California Press, 1976.

Munn, Henry. "The Mushrooms of Language." In *Hallucinogens and Shamanism*, edited by Michael J. Harner, pp. 86-122. Oxford: Oxford University Press, 1973.

Neihardt, John G. *Black Elk Speaks.* Lincoln, Nebr.: University of Nebraska Press, 1961.

Park, Willard Z. *Shamanism in Western North America.* New York: Cooper Square, 1975.

Popov, Andrei A. "How Sereptie Djarvoskin of the Nganasans (Tavgi Samoyeds) Became a Shaman." In *Popular Beliefs and Folklore Tradition in siberia*, edited by vilmos Diószegi. Translated by Stephen P. Dunn, pp. 137-146. Bloomington, Ind.: Indiana University Press, 1968.

———. *Tavgijcy: Materialy po etnografii avamskich i vedeerskich targicev.* Trudy instituta antropologii i etnographi, t. 5, vyp. 5. Leningrad, Akademiya anu SSR, 1936.

Prem Das [Paul Adams]. "Huichol Nieríkaya: Journey to the Realm of the Gods." Unpublished, 1977.

Radin, Paul. *Crashing Thunder.* New York: Prentice-Hall, 1926.

Rasmussen, Knud. *Across Arctic America, Narrative of the Fifth Thule Expedition.* Translated by W. E. Calvert. ed. from *Fra Grøland till Stillehavet* (Copenhagen, 1925). New York: Greenwood Press, 1969. Reprint. New York: Putnam, 1927.

———. *The Alaskan Eskimos, as Described in the Posthumous Notes of Dr. Knud Rasmus-*

sen. Edited by H. Ostermann with E. Holtved. Translated by W. E. Calvert. Report of the Fifth Thule Expedition, 1921-1924. Vol. 10, no. 3. Copenhagen: Gyldendal, 1952.

____. *Intellectual Culture of the Hudson Bay Eskimos*. Translated by W. E. Calvert. Report of the Fifth Thule Expedition, 1921-1924. Vol. 7. Copenhagen: Gyldendal, 1930.

____. *Intellectual Culture of the Iglulik Eskimos*. Translated by William Worster. Report of the Fifth Thule Expedition 1921-1924. Vol. 7. Part I. Copenhagen: Gyldendal, 1930.

____. *The Netsilik Eskimos: Social Life and Spiritual Culture*. Translated by W. E. Calvert. Report of the Fifth Thule Expedition, 1921-1924. Vol. 8. Copenhagen: Gyldendal, 1931.

____. *The People of the Polar North*, *A Record*. Compiled and edited by G. Herring. Philadelphia: Lippincott, 1908.

____. *Rasmussens Thulefahrt: 2 Jahre im Schlitten durchunerforschtes Eskimoland*. Edited by Friedrich Sieburg. Frankfurt: Frankfurter Societäts, 1926.

Reichel-Dolmatoff, Gerardo. *The Shaman and the Jaguar*. Philadelphia: Temple University Press, 1975.

Rothenberg, Jerome, (ed.). *Technicians of the Sacred: A Range of Poetries from Africa, America, Asia and Oceania*. Garden City, N. Y.: Doubleday, 1968.

Rubenstein, Carol. *Poems of Indigenous Peoples of Sarawak: Some of the Songs and Chants*. Parts 1 and 2. Special Monograph no. 2. Sarawak Museum Journal Series. vol. 21, no. 42 Sarawak, 1973.

Sieroszewski, Wenceslas. "Du chamanisme d'après les croyances des Yakoutes, Mémoire présente au Congrès International d'Histoire des Religions, en séance de section, le 3 septembre 1900." In *Revue de l'Histoire des Religions* (Annales du Musée Guimet) 46 (1902): 204-233 and 299-338.

Spier, Leslie. *Klamath Ethnology*, University of California Publications in Archaeology and Ethnology, no 30. Berkeley, Calif.: University of California, 1930.

Shternberg, Lev Iakovlevich. "Divine election in primitive religion (including material on different tribes of N. E. Asia and America)." In *Congrès international des américanistes: Compte-Rendu de la XXIe session*, 2ème *partie*, tenue a Göteborg en 1924. Nendeln (Liechtenstein): Kraus Reprint (Kraus-Thomson Organization

Ltd.), 1968.

____. "Shamanism and Religious Election." In *Introduction to Soviet Ethnology*. Vol. 1. Edited by Stephen P. Dunn and Ethel Dunn. Berkeley, Calif: Highgate Road Social Science Research Station, 1974.

Strachan, Alan. *Paths of Transformation*. Honors Thesis, University of California, Santa Cruz, 1977.

Underhill, Ruth Murray. *Singing for Power*. Berkeley: University of California, 1976.

Warner, W. Lloyd. *A Black Civilization*. Rev. ed. New York: Harper & Row, 1937.

Wasson, R. Gordon. *The Wonderous Mushroom*, forthcoming.

____; Cowan, George; Cowan, Florence; and Rhodes, Willard. *María Sabina and Her Mazatec Velada*. New York: Harcourt Brace Jovanovich, 1974.

Watts, Alan W. *The Two Hands of God*. Toronto: Collier, 1969.

Wilbert, Johannes. "The Calabash of the Ruffled Feathers." *artcanada* special issues nos. 184-187: *Stones, Bones and Skin: Ritual and Shamanic Art*, Toronto: Society for Art Publications, December 1973-January 1974.

相 关 读 物

Contemporary Issues：
MY LAND IS DYING, Harry Caudill

ROOT OF BITTERNESS, Nancy F. Cott, editor

WOMAN HATING, Andrea Dworkin

STINKING CREEK, John Fetterman

WHY CAN'T THEY BE LIKE US?, Andrew M. Greeley

THE POLITICS OF ECOLOGY, James Ridgeway

FOOTHOLDS, Philip Slater

THE CRISIS OF OUR AGE, P. A. Sorokin

The Mystic Sciences：
STALKING THE WILD PENDULUM, Itzhak Bentov

MAZES AND LABYRINTHS OF THE WORLD, Janet Bord

WEIRD AMERICA, Jim Brandon

THE SECRET PATH, Paul Brunton

COSMIC CONSCIOUSNESS, Richard Maurice Bucke, M. D.

THE MAGIC OF HERBS. David Conway

EVERY WALL A DOOR. Anne Dooley

HYPNOTISM, G. H. Estabrooks

REALMS OF THE HUMAN UNCONSCIOUS, Stanislav Grof, M. D.

THE HUMAN ENCOUNTER WITH DEATH, Stanislav Grof, M. D. , and Joan Halifax, Ph. D.

BEYOND THE REACH OF SENSE, Rosalind Heywood

THE I CHING AND YOU, Diana ffarington Hook

IMAGES OF CHANGE, Terry Miller

SELF-HYPNOSIS IN TWO DAYS, Freda Morris

DO-IT-YOURSELF SHIATSU, Wataru Ohashi

THE SUN IS ALSO A STAR, Dane Rudhyar

MEDITATE THE TANTRIC YOGA WAY, Swami Jyotirmayananda Saraswati

VOLUNTARY CONTROLS, Jack Schwarz

ORIENTAL MAGIC, Idries Shah

SPACE-TIME AND BEYOND, Bob Toben

PRACTICAL MYSTICISM, Evelyn Underhill

THE INVISIBLE COLLEGE, Jacques Vallee

EXPERIMENTS IN DISTANT INFLUENCE, L. L. Vasiliev

THE UNOBSTRUCTED UNIVERSE, Stewart Edward White

THE BETTY BOOK, Stewart Edmund White

Sociology:

JUST AROUND THE CORNER, Robert Bendiner

SCHOOLS OF TOMORROW, John Dewey and Evelyn Dewey

PARTNERS IN TOMORROW, Antony J. Dolman and Jan van Ettinger, editors

CHILDREN OF CONFLICT, Fernando Henriques

THE IMPERFECT UNION, John Hutchinson

THE UNCONSCIOUS IN CULTURE, Ino Rossi, editor

OF MEN AND MACHINES, Arthur O. Lewis, Jr., editor

ARGONAUTS OF THE WESTERN PACIFIC, Bronislaw Malinowski

THE WORLD OF PRIMITIVE MAN, Paul Radin

VARIETIES OF MODERN SOCIAL THEORY, Hendrik M. Ruitenbeek, editor

CONSCIENCE IN AMERICA, Lillian Schlissel, editor

CREATIVE ANALYSIS, Albert Upton and Richard W. Samson

译 后 记

我九岁那年，从北京报子胡同小学考入北京外国语学校，开始住校学习法语。口译和笔译，自少年时代就已成为一种生活习惯。1980年代中期开始尝试学术著作的英译汉工作，先后编译了《神话—原型批评》和《结构主义神话学》两书。到了1990年代，翻译的兴趣虽然已经大大让位给学术研究和写作，但是英译汉的笔译，依然断断续续地进行着，至今也没有中断过。我带中文专业的研究生，也有个较为苛刻的要求，希望每人尝试翻译一部英文专业著作。有部分研究生做到了这一点，甚至还陆续翻译出更多的著作。我主编的"神话学文库"和"文明起源的神话学研究丛书"中都不乏研究生们拿到博士学位后的副产品：译著。

对本书的翻译尝试，始于2010年秋。自从2004年以来，我和史忠义研究员等几位社科院的同人，每年在西安外国语大学研究生部开设短期讲座课程。我开课的名目是"文学人类学"和"比较神话学"这两门。在2010年那次讲学中，我在班上组织研究生翻译小组，让大家集体尝试翻译英文专著，每人试着译十页左右的篇幅。现任西安外国语大学高级翻译学院教师的张旭，当时负责分工和统稿工作。交稿后又经过两位博士生的修订，署名人已达十八人之多。在2013年结项的中国社会科学院重大项目"中华文明探源的神话学研究"成果中，便有这部译著——《萨满之声：梦幻故事概览》，是"神话学文库资料集成"的第六部译著。在"神话学文库"的系列出版计划中，因为译文质量的原因，这部译稿一直也没有拿出来。本来以为这部书以萨满的梦幻故事叙事为主体，或许翻译难度不会像理论著作那样大。后来才发现，这部书的田野采样范围达到世界四大洲的数十个族群，光是这一批族名、神名和地名，就会让初学的翻译者如堕五里雾中。再加上梦幻叙事与理性的逻辑的表述有着天壤之别，理解原文的难度也就可想而知。

临近2018年底，"神话学文库"二期项目总共二十一部书面临结项，我只好放下手头的其他任务，拿出旧稿，希望能逐字逐句地修订完善。不料原来的译文大部分不能用。因为缺乏相关的专业知识，尤其是对遥远的原住民社会生活与信仰几乎完全不熟悉，这样仓促上阵的翻译一定是勉为其难的。误译和漏译，比比皆是，甚至一页之内都要纠正或改动几十处。另外，原书第 238 页至 268 页都被遗漏而没有译，全书的页下注和尾注、图片说明等也都没有翻译。鉴于这种情况，我只好自己另起炉灶，根据英文原版，重新翻译。根据译文初稿的保留情况，在初稿翻译组署名者中，本书正式出版只能保留第五章（原著第127—156 页）和第七章（原著第 193—220 页）四位译者的名字，即高婷、韩丽、王云燕、高翠红。特此说明。

尽管这些年持续努力，目前的译文还是不尽如人意，只好留待日后继续完善。译稿的出版，毕竟可以让中文读者分享来自世界四大洲的萨满梦幻叙事，还能给整个人文学界目前正在经历的"人类学转向"，提供有益的学术参照。启发我们去思考：为什么在当今高科技时代，会有大批的西方知识人更加关注像萨满这样带有充分原始性的文化要素，并在实现现代化的发达世界，率先掀起一场反现代性的"新萨满主义"的文化运动？

本书中原作者所加的说明性注释和关于文献出处的原注，在中译本中全部予以保留，并酌情增加了一些译注，对读者会感到陌生的人名和事件等略加说明，以方便读者的阅读。本书内容的一个难点是少数民族和族群的名称翻译，现均以上海辞书出版社 1987 年版的《民族词典》为准。该词典中没有的词目，则一般按照发音音译。